Separata aus:

Kommentar zum Schweizerischen Privatrecht:
Schweizerisches Zivilgesetzbuch II

Herausgeber

Heinrich Honsell, Nedim Peter Vogt, Thomas Geiser

Kommentierung zu

Artikel 517–518 ZGB (Die Willensvollstrecker)
Artikel 551–559 ZGB (Die Sicherungsmassregeln)
Artikel 593–597 ZGB (Die amtliche Liquidation)

von

Martin Karrer

Helbing & Lichtenhahn

Erstmals erschienen in:
Kommentar zum Schweizerischen Privatrecht: Schweizerisches Zivilgesetzbuch II. Hrsg.: Heinrich Honsell, Nedim Peter Vogt, Thomas Geiser. Bern 1998, S. 300–350, 449–516, 654–694.
ISBN 3-7190-1514-9
Bestellnummer 21 1514 9

Dieses Werk ist weltweit urheberrechtlich geschützt. Das Recht, das Werk mittels irgendeines Mediums (technisch, elektronisch und/oder digital) zu übertragen, zu nutzen oder ab Datenbank sowie via Netzwerke zu kopieren und zu übertragen oder zu speichern (downloading), liegt ausschliesslich beim Verlag. Jede Verwertung in den genannten oder in anderen als den gesetzlich zugelassenen Fällen bedarf deshalb der vorherigen schriftlichen Einwilligung des Verlags.

© 1998 by Helbing & Lichtenhahn Verlag AG, Basle, Switzerland

Inhaltsverzeichnis

A. Die Willensvollstrecker   5
Vorbemerkungen zu Art. 517–518 ZGB   5
Artikel 517 ZGB   10
Artikel 518 ZGB   19

B. Die Sicherungsmassregeln   57
Vorbemerkungen zu Art. 551–559 ZGB   57
Artikel 551 ZGB   62
Artikel 552 ZGB   64
Artikel 553 ZGB   66
Artikel 554 ZGB   70
Artikel 555 ZGB   89
Artikel 556 ZGB   92
Artikel 557 ZGB   101
Artikel 558 ZGB   107
Artikel 559 ZGB   110

C. Die amtliche Liquidation   123
Vorbemerkungen zu Art. 593–597 ZGB   123
Artikel 593 ZGB   128
Artikel 594 ZGB   132
Artikel 595 ZGB   136
Artikel 596 ZGB   147
Artikel 597 ZGB   159

Die Willensvollstrecker

Vorbemerkungen zu Art. 517–518 ZGB

Literatur

AUBERT/KERNEN/SCHÖNLE, Le secret bancaire suisse, 3. Aufl. Bern 1995; BECK, Grundriss des Schweizerischen Erbrechts, 2. Aufl. Bern 1976; BERLA, A. Das Verfügungsrecht des Willensvollstreckers, Diss. Bern 1951; BLOCH, Zur Frage der Rechts- und Prozessstellung des Willensvollstreckers und des unverteilten Nachlasses im schweizerischen Recht, SJZ 1958, 337-345; BRACHER, H.J. Der Willensvollstrecker insbesondere im zürcherischen Zivilprozessrecht, Diss. Zürich 1965; BREITSCHMID, Die Stellung des Willensvollstreckers in der Erbteilung, in: DRUEY/BREITSCHMID (Hrsg.), Praktische Probleme der Erbteilung, Bern u.a. 1997, 109-179 (zit. Willensvollstrecker); DERRER, B. Die Aufsicht der zuständigen Behörde über den Willensvollstrecker und den Erbschaftsverwalter, Diss. Zürich 1985; GIGER, Der Willensvollstrecker im Spannungsfeld von Erblasser und Erbe, in: FS Heini, Zürich 1995, 123 ff.; GUINAND, Le pouvoir de disposition de l'exécuteur testamentaire et sa responsabilité, ZBGR 1976, 321-332; HUX, T. Die Anwendbarkeit des Auftragsrechts auf die Willensvollstreckung, die Erbschaftsverwaltung, die Erbschaftsliquidation und die Erbenvertretung, Diss. Zürich 1985; JOST, A. Der Willensvollstrecker, Diss. Zürich 1953; KLEINER/LUTZ, Kommentar zum Bundesgesetz über die Banken und Sparkassen, 6. Nachlieferung Zürich 1993; LOB, J. Les pouvoirs de l'exécuteur testamentaire en droit suisse, Diss. Lausanne, Montreux 1952; NECKER, La mission de l'exécuteur testamentaire dans les successions internationales, Genf 1972; OSWALD, A. Die Auskunftspflicht im Erbgang, Diss. Zürich 1976; PFAMMATTER, A. Erblasserische Teilungsvorschriften, Diss. Zürich 1993; PICENONI, Probleme aus der Willensvollstreckung, ZBGR 1969, Heft 3, 161-172; PIOTET, Erbrecht, SPR IV/1 und 2, Basel 1978 und 1981; SCHNITZER, Handbuch des IPR, Bd. II, 4. Aufl. Basel 1958; SPINNER, H. Die Rechtsstellung des Nachlasses in den Fällen seiner gesetzlichen Vertretung (ZGB 517, 554, 595, 602 III), Diss. Zürich 1966; STIERLIN, K. Der Willensvollstrecker als Erbschaftsverwalter, Erbschaftsliquidator und Erbenvertreter, Diss. Zürich 1972; TORRICELLI, G. L'esecutore testamentario in diritto svizzero, Diss. Bern 1951; WEIMAR, Die Erbteilung als Erfüllungs- und Verfügungsgeschäft, in: Mélanges Pierre Engel, Lausanne 1989; WETZEL, C. Interessenkonflikte des Willensvollstreckers, unter besonderer Berücksichtigung seines Anspruches auf Erbschaftsverwaltung gem. Art. 554 Abs. 2 ZGB, Diss. Zürich 1984.

I. Begriff und Zweck der Willensvollstreckung

Terminologisch verwendet der dt. Text des ZGB den Begriff *Willensvollstrecker*, während dem der frz. und it. Text vom *Testamentsvollstrecker (exécuteur testamentaire, esecutore testamentare)* sprechen. Der *Testamentsvollstrecker* kommt auch im deutschschweizerischen Sprachgebrauch sehr häufig vor, ebenso im dt. Recht (BGB § 2197 ff.). Der weiter gefasste Begriff *Willensvollstrecker* ist aber im Hinblick auf die mit ihm verbundenen Aufgaben der richtigere und wird in der vorliegenden Kommentierung verwendet. 1

Der **Begriff Willensvollstrecker** umschreibt die Person, die der Erblasser in einer Verfügung von Todes wegen als seine Vertrauensperson ernennt und beauftragt, den Nachlass zu verwalten und gemäss den Bestimmungen der Verfügung von Todes wegen zu teilen sowie allfällige weitere, vom Erblasser auf seinen Todesfall hin getroffene Anordnungen 2 sicherzustellen und durchzuführen. Da Verwaltung und Teilung des Nachlasses, einschliesslich Ausrichtung der Vermächtnisse, grundsätzlich Sache der Erben ist, ist die Einsetzung eines Willensvollstreckers in keiner Weise zwingend. Der Erblasser wird deshalb einen Willensvollstrecker nach freiem Ermessen dann einsetzen, wenn ihm dies nach den Umständen als zweckmässig erscheint. Die Willensvollstreckung *ist abzugrenzen* von der Erbschaftsverwaltung Art. 554, der amtlichen Liquidation Art. 593-597 und der Erbschaftsvertretung Art. 602 Abs. 3. Diese Institute gleichen sich in verschiedenen Punkten, weisen aber auch deutliche Unterschiede auf, insb. bez. Art der Anordnung, Inhalt/Ausmass der Aufgabe, Stellung gegenüber den Erben sowie Rechtswirkungen.

3 **Zweck der Willensvollstreckung** ist in erster Linie die *generelle Sicherstellung* des schnellen und zuverlässigen Vollzugs der angeordneten Massnahmen, Vermächtnisse und Teilungsvorschriften. Die Gründe liegen zumeist darin, dass der Erblasser entweder den Erben eine *Hilfestellung* bei der möglicherweise schwierigen Aufgabe der Erbteilung bieten oder aus bestimmten Gründen die Verwaltungs- und Verfügungsrechte der Erben *einschränken* will. So kann z.B. die Einsetzung eines Willensvollstreckers angezeigt sein, wenn die Erben geschäftsunerfahren sind, wenn nur weit entfernte Verwandte oder eingesetzte Erben ohne nähere Kenntnis über den Nachlass vorhanden sind, wenn komplizierte tatsächliche oder rechtliche Verhältnisse vorliegen oder wenn Interessenkonflikte oder Uneinigkeit zwischen Erben und Vermächtnisnehmern oder unter den Erben selbst befürchtet werden müssen oder bereits bestehen.

II. Rechtsnatur und Stellung der Willensvollstreckung

4 Die **materiellen Fragen der Willensvollstreckung**, einschliesslich Rechtsnatur und Ausmass von Rechten und Pflichten des Willensvollstreckers, sind **bundesrechtlich** geregelt. Kantonales Recht regelt nur Behördenorganisation und Verfahren, vgl. Art. 517 N 11 und Art. 518 N 106 f.

5 Die gesetzliche Regelung der Willensvollstreckung ist äusserst knapp und gibt **keine verlässlichen Anhaltspunkte über deren Rechtsnatur**. So kann aus dem Begriff *Auftrag* im dt. Text von Art. 517 und den Marginalien von Art. 517 und 518 nichts Konkretes abgeleitet werden; der Vergleich mit dem frz. und it. Text zeigt eine unterschiedliche, wenn nicht sogar widersprüchliche Ausdrucksweise. Auch die Verweisung auf den *amtlichen Erbschaftsverwalter* in Art. 518 Abs. 1 oder die Andeutung einer *Stellvertretung* in Art. 518 Abs. 2 sind nicht schlüssig, genausowenig wie die *systematische Stellung* der Willensvollstreckung im Gesetz, nämlich bei den Verfügungen von Todes wegen und nicht etwa beim Erbgang (insb. den Sicherungsmassregeln oder der Teilung), wo sie wohl richtiger hingehören würde. Auch ein Vergleich mit dem deutschen Recht ist wenig ergiebig. Das BGB regelt den Testamentsvollstrecker in § 2197-2228 viel detaillierter, so dass die dt. Normierung nicht ohne weiteres beigezogen werden kann zur Auslegung des sehr knapp gehaltenen schweizerischen Gesetzesrechtes.

6 Zur **Rechtsnatur der Willensvollstreckung** sind bisher *verschiedene Theorien* aufgestellt worden (vgl. BK-TUOR, Vorbem. N 4 f.; ZK-ESCHER, N 2-5; BRACHER, 28-32; NECKER, 105-112; HUX, 4-22; GIGER, 130). So wurde die Willensvollstreckung schon interpretiert als:

– Vormundschaft,
– Auftrag des Erblassers,
– Vermächtnis (einer Aufgabe),
– Stellvertretung, sei es des Erblassers, der Erben oder des Nachlasses,
– privates Amt,
– Treuhandverhältnis mit eigener, selbständiger Stellung des Willensvollstreckers,
– Arbeitsleistungsvertrag sui generis,
– Institut sui generis ohne Subsumierung unter einen bestimmten Rechtsbegriff.

Während geraumer Zeit war wohl die Treuhandtheorie vorherrschend (vgl. BK-TUOR, Vorbem. N 7; ZK-ESCHER, Vorbem. N 6; BLOCH, 339 ff.; BRACHER, 59; WETZEL, N 53, 84). Sie hat zwar einiges für sich, krankt aber u.a. daran, dass der Willensvollstrecker – im Gegensatz zum Treuhänder – einerseits *nicht weisungsgebunden* ist und andererseits *nicht Eigentümer* und selbständiger Besitzer der Erbschaftssachen wird. Deshalb ist die Treuhandtheorie in neuerer Zeit wieder in Frage gestellt worden (vgl. NECKER, 114 f.; HUX, 24; DRUEY, Erbrecht, § 14 N 71). Das *BGer* hat sich in verschiedenen Entscheidungen mit den einzelnen Theorien auseinandergesetzt, insb. mit der Auftragstheorie, der Treuhandtheorie und verschiedenen Vertretungstheorien, ohne sich jedoch auf eine der verschiedenen Theorien festzulegen, aber es hat in allen Entscheidungen festgehalten, dass es sich bei der Willensvollstreckung um ein rein privatrechtliches Institut handelt (BGE 66 II 148; 78 II 123, 125; 90 II 376, 380; 101 II 47, 53 = Pra 1975, 501; BGE 108 II 535, 539). Lehre und Praxis gehen im übrigen davon aus, dass auf die Willensvollstreckung *subsidiär das Recht des einfachen Auftrages* nach Art. 394-406 OR anwendbar ist, vgl. Art. 518 N 12.

Richtigerweise kann die Willensvollstreckung nur als **privatrechtliches Institut sui generis** betrachtet werden, das nicht als Ganzes eingeordnet werden kann, sondern *aus sich selbst heraus ausgelegt* werden muss. Keine der verschiedenen Theorien deckt alle Elemente wirklich ab, sondern nur die Qualifikation als Institut sui generis wird der Eigenart der Willensvollstreckung wirklich gerecht (gl.M. NECKER, 115; HUX, 25; andeutungsweise auch BGE 78 II 123). Der Willensvollstrecker ist weder (weisungsgebundener) Vertreter noch Treuhänder des Erblassers oder der Erben, sondern er hat eine *objektive Aufgabe*, die durch den rechtsgültigen Willen des Erblassers sowie die Rechtsordnung insgesamt bestimmt ist. Auch wenn die Aufgabe rein privatrechtlicher Natur ist, hat sie Ähnlichkeiten mit einer Beamtung, indem der Willensvollstrecker *Normen zu dienen hat, nicht Interessen*. Die in der vorliegenden Kommentierung gelegentlich verwendeten Begriffe *Amt* oder *Auftrag* für die Tätigkeit des Willensvollstreckers bedeuten keine dogmatische Charakterisierung i.S. einer der vorerwähnten Theorien, sondern umschreiben lediglich *Gesamtheit* seiner Aufgaben, Rechte und Pflichten.

7

In einer **Kurzfassung** kann die Stellung des Willensvollstreckers wie folgt umschrieben werden:
– Er hat eine rein privatrechtliche, sehr selbständige Stellung eigenen Rechts, die durch die Verfügung von Todes wegen des Erblassers entsteht.
– Er tritt im eigenen Namen auf und ist weder Vertreter noch Treuhänder des Erblassers, der Erben oder des Nachlasses.

8

Vorbemerkungen zu Art. 517–518 ZGB

- Er kann von den Erben bzw. Vermächtnisnehmern nicht abberufen werden, auch nicht durch einstimmigen Beschluss.
- Weder Erben noch Vermächtnisnehmer können dem Willensvollstrecker Instruktionen erteilen, auch nicht einstimmig, noch unterstehen seine Handlungen der Genehmigung durch die Aufsichtsbehörde, *sondern er handelt selbständig* nach den Vorschriften des Erblassers und nach objektiven Gesichtspunkten im Interesse der Erben, Vermächtnisnehmer und Gläubiger.
- Er hat Anspruch auf Alleinbesitz und weitreichende Verwaltungs- und Verfügungsbefugnisse über die Nachlassgegenstände, in deren Umfang die Rechte der Erben sistiert sind. Dies führt während der Willensvollstreckung zu einer faktischen Vermögenstrennung zwischen Nachlass und Erbenvermögen.
- Im Rahmen seiner Befugnisse ist jedes eigene Handeln der Erben in Nachlassachen ausgeschlossen.
- Er untersteht einer behördlichen Aufsicht und ist für seine Tätigkeit disziplinarisch, zivilrechtlich und strafrechtlich verantwortlich.

III. IPR

9 Im **internationalen Verhältnis** richten sich Zuständigkeit, anwendbares Recht sowie die Anerkennung ausländischer Massnahmen in erster Linie nach den Bestimmungen des **IPRG**, das am 1.1.1989 in Kraft getreten ist. Das IPRG hat gegenüber dem früher geltenden BG betreffend die zivilrechtlichen Verhältnisse der Niedergelassenen und Aufenthalter vom 25.6.1891, NAG (BS 2, 737) erhebliche Änderungen gebracht, so dass die vor 1989 ergangene Literatur und Judikatur zu IPR-Fragen mit *Vorsicht* heranzuziehen ist. Das LugÜ vom 16.9.1988 (SR 0.275.11) ist gemäss seiner ausdrücklichen Bestimmung in Art. 1 Abs. 2 Ziff. 1 *nicht anzuwenden* auf das ganze Gebiet des Erbrechtes.

10 Art. 1 Abs. 2 IPRG behält ausdrücklich **völkerrechtliche Verträge** vor, von denen für die Willensvollstreckung nach Art. 517/518 folgende zur Anwendung kommen können:
- Niederlassungs- und Konsularvertrag zwischen der Schweiz und Italien vom 22.7.1868, Art. 17 (SR 0.142.114.541);
- Vertrag zwischen der Schweizerischen Eidgenossenschaft und den Vereinigten Staaten von Amerika vom 25.11.1950, Art. V, VI (SR 0.142.113.361);
- Freundschafts-, Handels- und Niederlassungsvertrag mit Grossbritannien und Irland vom 6.9.1855, Art. IV (SR 0.142.113.671);
- Niederlassungsabkommen mit dem Iran vom 25.4.1934, Art. 8 (SR 0.142.114.362);
- Niederlassungs- und Rechtsschutzabkommen mit Griechenland vom 1.12.1927, Art. 10 (SR 0.142.113.721);
- Konsularübereinkunft zwischen der Schweiz und Portugal vom 27.8.1883, Art. VIII (SR 0.191.116.541);
- Niederlassungs- und Handelsvertrag zwischen der Schweiz und Japan vom 21.6.1911, Art. 5 (SR 0.142.114.631).

Diese Staatsverträge enthalten teilweise Bestimmungen über das auf den Nachlass anwendbare Recht.

Die Regeln über die **örtliche Zuständigkeit** schweizerischer Gerichte oder Behörden ergeben sich aus Art. 86-88 IPRG, nämlich am *letzten Wohnsitz in der Schweiz*, am *Heimatort* oder am *Belegenheitsort*. 11

Das auf den Nachlass **anwendbare Recht** (Erbstatut) bestimmt sich nach Art. 90 und 91 IPRG, die Abgrenzung zwischen Erbstatut und Eröffnungsstatut nach Art. 92 IPRG. Die Zuordnung einer Frage zum einen oder anderen Statut wird praktisch relevant für schweizerische Gerichte oder Behörden, wenn das Erbstatut einem ausländischen Recht unterliegt. Dies kommt vor, wenn aufgrund einer testamentarischen Rechtswahl die schweizerische Behörde am letzten Wohnsitz eines Ausländers dessen *Heimatrecht* (Art. 90 Abs. 2 IPRG) oder wenn die Behörde am Heimatort eines Auslandschweizers dessen *Wohnsitzrecht* anzuwenden hat (Art. 87 Abs. 1, 91 Abs. 2 IPRG). Dasselbe gilt auch, wenn die schweizerische Behörde am Belegenheitsort ausländisches Recht anzuwenden hat (Art. 88 Abs. 1, 91 Abs. 1 IPRG). 12

Die Willensvollstreckung befindet sich wegen ihrer materiellen wie auch formellen Aspekte an der umstrittenen **Grenze zwischen Eröffnungs- und Erbstatut**. Bis zum Inkrafttreten des IPRG am 1.1.1989 galt unter dem NAG die Praxis, dass die Stellung des Willensvollstreckers als solche dem *Eröffnungsstatut*, die Rechte und Pflichten des Willensvollstreckers gegenüber der Erbschaft und Dritten hingegen dem *Erbstatut* unterstanden (VISCHER/ VON PLANTA, Internationales Privatrecht, 2. Aufl. Basel 1982, 145; SCHNITZER, 531; Botschaft zum Bundesgesetz über das Internationale Privatrecht vom 10.11.1982, BBl 1983 I 263, 128). Diese Spaltung war unter dem NAG bereits seit geraumer Zeit kritisiert worden (vgl. NECKER, 199, 227). 13

Das IPRG hat diese **Spaltung nur scheinbar aufgehoben**. Die Erwähnung der Willensvollstreckung in Art. 92 Abs. 2 IPRG beim *Recht am Ort der zuständigen Behörde*, d.h. beim *Eröffnungsstatut* scheint auf ersten Blick klar, ist aber von der Lehre im Hinblick auf die Entstehungsgeschichte der Gesetzesbestimmung unterschiedlich aufgenommen worden. Die eine Auffassung geht davon aus, dass Art. 92 Abs. 2 IPRG durch ausdrückliche Regelung die Willensvollstreckung *als Ganzes* meine, so dass sowohl Stellung des Willensvollstreckers (einschliesslich Behördenaufsicht) als auch Rechte und Pflichten gegenüber Nachlass, Erben und Dritten *integral* dem *Eröffnungsstatut* unterstehen (z.B. IPRG-Kommentar-HEINI, Art. 92 N 20). Die andere, richtige Auffassung geht vom *gesamten* Text von Art. 92 Abs. 2 IPRG aus, welcher die *Durchführung* der einzelnen Massnahmen zum Gegenstand hat und vorab die *sichernden Massnahmen* und die Nachlass*abwicklung* regelt, allerdings mit dem Zusatz *mit Einschluss* der Willensvollstreckung. Art. 92 Abs. 2 IPRG ordnet somit nur die *technische Seite* der Nachlassabwicklung dem Eröffnungsstatut zu und damit nur die formellen, d.h. verfahrensrechtlichen Aspekte der Willensvollstreckung. Die sog. Spaltung der Willensvollstreckung zwischen Erbstatut und Eröffnungsstatut besteht deshalb weiter (gl.M. IPRG-SCHNYDER, Art. 92 N 5, 8; A. BUCHER, DIP Bd. II, N 970). Autoritative Urteile, insb. des BGer, sind bisher in dieser Sache nicht ergangen. 14

Die *praktischen Auswirkungen* dieser Spaltung sind die folgenden:
– Unter das *Erbstatut* fallen die Frage, ob der Erblasser überhaupt befugt war einen Willensvollstrecker einzusetzen (so auch IPRG-Kommentar-HEINI, Art. 92 N 21), die ex-

Art. 517 ZGB

ternen und internen Befugnisse des Willensvollstreckers gegenüber der Erbschaft, den Erben (gl.M. IPRG-SCHNYDER, Art. 92 N 5) und Dritten sowie die Verantwortlichkeit;
– Unter das *Eröffnungsstatut* fallen alle Fragen der formellen Abwicklung des Nachlasses (gl.M. IPRG-SCHNYDER, Art. 92 N 8), wie z.B. das Mitteilungsverfahren, das Willensvollstreckerzeugnis sowie die Behördenaufsicht (gl.M. A. BUCHER, DIP Bd. II, N 970).

15 Die **Anerkennung ausländischer Entscheidungen, Massnahmen und Urkunden** richtet sich nach Art. 96 IPRG. Diese sehr weit gefasste Bestimmung betrifft auch den Willensvollstrecker, einschliesslich dessen Stellung, Rechtshandlungen, Behördenaufsicht und Verantwortlichkeit in einem im Ausland eröffneten Nachlassverfahren (gl.M. IPRG-Kommentar- HEINI, Art. 96 N 6; IPRG-SCHNYDER, Art. 96 N 4; A. BUCHER, DIP Bd. II, N 994).

Art. 517 ZGB

A. Erteilung des Auftrages

¹ Der Erblasser kann in einer letztwilligen Verfügung eine oder mehrere handlungsfähige Personen mit der Vollstreckung seines Willens beauftragen.

² Dieser Auftrag ist ihnen von Amtes wegen mitzuteilen, und sie haben sich binnen 14 Tagen, von dieser Mitteilung an gerechnet, über die Annahme des Auftrages zu erklären, wobei ihr Stillschweigen als Annahme gilt.

³ Sie haben Anspruch auf angemessene Vergütung für ihre Tätigkeit.

A. Désignation

¹ Le testateur peut, par une disposition testamentaire, charger de l'exécution de ses dernières volontés une ou plusieurs personnes capables d'exercer les droits civils.

² Les exécuteurs testamentaires sont avisés d'office du mandat qui leur a été conféré et ils ont quatorze jours pour déclarer s'ils entendent l'accepter; leur silence équivaut à une acceptation.

³ Ils ont droit à une indemnité équitable.

A. Nomina

¹ Il testatore può, mediante disposizione testamentaria, incaricare dell'esecuzione della sua ultima volontà una o più persone aventi l'esercizio dei diritti civili.

² L'incarico dev'esser loro comunicato d'officio ed esse devono pronunciarsi sulla accettazione entro quattordici giorni. Il silenzio vale accettazione.

³ Esse hanno diritto ad un equo compenso per le loro prestazioni.

Inhaltsübersicht

I.	Ernennung des Willensvollstreckers	1
II.	Ernennbare Personen	7
III.	Amtliche Mitteilung und Annahme	11
IV.	Legitimationsausweis	18
V.	Beginn und Ende	21
VI.	Vergütung	27

Literatur

Vgl. die Literaturhinweise zu den Vorbem. zu Art. 517–518 ZGB.

I. Ernennung des Willensvollstreckers

Gemäss Gesetzestext hat die Ernennung durch **letztwillige Verfügung** zu erfolgen, d.h. durch *Testament* gem. Art. 498-511. Damit gelten für die Ernennung sämtliche formellen und materiellen Regeln, die auf ein Testament Anwendung finden, insb. bez. Verfügungsfähigkeit des Testators, Formalitäten der Errichtung, Interpretation des Inhaltes sowie Abänderung bzw. Widerruf durch den Testator. Wird das Testament (oder zumindest die Klausel über den Willensvollstrecker) gerichtlich ungültig erklärt, so fällt die Ernennung und damit die Willensvollstreckung als solche vollständig dahin.

Das Gesetz lässt offen, ob die Ernennung auch durch **Erbvertrag** möglich ist; für den Erblasser kann auch gegenüber einem Vertragserben das Bedürfnis nach Einsetzung eines Willensvollstreckers bestehen. Es gilt als anerkannt, dass ein Erbvertrag neben Bestimmungen vertraglicher Art auch letztwillige Verfügungen enthalten kann, die frei widerruflich sind (BGE 96 II 273, 281; 101 II 305, 310; ZBJV 1944, 39, 41). Die Lehre bejaht deshalb mehrheitlich die Möglichkeit zur Ernennung durch Erbvertrag und betrachtet diese als einseitige und widerrufliche Verfügung, die an der vertraglichen Bindung nicht teilhat, weder gegenüber dem Vertragserben noch dem Willensvollstrecker. Ein *Widerruf* der Ernennung kann deshalb durch den Erblasser jederzeit *einseitig* erfolgen, muss aber in der Form der letztwilligen Verfügung geschehen (gl.M. BK-TUOR, N 1; ZK-ESCHER, N 1a; JOST, N 9; PICENONI, ZBGR 1969, 163; WETZEL, N 41; HUX, 25 f.; DRUEY, Erbrecht, § 10 N 18; **a.M.** wohl PIOTET, SPR IV/1, 156).

Ausgeschlossen ist die Ernennung durch **Vertrag unter Lebenden** zwischen Erblasser und Willensvollstrecker, und zwar auch dann, wenn die Vereinbarung Testator/Willensvollstrecker die Formalitäten eines Erbvertrages erfüllen würde. Dies ergibt sich aus dem gesetzlichen Erfordernis der Ernennung durch *letztwillige Verfügung*, was bedeutet, dass die Ernennung durch den Erblasser einseitig abänderbar oder widerruflich sein muss. Bezeichnet ein Erblasser einen Willensvollstrecker anders als durch letztwillige Verfügung (z.B. durch mündliche Abmachung oder Auftragsschreiben), so liegt allenfalls ein Auftragsverhältnis mit Ermächtigung vor, das durch die Erben jederzeit widerrufen werden kann (gl.M. JOST, N 10; HUX, 26).

Ein Willensvollstrecker kann **gegenüber allen Arten von Erben und Bedachten** ernannt werden, nämlich gesetzlichen und eingesetzten Erben, Vertragserben oder Vermächtnisnehmern, gegenüber gesetzlichen Erben auch dann, wenn der Erblasser nicht von der gesetzlichen Erbfolge abweichen will. Bei Vertragserben kann die Ernennung auch durch separate letztwillige Verfügung erfolgen, sofern der Erblasser im Erbvertrag auf dieses Recht nicht ausdrücklich verzichtet hat. Es ist nicht erforderlich, dass die Ernennung in der *gleichen letztwilligen Verfügung* und zur *gleichen Zeit* vorgenommen wird wie die Verfügung, um deren Vollstreckung es sich handelt. So kann die Ernennung durchaus den einzigen Inhalt einer letztwilligen Verfügung bilden. Die *bedingte* Ernennung eines Willensvollstreckers ist zulässig (gl.M. BK-TUOR/PICENONI, N 2), z.B. für den Fall der Uneinigkeit unter den Erben (ZR 1967, 188). Ebenso kann die Ernennung mit Einschränkungen oder Befristungen verbunden werden, vgl. Art. 518 N 9 (gl.M. JOST, N 14).

Der Erblasser muss die **Bezeichnung des Willensvollstreckers selbst vornehmen**; er kann nicht nur die Willensvollstreckung als solche anordnen und die Bezeichnung der

Art. 517 ZGB

Person einem Dritten übertragen, z.B. einer Behörde oder einem Gericht/Richter. Eine solche Delegation widerspricht dem Prinzip der höchstpersönlichen Natur der Testamentsabfassung und damit der erforderlichen Selbständigkeit des erblasserischen Willens (BGE 81 II 22, 28; 100 II 98, 102 = Pra 1975, 17; ZR 1992/93, 234, 238; Extraits 1962, 25; gl.M. BRACHER, 41; PICENONI, ZBGR 1969, 165; PIOTET, SPR IV/1, 156; WETZEL, N 42-46; HUX, 26; DRUEY, Erbrecht, § 8 N 23; **a.M.** JOST, N 12). Es ist indessen nicht erforderlich, dass eine bestimmte Person *namentlich* bezeichnet wird; sie muss aber *klar bestimmbar* sein. So ist es zulässig, z.B. «meine Ehefrau» oder den dannzumal amtierenden Direktor einer bestimmten Treuhandgesellschaft oder Vorsteher eines Amtes (vgl. N 9) als Willensvollstrecker zu ernennen (gl.M. PICENONI, ZBGR 1969, 165; WETZEL, N 41). Ebenso wird als zulässig betrachtet, den Anwalt «Dr. X oder seinen Büronachfolger» zu ernennen, sofern dieser Nachfolger eindeutig bestimmbar ist (BGE 91 II 177, 182; ZR 1990, 161, 163; 1992/93, 235, 237). Zum Recht des Willensvollstreckers auf Substitution/Abtretung seiner Funktion vgl. Art. 518 N 15.

6 Zulässig ist die Ernennung **eines oder mehrerer Ersatzvollstrecker** durch den Erblasser für den Fall, dass der erstgenannte Kandidat das Amt nicht übernehmen kann oder will bzw. vor Beendigung ausscheidet. Auch hier gilt aber das Prinzip der klaren Bestimmung bzw. der Bestimmbarkeit der fraglichen Person oder Personen (BGE 91 II 177, 182; ZR 1992/93, 235, 237; gl.M. JOST, N 14; BECK, 179; PIOTET, SPR IV/1, 156; HUX, 27); für den Fall der Mandatsablehnung eines namentlich bezeichneten Ersatzvollstreckers kann dessen Ernennung nicht hilfsweise «dem dannzumal amtierenden Obergerichtspräsidenten» übertragen werden (**a.M.** GIGER, 140). Ist der Willensvollstrecker aus irgendeinem Grund ausgeschieden und hat der Erblasser keinen Ersatzvollstrecker ernannt, so kann ein Nachfolger *nicht durch die Behörde* ernannt werden (Extraits 1962, 25; ZR 1992/93, 235, 238; BREITSCHMID, AJP 1996, 88).

II. Ernennbare Personen

7 Ernennbar sind **handlungsfähige Personen**, und zwar sowohl natürliche wie auch juristische Personen. Bei juristischen Personen müssen genügend statutarische, handlungsfähige Organmitglieder vorhanden sein. Auch einer Kommanditgesellschaft wurde die Ernennbarkeit als Willensvollstreckerin zuerkannt (ZR 1990, 161, 163); analog muss dies auch für Kollektivgesellschaften und einfache Gesellschaften (z.B. Anwaltsgemeinschaften) gelten (gl.M. DRUEY, Erbrecht, § 14 N 40). Die Handlungsfähigkeit muss nicht notwendigerweise zur Zeit der Testamentserrichtung bzw. des Erbgangs vorliegen, spätestens aber beim Empfang der amtlichen Mitteilung (gl.M. JOST, N 13; WETZEL, N 48; **a.M.** BK-TUOR, N 4; ZK-ESCHER, N 3) bzw. bei effektivem Beginn der Tätigkeit, wenn dieser vor der amtlichen Mitteilung liegen sollte, vgl. N 21.

8 Insbesondere können auch ernannt werden:
– Personen, die mit dem Erblasser **verheiratet, verwandt oder verschwägert** sind (gl.M. ZK-ESCHER, N 4; BECK, 179);
– **gesetzliche oder eingesetzte Erben sowie Vermächtnisnehmer** (ZR 1971, 221; gl.M. BK-TUOR, N 4; ZK-ESCHER, N 5; JOST, N 15; BRACHER, 42; PIOTET, SPR IV/1, 157; DRUEY, Erbrecht, § 14 N 73);

– der gesetzliche oder eingesetzte **Alleinerbe**. Dies kann bei unklaren oder bestrittenen Situationen durchaus sinnvoll sein, denn als Willensvollstrecker kann die fragliche Person den Nachlass i.d.R. schneller in Besitz nehmen und verwalten als in der Stellung als Erbe, z.B. weil sich die Ausstellung des Erbscheines verzögert (BGE 113 II 121, 125; EGV-SZ 1979, 74, 76; gl.M. PICENONI, ZBGR 1969, 164; PIOTET, SPR IV/1, 157; a.M. BK-TUOR, N 4; ZK-ESCHER, N 5);
– die **Testamentszeugen** und deren Verwandte sowie die **Urkundsperson**, die bei der Errichtung eines Testamentes bzw. Erbvertrages des Erblassers mitgewirkt haben. Die Vergütung, auf welche der Testamentsvollstrecker Anspruch hat, gilt nicht als Zuwendung i.S.v. Art. 503 Abs. 2 und nicht als Ausschlussgrund (gl.M. BK-TUOR, N 4; ZK-ESCHER, N 6; JOST, N 15; PIOTET, SPR IV/1, 157);
– der **Anwalt** eines Miterben (ZR 1971, 221);
– der **ehemalige Vormund** des Erblassers (PKG 1965, 125);
– Personen mit **Wohn- bzw. Geschäftssitz im Ausland**, (a.M. ZR 1940, 357; BECK, 179 f.; WETZEL, N 151).

Eine **Behörde als solche** kann wegen des Gesetzeswortlautes nicht ernannt werden (gl.M. ZK-ESCHER, N 4; JOST, N 15; a.M. BK-TUOR, N 4; BRACHER, 42, welche bei Ernennung einer Behörde den jeweiligen Amtsinhaber als berechtigt betrachten). Zulässig aber ist jedenfalls die Ernennung eines *bestimmten Behördenmitgliedes bzw. einer Amtsperson*, wohl auch die Ernennung des «dannzumaligen Amtsvorstehers» einer bestimmten, genau bezeichneten Behörde (BGE 69 II 33, 36; gl.M. ZK-ESCHER, N 4; WETZEL, N 48). Ob jedoch eine gültig ernannte Amtsperson bzw. ein Behördenmitglied das Amt tatsächlich antreten darf, ist eine Frage des anwendbaren Beamtenrechtes, das möglicherweise solche Funktionen bzw. Nebenbeschäftigungen nicht zulässt. 9

Abgesehen von der Handlungsfähigkeit stellt das Gesetz **keine weiteren Anforderungen** wie z.B. Fachkunde etc. So ist die Ernennung eines Konkursiten, einer zahlungsunfähigen oder strafrechtlich verurteilten Person grundsätzlich zulässig (gl.M. BK-TUOR, N 4; ZK-ESCHER, N 3; JOST, N 13; PIOTET, SPR IV/1, 157; WETZEL, N 48). Fehlende fachliche oder persönliche Qualifikationen, mangelnde Vertrauenswürdigkeit oder schwerwiegende Interessenkollisionen, die bei Errichtung der letztwilligen Verfügung oder bei Eröffnung des Erbganges vorliegen, können aber eine richterliche Ungültigerklärung der testamentarischen Einsetzung rechtfertigen (BGE 90 II 376, 384; gl.M. WETZEL, N 49). Ebenso können solche Gründe, wenn sie ursprünglich vorlagen oder nachträglich eintreten, zur aufsichtsbehördlichen Absetzung des Willensvollstreckers führen, vgl. Art. 518 N 104 f. 10

III. Amtliche Mitteilung und Annahme

Die Ernennung ist *von Amtes wegen mitzuteilen*, d.h. die Mitteilung muss durch eine *Behörde* erfolgen. Die **örtliche Zuständigkeit der Behörde** ist durch Art. 538 mit dem letzten Wohnsitz des Erblassers *bundesrechtlich* festgelegt, währenddem sich **Behördenorganisation und Verfahren** nach *kantonalem Recht* bestimmen. In der Regel ist es die Behörde, welche die letztwilligen Verfügungen und Erbverträge entgegennimmt und eröffnet, aber das kantonale Recht kann dafür – wie auch für die Aufsicht über den Willensvollstrecker – verschiedene Behörden vorsehen. Die Mitteilung muss auch dann 11 erfolgen, wenn der Behörde die letztwillige Verfügung ungültig oder anfechtbar erscheint (BGE 74 I 423, 425; 91 II 177, 181; ZR 1976, 167, 168) oder wenn mehrere Verfügungen vorliegen und in einer jüngeren die frühere Ernennung eines Willensvollstreckers widerrufen wird (ZR 1967, 190, 191; 1972, 281). Die Behörde hat keine Kognitionsbefugnis, ob die Einsetzung des Willensvollstreckers rechtsgültig ist oder nicht; dies ist Sache des ordentlichen Richters (BJM 1955, 113). Aus diesem Grunde hat der Willensvollstrecker innert der 14-tägigen Überlegungsfrist auch *seinerseits nicht zu prüfen*, ob die Verfügung anfechtbar oder ungültig ist (GVP-SG 1957, 180, 181).

12   Das kant. Recht regelt die **Form der Mitteilung**. Diese kann schriftlich oder mündlich erfolgen, z.B. anlässlich einer Testamentseröffnungs-Verhandlung (vgl. JOST, N 16). Der **Inhalt der Mitteilung** ist ebenfalls kantonal geregelt, muss aber zumindest den vollständigen, wörtlichen Teil der letztwilligen Verfügung enthalten, der sich auf die Ernennung bezieht. Zweckmässigerweise sollte aber die Behörde dem Ernannten den vollständigen Wortlaut der letztwilligen Verfügung bzw. Verfügungen bekanntgeben, denn nur so kann er sich im Hinblick auf die Annahmeerklärung ein Bild über den Umfang seiner Aufgabe machen.

13   Der **Zeitpunkt der Mitteilung** ist unabhängig von jenem der Testamentseröffnungsverfügung i.S.v. Art. 558. Die Mitteilung soll *so früh wie möglich* erfolgen und damit das amtliche Annahmeverfahren in Gang setzen, auch wenn Erben oder Vermächtnisnehmer aus irgendeinem Grunde noch nicht benachrichtigt werden können. Ist die Ernennung des Willensvollstreckers bedingt, vgl. N 4, so hat die zuständige Behörde davon Vormerk zu nehmen, den Willensvollstrecker entsprechend zu orientieren, aber die amtliche Mitteilung über seine Ernennung (welche die Annahmefrist in Gang setzt) erst nach *Eintritt der Bedingung* zu erlassen (ZR 1967, 188, 190).

14   Für die Ernennung des Willensvollstreckers ist die **behördliche Mitteilung nicht konstitutiv**, da die Ernennung rechtsgültig durch Verfügung von Todes wegen erfolgt; die behördliche Mitteilung setzt lediglich das (ordentliche) Annahmeverfahren in Gang. Wenn der Willensvollstrecker auf andere Weise von seiner Ernennung Kenntnis erhält, z.B. von den Erben oder weil er die fragliche Verfügung selbst aufbewahrt, so kann er *selbständig* mit der Wahrnehmung seiner Aufgaben beginnen (**a.M.** BK-TUOR, N 7), hat allerdings vorläufig keinen amtlichen Legitimationsausweis und dürfte deshalb in der Ausübung seiner Tätigkeiten behindert sein.

15   Der Angefragte hat eine **Überlegungsfrist** von 14 Tagen. Diese läuft vom *Empfang* der behördlichen Mitteilung an und wird nach Art. 76 ff. OR bzw. Art. 1 des *BG über den Fristenlauf an Samstagen* (SR 173.110.3) berechnet (gl.M. WETZEL, N 47). Eine Annahmeerklärung *vor* Entgegennahme der amtlichen Mitteilung oder gar zu Lebzeiten des Erblassers ist rechtlich unwirksam und kann nicht bewirken, dass die Behörde auf die Vornahme der amtlichen Mitteilung verzichten dürfte (gl.M. PIOTET, SPR IV/1, 157).

16   Für den Ernannten besteht **kein Annahmezwang**. Die Willensvollstreckung ist *keine Bürgerpflicht* wie z.B. die Vormundschaft, so dass der Ernannte das Amt auch ohne Nennung von Gründen ablehnen kann (gl.M. ZK-ESCHER, N 8; JOST, N 16; PIOTET, SPR IV/1, 157).

17   **Adressat der Annahmeerklärung** ist die Behörde, welche die Mitteilung erlassen hatte. Die **Form der Annahmeerklärung** wird vom kant. Recht bestimmt; sie kann schriftlich oder mündlich erfolgen, z.B. zuhanden des Protokolls durch den an der Testamentseröff-

nungs-Verhandlung anwesenden Willensvollstrecker. Gibt der Ernannte während der Frist keine Erklärung ab, so gilt sein *Stillschweigen als Annahme*. Die Annahme kann nicht bedingt oder befristet oder nur für einen Teil der gemäss letztwilliger Verfügung zugedachten Aufgaben erklärt werden; eine solche Erklärung muss als Ablehnung betrachtet werden (gl.M. Jost, N 16; Piotet, SPR IV/1, 157; Wetzel, N 47). Die Annahme ist auch dann gültig, wenn der Ernannte weiss, dass die letztwillige Verfügung *ungültig oder anfechtbar* sein könnte. Durch amtliche Mitteilung und Annahmeerklärung ist die Willensvollstrecker-Einsetzung gültig zustande gekommen und gilt solange, bis die Ungültigkeit durch den Richter rechtskräftig festgestellt ist. Zur Tätigkeit des Willensvollstreckers während dieser Zeit der Unsicherheit vgl. Art. 518 N 20.

IV. Legitimationsausweis

Der Willensvollstrecker hat Anspruch auf ein sog. **Willensvollstreckerzeugnis**, d.h. auf eine *behördliche Legitimationsurkunde* über seine Stellung (BGE 91 II 177, 180; gl.M. Jost, N 18; Bracher, 36 f.; Necker, 121; kritisch bez. des Rechtsanspruchs BJM 1965, 80, 82). Der Anspruch besteht nicht mehr nach Durchführung der Erbteilung (Rep 1990, 188). Zuständig für die Ausstellung ist normalerweise die Behörde, welche nach Art. 556-559 die letztwilligen Verfügungen eröffnet und Erbbescheinigungen ausstellt, aber die Kantone können auch eine andere Behörde vorsehen (BGE 91 II 177, 181; gl.M. Wetzel, N 120). Das Willensvollstreckerzeugnis hat nur *deklaratorischen Charakter* und dient dem Willensvollstrecker als Beweis für seine Ernennung und Annahme der Funktion. Das *Ausmass von Rechten und Pflichten* ergibt sich aber nicht aus dem Willensvollstreckerzeugnis, sondern aus der letztwilligen Verfügung und dem Gesetz (BJM 1963, 203, 205). 18

Der **Inhalt des Willensvollstreckerzeugnisses** wird vom kantonalen Recht bestimmt. Als Minimalerfordernis muss es erwähnen, dass XY *durch Testament des Erblassers vom ... zum Willensvollstrecker ernannt worden ist und das Mandat angenommen hat*; eine vollständige Wiedergabe des gesamten Testamentsinhaltes ist nicht erforderlich (gl.M. Wetzel, N 122). Sind nach der letztwilligen Verfügung die Rechte und Pflichten des Willensvollstreckers *eingeschränkt*, vgl. Art. 518 N 9, oder ist der ausstellenden Behörde eine Einsprache nach Art. 559 oder eine gegen das Testament bereits eingeleitete *Ungültigkeitsklage bekannt*, so muss dies im Willensvollstreckerzeugnis erwähnt werden, damit das Zeugnis nicht eine unumstrittene oder rechtskräftige Willensvollstreckung andeutet (BGE 91 II 177, 182; gl.M. Piotet, SPR IV/1, 158; Wetzel, N 120 f.; **a.M.** BJM 1963, 204, BJM 1965, 80, 82, wonach ein Willensvollstreckerzeugnis gar nicht ausgestellt werden darf bzw. ein bereits ausgestelltes widerrufen werden muss, wenn eine Einsprache nach Art. 559 erfolgt). Ebenso muss das Willensvollstreckerzeugnis erwähnen, wenn auf den Nachlass *ausländisches Recht* Anwendung findet, vgl. Vorbem. zu Art. 517/518 N 12 und Art. 559 N 26. 19

Als **Legitimationsurkunde** kann dem Willensvollstrecker auch die **Erbbescheinigung** nach Art. 559 dienen, da diese wegen der Beschränkung der Verwaltungs- und Verfügungsrechte der Erben *notwendigerweise* die Willensvollstreckung und den Namen des Willensvollstreckers erwähnen muss, vgl. Art. 559 N 24. Allerdings kann sich die 20

Ausstellung einer Erbbescheinigung bei Einsprachen oder sonstwie unklaren Verhältnissen verzögern, so dass der Willensvollstrecker aus praktischen Gründen ein separates Willensvollstreckerzeugnis verlangen sollte; dessen Ausstellung unterliegt keiner Einsprachemöglichkeit und kann deshalb unmittelbar nach Eingang der Annahmeerklärung vorgenommen werden. Der Willensvollstrecker kann sich gegenüber Erben, Vermächtnisnehmern und Dritten auch ausweisen durch Vorlegung eines *Todesscheins des Erblassers sowie eines beglaubigten Testamentsauszuges*, der die Willensvollstreckerklausel enthält (gl.M. BK-TUOR, N 7; ZK-ESCHER, N 8; BRACHER, 37; WETZEL, N 95). Ob und wieweit diese Art von Legitimation in der Praxis akzeptiert wird, bleibt allerdings offen.

V. Beginn und Ende

21 Die **Willensvollstreckung beginnt** i.d.R. mit der *offiziellen Annahme*, d.h. mit Abgabe der förmlichen Annahmeerklärung bzw. unbenütztem Ablauf der 14-tägigen Überlegungsfrist (gl.M. PIOTET, SPR IV/1, 157; DERRER, 100). Hat der Willensvollstrecker schon vor der amtlichen Mitteilung mit der Ausübung seiner Tätigkeit begonnen, weil der von seiner Ernennung anderweitig Kenntnis erhalten hatte, vgl. N 14, so gilt dies als *faktische Annahme* und damit Beginn des Amtes, einschliesslich der Verantwortlichkeit (gl.M. BRACHER, 154; wohl auch PIOTET, SPR IV/1, 158).

22 Unklar ist, ob die **Beschränkung der Verwaltungs- und Verfügungsbefugnisse** der Erben ab Eröffnung des Erbganges (so BK-TUOR, N 9; BRACHER, 77) oder ab Amtsbeginn des Willensvollstreckers eintritt. Da erst bei formellem bzw. faktischem Amtsbeginn feststeht, dass der bezeichnete Willensvollstrecker seine Tätigkeit aufnehmen kann und will, tritt diese Beschränkung richtigerweise erst mit Amtsbeginn ein. Zu diesem Zeitpunkt übernimmt der Willensvollstrecker den Nachlass im *dannzumaligen* Stand und schränkt damit die Erben in ihren Rechten ein, was umgekehrt bedeutet, dass die bisherigen Handlungen der Erben gültig waren. Soweit die Erben nicht gehandelt haben, kann der Willensvollstrecker wenn nötig und möglich rückwirkende Rechtshandlungen vornehmen für die Zeit zwischen Eröffnung des Erbganges und Amtsbeginn.

23 Die **Willensvollstreckung ist sistiert**, nicht aber beendet während der Dauer der Erbschaftsverwaltung nach Art. 554, der Inventaraufnahme nach Art. 580 ff. sowie der amtlichen Liquidation nach Art. 596, vgl. Art. 518 N 21; nach deren Ablauf lebt sie wieder vollumfänglich auf.

24 Die Willensvollstreckung endigt mit
– der rechtskräftigen richterlichen **Ungültigerklärung** der Verfügung von Todes wegen, durch welche die Willensvollstreckung angeordnet wurde (BJM 1995, 113). Die Erben haben den Nachlass im *dannzumaligen* Stand zu übernehmen; die bis dahin getroffenen Handlungen des gutgläubigen Willensvollstreckers sowie die Rechte Dritter bleiben davon unberührt, vgl. Art. 518 N 20;
– der **vollständigen Erledigung** der unter sie fallenden Aufgaben bzw. mit einem testamentarisch vorgesehenen Zeitablauf oder Eintritt einer auflösenden Bedingung, z.B. Tod des Vorerben (gl.M. JOST, N 94; PIOTET, SPR IV/1, 158 f.). Enthält das Testament keine näheren Bestimmungen, so dauert die Willensvollstreckung gem. Art. 518 Abs. 2

bis zum **Vollzug** des Erbteilungsvertrages, vgl. Art. 518 N 67 (BGE 96 I 496, 499; gl.M. BECK, 182; BREITSCHMID, Willensvollstrecker, 156).

Gründe für das **vorzeitige Ende der persönlichen Funktion** (*nicht aber der Willensvollstreckung als solcher*) sind:
– Richterliche **Ungültigerklärung** der Ernennung einer bestimmten Person, z.B. wegen Interessenkollision, vgl. Art. 518 N 105;
– **Absetzung** des Willensvollstreckers durch die Aufsichtsbehörde, vgl. Art. 518 N 104;
– Eintritt der **Handlungsunfähigkeit** des Willensvollstreckers, z.B. durch Bevormundung (BGE 113 II 121, 125);
– **Tod** des Willensvollstreckers. Die Stellung des Willensvollstreckers ist *nicht vererblich* und geht bei seinem Tod nicht auf seine Erben über (BGE 78 II 445, 452; gl.M. BRACHER, 41; BECK, 182);
– **Rücktritt** des Willensvollstreckers, was wegen fehlendem Amtszwang jederzeit möglich ist, vgl. N 16. Allerdings darf der Rücktritt in Analogie zu Art. 404 OR nicht zu Unzeit erfolgen (gl.M. BK-TUOR, N 16; BECK, 182; PIOTET, SPR IV/1, 159; **a.M.** JOST, N 95, wonach der Rücktritt nur aus wichtigen Gründen zulässig ist);
– **Nicht** durch Eintritt von **Zahlungsunfähigkeit** bzw. Konkurs des Willensvollstreckers oder durch strafrechtliche Verurteilung. Dies kann allerdings einen Absetzungsgrund wegen Unmöglichkeit gehöriger Erfüllung bzw. mangelnder Zutrauenswürdigkeit bilden, vgl. Art. 518 N 104 (gl.M. HUX, 117);
– **Nicht** durch **Absetzung** bzw. «**Mandatsentzug**» seitens der Erben oder Vermächtnisnehmer. Diese können den Willensvollstrecker *nicht absetzen*, auch nicht durch einstimmigen Beschluss (BGE 90 II 376, 381; ZR 1972, 281, 282; BJM 1963, 203; gl.M. BK-TUOR, N 16; DRUEY, Erbrecht, § 14 N 36).

Wenn der Willensvollstrecker **vorzeitig ausscheidet** und in der Verfügung von Todes wegen ein Ersatzmann bezeichnet war, so tritt dieser an die Stelle des Ausgeschiedenen und die Willensvollstreckung geht weiter. War jedoch *kein* Ersatzmann bezeichnet, so fällt die Willensvollstreckung als solche vollständig dahin; die Behörde kann keinen Ersatzvollstrecker ernennen, vgl. N 6. Die Erben treten wieder vollumfänglich in ihre Verwaltungs- und Verfügungsrechte ein und haben den Nachlass so zu übernehmen, wie er sich beim Wegfall des Willensvollstreckers darstellt.

VI. Vergütung

Der Willensvollstrecker hat einen Anspruch auf **angemessene Vergütung**. Dieser Anspruch ist *bundesrechtlicher* Natur und bemisst sich somit nach Bundes-, nicht nach kant. Recht, insb. nicht automatisch nach kant. Honorarordnungen von Anwalts- oder anderen Berufsverbänden (BGE 78 II 123, 126; ZR 1976, 29, 31; gl.M. JOST, N 19; BRACHER, 151; HUX, 57). Zu den kant. Tarifen vgl. aber N 30 f.

Der **Vergütungsanspruch ist zwingender Natur**. Der Willensvollstrecker hat in jedem Falle einen *klagbaren Anspruch* auf Vergütung, selbst wenn der Erblasser diese durch Testament ausschliessen sollte (gl.M. BK-TUOR, N 12; ZK-ESCHER, N 10; BRACHER, 152). Der Erblasser kann hingegen *die Höhe* der Vergütung selbst festlegen, die aber nicht notwendigerweise verbindlich ist; der Willensvollstrecker kann eine *Erhöhung* bzw. die Erben eine *Ermässigung* geltend machen, wenn die festgesetzte Vergütung nicht «angemessen» sein sollte (gl.M. JOST, N 19; BRACHER, 151; PIOTET, SPR IV/1, 159). Legt der Erblasser eine finanzielle Leistung an den Willensvollstrecker fest, so ist durch Interpretation zu ermitteln, ob es sich um *eine Schenkung, ein Legat, um die Willensvollstrecker-Vergütung oder allenfalls um eine Gesamtleistung aus verschiedenen Rechtsgründen* handelt. Gilt die Leistung als Schenkung oder Legat, so ist ebenfalls durch Interpretation zu ermitteln, ob sie *anstelle* der Vergütung tritt oder ob diese noch *zusätzlich* geschuldet wird (BGE 117 II 382). Im Zweifelsfalle ist die Vergütung *neben* der Schenkung bzw. dem Vermächtnis geschuldet, da der Vergütungsanspruch des Willensvollstreckers zwingendes Recht darstellt (gl.M. BK-TUOR, N 12; ZK-ESCHER, N 10; JOST, N 19; BRACHER, 152).

29 Die **bundesrechtliche Angemessenheit** kann nur nach den *Verhältnissen des einzelnen Falles* beurteilt werden. Nach heutiger Lehre und der vom Bundesgericht entwickelten Formel ist die Vergütung dann angemessen, wenn *«sie in einem billigen Verhältnis steht zu der durch die Testamentsvollstreckung verursachten Mühe, gemessen am notwendigen Zeitaufwand, an der Kompliziertheit der Verhältnisse sowie am Umfang und an der Dauer des Auftrages und endlich auch an der damit verbundenen Verantwortung»* (BGE 78 II 123, 127; ZR 1976, 29, 31; SemJud 1992, 81, 86; gl.M. BK-TUOR, N 12; ZK-ESCHER, N 10; PIOTET, SPR IV/1, 159; HUX, 57). Unter die Kriterien der Kompliziertheit und Verantwortung fallen beispielsweise die *Spezialkenntnisse* eines Rechtsanwaltes oder Vermögensverwalters, die allenfalls eine höhere Vergütung rechtfertigen (BGE 78 II 123, 126; ZR 1976, 29, 31; gl.M. BRACHER, 151). Ein *Honorarabzug* ist gerechtfertigt, wenn der Willensvollstrecker nach den Umständen des Falles und seiner Berufsqualifikation *nachlässig* gehandelt hat (PKG 1962, 29, 31). Bei der Verantwortung spielt auch der *Wert des Nachlassvermögens* eine gewisse Rolle, kann aber nicht allein ausschlaggebend sein. Aus diesem Grunde ist die Bemessung der Vergütung rein als Prozentsatz des Nachlassvermögens abzulehnen; der *effektive Arbeitsaufwand* muss im Vordergrund stehen (BGE 78 II 123, 128; ZR 1995, 195, 197; **a.M.** BK-TUOR, N 12; ZBJV 1944, 335).

30 Bei der Bemessung der Vergütung kann die **Praxis zu Art. 394 Abs. 2 OR behilflich** sein, der ebenfalls einen *bundesrechtlichen* Anspruch regelt. Danach können kantonale oder ortsübliche Tarife bzw. Honoraransätze einzelner Berufsgattungen *als Anhaltspunkte* beigezogen werden, sind aber wegen der bundesrechtlichen Natur des Anspruches *nicht verbindlich* (BGE 117 II 282, 284). Immerhin kann sich im Einzelfall ergeben, dass solche Tarife oder Honoraransätze bei der Anwendung im Einzelfall den bundesrechtlichen Massstäben auf Angemessenheit entsprechen (SemJud 1992, 81, 86; ZR 1976, 29, 32 und ZR 1995 195, 197, mit detaillierten Erwägungen zur Gebührenordnung der Zürcher Anwälte).

31 Die *angemessene Vergütung* entschädigt die eigentliche Willensvollstrecker-Tätigkeit. Daneben hat der Willensvollstrecker **Anspruch auf Ersatz von Spesen und Auslagen**, Art. 402 Abs. 1 OR. Ebenso sind in der Vergütung *nicht inbegriffen* die Kosten für vom Willensvollstrecker im Rahmen seiner Tätigkeit rechtmässig beigezogene Dritte wie z.B. Banken, Vermögensverwalter oder Anwälte, vgl. Art. 518 N 15 (PKG 1962, 29, 31; gl.M. PIOTET, SPR IV/1, 160; HUX, 104). Verrichtet der Willensvollstrecker *eigent*-

liche Berufsarbeiten, die nicht zum normalen Pflichtenkreis gehören und für die sonst ein Fachmann beigezogen werden müsste, z.B. führt er als Anwalt einen Prozess für den Nachlass, so hat er *neben* der angemessenen Willensvollstrecker-Verfügung noch Anspruch auf eine *separate Entschädigung*, deren Höhe sich bei Prozessführung nach dem kant. Tarif richtet (BGE 78 II 123, 126; gl.M. JOST, N 19; HUX, 57).

Vergütung und Spesenersatz sind grundsätzlich **bei Beendigung der Tätigkeit fällig** und den Erben gegenüber in der Teilungsrechnung oder einer separaten Schlussabrechnung auszuweisen (gl.M. JOST, N 20). Bei länger dauerndem Mandat hat der Willensvollstrecker das Recht, selbständig zu Lasten des Nachlasses *Akontozahlungen* zu beziehen (ZR 1995, 195, 196; GVP-SG 1957, 180, 185; gl.M. JOST, N 20), ist aber zur periodischen, i.d.R. jährlichen Vorlage einer *detaillierten Abrechnung* über seine geleistete Arbeit und bezogene Entschädigung verpflichtet, vgl. Art. 518 N 16 (ZR 1995, 195, 197). Für Vergütung und Spesenersatz steht ihm ein *Retentionsrecht* i.S.v. Art. 895 an beweglichen Nachlassgegenständen zu (BGE 86 II 355, 361; gl.M. BRACHER, 152; JOST, N 21). 32

Vergütung und Spesenersatz sind **Erbgangsschulden**. Damit sind sie für die Berechnung der Pflichtteile vom Nachlass abzuziehen und gehen gem. Art. 564 den Ansprüchen der Vermächtnisnehmer vor (gl.M. JOST, N 20 f.; BRACHER, 151 f.; PIOTET, SPR IV/1, 159). Für Vergütung und Spesenersatz haften neben dem Nachlass auch die Erben persönlich (BGE 93 II 11, 13; ZR 1976, 29, 30; gl.M. BECK, 180; PIOTET, SPR IV/1, 165). Handelt jedoch der Willensvollstrecker aufgrund der letztwilligen Verfügung lediglich im Interesse eines einzigen Erben (z.B. zur Durchsetzung einer diesem auferlegten Auflage) oder eines Vermächtnisnehmers, so belastet die Vergütung diesen Erben bzw. Vermächtnisnehmer allein (gl.M. PIOTET, SPR IV/1, 159 f.; **a.M.** BRACHER, 152 FN 3). 33

Vergütung und Spesenersatz sind im Streitfall durch den ordentlichen Richter festzulegen, nicht durch die Aufsichtsbehörde (BGE 78 II 123, 125; 86 I 330, 333, wohl auch 90 II 376, 381; GVP-ZG 1983/84, 196, 199; PKG 1962, 29, 31; GVP-SG 1957, 180, 185; BJM 1955, 113; gl.M. ZK-ESCHER, N 10a; JOST, N 19; BRACHER, 150; PIOTET, SPR IV/1, 159; HUX, 58). Da auf die Willensvollstreckung die Bestimmungen über den einfachen Auftrag nach Art. 394 ff. OR subsidiär angewendet werden (vgl. Art. 518 N 12), unterliegt der Vergütungsanspruch i.d.R. der *zehnjährigen Verjährungsfrist* von Art. 127 OR. Ist jedoch ein Anwalt, Rechtsagent oder Notar in seiner beruflichen Stellung als Willensvollstrecker tätig geworden, so gilt die *fünfjährige* Verjährungsfrist nach Art. 128 Ziff. 3 OR. 34

Art. 518 ZGB

B. Inhalt des Auftrages

¹ Die Willensvollstrecker stehen, soweit der Erblasser nichts anderes verfügt, in den Rechten und Pflichten des amtlichen Erbschaftsverwalters.

² Sie haben den Willen des Erblassers zu vertreten und gelten insbesondere als beauftragt, die Erbschaft zu verwalten, die Schulden des Erblassers zu bezahlen, die Vermächtnisse auszurichten und die Teilung nach den vom Erblasser getroffenen Anordnungen oder nach Vorschrift des Gesetzes auszuführen.

³ Sind mehrere Willensvollstrecker bestellt, so stehen ihnen diese Befugnisse unter Vorbehalt einer anderen Anordnung des Erblassers gemeinsam zu.

Art. 518 ZGB

B. Etendue des pouvoirs

¹ Si le disposant n'en a ordonné autrement, les exécuteurs testamentaires ont les droits et les devoirs de l'administrateur officiel d'une succession.

² Ils sont chargés de faire respecter la volonté du défunt, notamment de gérer la succession, de payer les dettes, d'acquitter les legs et de procéder au partage conformément aux ordres du disposant ou suivant la loi.

³ Lorsque plusieurs exécuteurs testamentaires ont été désignés, ils sont réputés avoir reçu un mandat collectif.

B. Poteri dell'esecutore

¹ Salvo contraria disposizione del testatore, gli esecutori testamentari hanno gli stessi diritti e doveri dell'amministratore ufficiale di una successione.

² Essi devono far rispettare la volontà del defunto e sono particolarmente incaricati di amministrare la successione, di pagarne i debiti, di soddisfare i legati e di procedere alla divisione conformemente alle disposizioni del testatore o a tenor di legge.

³ Se sono nominati più esecutori testamentari, essi esercitano il loro ufficio in comune, salvo contraria disposizione del testatore.

Inhaltsübersicht

I.	Gleichstellung mit dem amtlichen Erbschaftsverwalter	1
II.	Vollstreckung und Vertretung des erblasserischen Willens	3
	1. Allgemeines	3
	2. Testamentarische Rechte und Pflichten	8
	3. Gesetzliche Rechte und Pflichten	12
III.	Besitz	22
IV.	Verwaltungshandlungen und Verpflichtungsgeschäfte	27
V.	Bezahlung von Schulden, Verfügungsgeschäfte	36
VI.	Ausrichtung der Vermächtnisse	50
VII.	Erbteilung	52
VIII.	Prozessuale Rechtsstellung des Willensvollstreckers	68
	1. Allgemeines	68
	2. Nichterbrechtliche Klagen und Zwangsvollstreckungsmassnahmen	76
	3. Erbrechtliche Klagen	81
	4. Streit um persönliche Rechte	87
IX.	Rechte der Erben	88
X.	Mehrere Willensvollstrecker	91
XI.	Behördenaufsicht	97
XII.	Verantwortlichkeit	109

Literatur

Vgl. die Literaturhinweise zu den Vorbem. zu Art. 517–518 ZGB.

I. Gleichstellung mit dem amtlichen Erbschaftsverwalter

1 Soweit der Erblasser nichts anderes verfügt hat, steht der Willensvollstrecker nach Art. 518 Abs. 1 in den **Rechten und Pflichten des amtlichen Erbschaftsverwalters**.

Diese Verweisung ist problematisch, weil sie nicht klarstellt, ob der Erbschaftsverwalter von Art. 554 oder der Erbschaftsliquidator von Art. 595 gemeint ist. Die Erbschaftsverwaltung dient der *Sicherung des Erbganges* und hat somit einen ausschliesslich konservatorischen Zweck. Die amtliche Liquidation hingegen dient der *Abwicklung* des Nachlasses bis und mit Versilberung des Vermögens, jedoch ohne Erbteilung. Die Aufgabenkreise von Willensvollstrecker, Erbschaftsverwalter und Erbschaftsliquidator sind deshalb nicht deckungsgleich, aber der Willensvollstrecker steht dem Erbschaftsliquidator näher als dem Erbschaftsverwalter. Lehre und Praxis gehen praktisch einhellig davon aus, dass mit der Verweisung in Art. 518 der Erbschaftsliquidator nach Art. 595 ff. gemeint ist (BGE 48 II 308, 310; 66 II 148, 150; AR GVP 1988, 120; gl.M. BK-TUOR, N 6; ZK-ESCHER, N 3; BRACHER, 34; DERRER, 8; HUX, 32; BREITSCHMID, AJP 1996, 90; kritisch GIGER, FS Heini, 131 f.).

Funktion und Aufgaben von Willensvollstrecker und Erbschaftsliquidator sind in Art. 518 Abs. 2 bzw. 596 Abs. 1 ähnlich umschrieben, in Details aber verschieden. Die entscheidende Bedeutung der Verweisung in Art. 518 Abs. 1 liegt deshalb nicht bei den Aufgaben, sondern vielmehr bei der Behördenaufsicht nach Art. 595 Abs. 3. Somit unterliegt auch der Willensvollstrecker einer **Behördenaufsicht und einem Beschwerderecht der Erben** (BGE 48 II 308, 310; 66 II 148, 150; gl.M. BK-TUOR, N 7; ZK-ESCHER, N 4; BRACHER, 34; STIERLIN, 87; PIOTET, SPR IV/1, 154; WETZEL, N 145; DERRER, 6; HUX, 32; **a.M.** GIGER, FS Heini, 132, wonach jeder Konflikt mit dem Willensvollstrecker vor den ordentlichen Richter gehört). Die Anwendung von Art. 595 Abs. 3 bedeutet lediglich, dass der Willensvollstrecker einer behördlichen *Aufsicht an sich* untersteht, nicht aber, dass er zwingend der *gleichen* Aufsichtsbehörde unterstehen muss wie der Erbschaftsliquidator (gl.M. PIOTET, SPR IV/1, 154; HUX, 32) oder dass die Willensvollstreckung als rein privatrechtliches Institut durch diese Unterstellung zum öffentlichen Amt würde, (gl.M. ZK-ESCHER, N 5; BRACHER, 150). Die Unterstellung unter die Behördenaufsicht analog zu Art. 595 Abs. 3 ist *zwingend* und kann vom Erblasser trotz der *dispositiven Natur* von Art. 518 Abs. 1 weder eingeschränkt noch ausgeschlossen werden, vgl. N 11.

II. Vollstreckung und Vertretung des erblasserischen Willens

1. Allgemeines

Die in Art. 517 Abs. 1 gestellte Aufgabe ist **Vollstreckung des Willens** des Erblassers. Damit ist vorab der *letzte Wille* gemeint (vgl. frz. und it. Gesetzestext) und nicht jeder Wille, den der Erblasser irgendwann zu Lebzeiten ausgedrückt hat. Dieser *letzte Wille* muss sich deshalb in erster Linie auf eine *Verfügung von Todes* wegen stützen (BGE 48 II 308, 313; BJM 1990, 83, 86). Soweit es sich um höchstpersönliche Anordnungen handelt wie z.B. über Abdankung, Begräbnisplatz etc. können diese auch durch andere Willensäusserungen des Erblassers ausgedrückt werden. Neben dem Willen des Erblassers hat der Willensvollstrecker aber auch das *Gesetz* sowie die *pendenten Rechtsgeschäfte* zu vollstrecken wie z.B. Verträge etc., die der Erblasser zu Lebzeiten abgeschlossen hatte und seinen Tod überdauern (gl.M. DRUEY, Erbrecht, § 14 N 66). Aus diesem Grunde ist der Begriff *Vollstreckung des Willens* doch nicht nur auf den *letzten*

Willen eingeschränkt, wie sich aus dem frz. und it. Gesetzestext ableiten liesse, sondern bedeutet **Ausführung der Aufgaben**, die dem Willensvollstrecker durch Verfügung von Todes wegen bzw. Gesetz übertragen sind. Die Aufgaben des Willensvollstreckers reichen nach dem Wortlaut von Art. 518 Abs. 2 auch ohne ausdrückliche Verfügung des Erblassers ganz wesentlich über dessen Willen hinaus, indem sie *von Gesetzes wegen* z.B. die Erbschaftsverwaltung, die Schuldenbezahlung und Vorbereitung der Erbteilung einschliessen.

4   Aus Art. 518 Abs. 2, wonach der Willensvollstrecker den **Willen des Erblassers zu vertreten** hat, ergibt sich nichts anderes. Diese Bestimmung steht zwar wegen des nachfolgenden Wortes *insbesondere* als eine Art Generalklausel in der Hierarchie der Aufgabenliste des Willensvollstreckers zuoberst, aber es kann aus ihr nichts Konkretes für die Interpretation von Rechten und Pflichten des Willensvollstreckers abgeleitet werden. Aus dieser Andeutung eines *Vertretungsverhältnisses* wurde in der früheren Literatur teilweise die Vertretungstheorie zur Rechtsnatur des Willensvollstreckers entwickelt, die aber heute als überholt zu gelten hat; der Willensvollstrecker ist weder Vertreter des Erblassers noch der Erben, vgl. Vorbem. zu Art. 517/518 N 6 ff.

5   Der Willensvollstrecker hat eine **erbrechtliche Aufgabe**, die sich auf den *Nachlass, nicht auf das eheliche Gesamtvermögen* erstreckt. Der Willensvollstrecker kann die der Erbteilung vorangehende güterrechtliche Auseinandersetzung nicht aus eigenem Recht selbständig vorbereiten und durchführen (a.M. BK-TUOR, N 18). Da aber zur Aufgabe des Willensvollstreckers u.a. die Feststellung des Nachlassvermögens gehört (vgl. N 16) und der güterrechtliche Anspruch des überlebenden Gatten einen Anspruch gegen die vom Erblasser hinterlassene Errungenschaft bzw. gegen das Gesamtgut darstellt, muss der Willensvollstrecker notwendigerweise bei der *güterrechtlichen Auseinandersetzung* mitwirken. Er vertritt dabei die Erben (zu denen auch der überlebende Ehegatte gehören kann) gegenüber dem überlebenden Gatten und schliesst mit diesem zu Lasten der Erben die allenfalls erforderliche Vereinbarung über die Erledigung der güterrechtlichen Ansprüche ab. Im Rahmen seiner Verfügungsbefugnis hat er die Ansprüche des überlebenden Ehegatten auch zu erfüllen (ZR 1992/93 172, 181; gl.M. BK-HAUSHEER/REUSSER/GEISER, Art. 215 N 21; BRACHER, 84; PICENONI, ZBGR 1969, 169; GUINAND, ZBGR 1976, 325; PIOTET, SPR IV/1, 167; DRUEY, Erbrecht, § 13 N 11, § 14 N 70; BREITSCHMID, Willensvollstrecker, 116). Soweit bei Gütergemeinschaft das eheliche Gesamtvermögen gemäss Ehevertrag vollständig dem überlebenden Ehegatten zufällt, besteht der Nachlass lediglich aus dem allfällig vorhandenen Sondergut (ZBJV 1945, 95).

6   Die Rechte des Willensvollstreckers sind **gegenüber den Erben exklusiv**. Soweit und solange der Willensvollstrecker testamentarische oder gesetzliche Besitz-, Verwaltungs- und Verfügungsrechte hat, sind diese den Erben vollständig entzogen (BGE 90 II 376, 381; BGE 97 II 11, 15). Die Erben dürfen nicht in Rechte und Verwaltungstätigkeit des Willensvollstreckers eingreifen und haben sich verbotener Eigenmacht zu enthalten (ZR 1985, 313, 316). Den Erben steht die Verwaltungs- und Verfügungsbefugnis dann und insoweit zu, als jene des Willensvollstreckers durch Testament eingeschränkt ist oder der Willensvollstrecker ausdrücklich oder konkludent auf einen Teil seiner Befugnisse verzichtet, z.B. indem er den Erben Nachlassgegenstände überlässt, die er für die Verwaltung nicht (oder nicht mehr) benötigt. Nehmen Erben Verfügungs- oder Verpflichtungs-

handlungen zu Lasten des Nachlasses vor in jenem Bereich, der in die Kompetenz des Willensvollstreckers fällt, sind die entsprechenden Erbenhandlungen *ungültig* unter Vorbehalt der Rechte gutgläubiger Dritter. Die Ungültigkeit kann durch nachträgliche Genehmigung des Willensvollstreckers geheilt werden (gl.M. BRACHER, 78).

Der Willensvollstrecker hat nicht nur Rechte, sondern umgekehrt auch die **Pflicht zur Durchführung seiner Aufgabe**. Er ist nicht frei, sich nur einzelnen Teil-Aufgaben zu widmen, sondern verpflichtet, *alle* durch letztwillige Verfügung bzw. Gesetz definierten Rechte und Pflichten wahrzunehmen und *alles* zu unternehmen, was zur zeitgerechten, sachrichtigen und vollständigen Erfüllung seiner Aufgabe erforderlich ist. Der Willensvollstrecker hat das Recht und die Pflicht, gegenüber Erben und Dritten ggf. seine Befugnisse *gerichtlich geltend zu machen* und sich gegenüber Eingriffen von Erben, Behörden und Dritten zu wehren, vgl. N 87 (BLVGE 1981, 99, 101; gl.M. BRACHER, 129).

7

2. Testamentarische Rechte und Pflichten

Aus der Klausel *soweit der Erblasser nichts anderes verfügt* in Art. 518 Abs. 1 ergibt sich, dass Rechte und Pflichten des Willensvollstreckers **weitgehend vom Erblasser bestimmt werden können**. Art. 518 ist somit *dispositiver Natur*, unter Vorbehalt der Behördenaufsicht über den Willensvollstrecker, vgl. N 2. Soweit der Erblasser keine besonderen Kompetenzzuweisungen oder Auftragsumschreibungen getroffen, sondern einfach nur einen Willensvollstrecker als solchen bezeichnet hat, gilt die gesetzliche Regelung. Je nach Ausmass der dem Willensvollstrecker zustehenden Rechte und Pflichten spricht man von *General- oder Spezialexekution* bzw. vom *gesetzlichen oder testamentarischen Typus* der Willensvollstreckung (BK-TUOR, N 3; JOST, N 23 ff.; BRACHER, 34). Der Willensvollstrecker hat das Testament so zu nehmen, wie es *objektiv vernünftigerweise* zu verstehen ist; Lücken sind zu akzeptieren und nicht durch den Willensvollstrecker in eigener Kompetenz auszufüllen, vgl. N 11 (BREITSCHMID, Willensvollstrecker, 157).

8

Der Erblasser kann die vom Gesetz vorgesehenen Rechte und Pflichten des Willensvollstreckers **ausdehnen**, wobei ihm bei der Erteilung von Befugnissen so viel Spielraum zusteht, wie das Gesetz und die Testierfreiheit erlauben. Eine *sachliche Ausdehnung* ist im Hinblick auf die gesetzlich ohnehin vorgesehenen Kompetenzen und die von Lehre und Praxis entwickelten Beschränkungen kaum denkbar, wohl aber eine *zeitliche Ausdehnung*. So kann der Willensvollstrecker die Aufgabe erhalten, auch *nach der Erbteilung* den ganzen Nachlass oder einzelne Teile davon zu verwalten. Die zeitliche Ausdehnung unterliegt aber *drei wesentlichen Einschränkungen*:

9

– Die **Pflichtteile** müssen nach der Erbteilung frei und unbelastet sein, so dass die zeitliche Ausdehnung nur im *Rahmen der verfügbaren Quote* angeordnet werden kann (BGE 51 II 49, 56; gl.M. BK-TUOR, N 40; ZK-ESCHER, N 22; BRACHER, 39; PICENONI, ZBGR 1969, 166; WETZEL, N 131);

– Auch im Rahmen der **verfügbaren Quote** kann die Willensvollstreckung *nicht zeitlich unbegrenzt* sein. In Analogie zu Art. 488 Abs. 2 kann sie nur den unmittelbaren Erben (bzw. Vermächtnisnehmer) belasten und endet somit spätestens bei dessen Tod (BGE 51 II 51, 55; gl.M. BK-TUOR, N 40; ZK-ESCHER, N 22; JOST, N 29; BRACHER, 39 f.; PIOTET, SPR IV/1, 168; WETZEL, N 130; **a.M.** PICENONI, ZBGR 1969, 166, der Willensvollstreckung bis zur ersten Nacherbschaft als zulässig betrachtet);

Art. 518 ZGB

– Im Hinblick auf Art. 604 Abs. 1 darf die **Erbteilung** nicht bis zu einem vom Erblasser bestimmten Zeitpunkt aufgeschoben sein.

10 Der Erblasser kann die vom Gesetz vorgesehenen Rechte und Pflichten des Willensvollstreckers auch **einschränken**, und dies hat eine wesentlich grössere praktische Bedeutung als die sachliche oder zeitliche Ausdehnung der Aufgaben. So kann der Erblasser die Willensvollstreckung generell zeitlich begrenzen oder dem Willensvollstrecker anstelle der gesetzlichen Gesamtaufgabe auch *nur Einzelaufgaben* übertragen, z.B. die Führung eines Geschäftes, bis sich einer oder mehrere Erben zur Übernahme bereit erklärt haben, die Veräusserung/Liquidation eines Geschäftes oder die Verwaltung bestimmter Vermögenswerte, z.B. von Liegenschaften. Ebenso kann der Erblasser auf einem nutzniessungsbelasteten Erbteil eine sog. *Verwaltungsvollstreckung* während eines Teils oder der ganzen Nutzniessungsdauer anordnen, wenn er aus bestimmten Gründen die Verwaltung nicht dem Nutzniessungsberechtigten überlassen will.

11 Der Erblasser kann **nicht testamentarisch anordnen**, dass der Willensvollstrecker
– die materiellen Bestimmungen des Testamentes **authentisch interpretieren** kann (gl.M. Bracher, 37 f.; Beck, 180; **a.M.** Wetzel, N 134, der die Interpretationsbefugnis im Rahmen der verfügbaren Quote zulassen möchte). Das Recht zur Interpretation des Testamentes kann dem Willensvollstrecker aber durch die Erben übertragen werden (gl.M. BK-Tuor, N 19; ZK-Escher, N 15; Wetzel, 134);
– als **Schiedsrichter** zur verbindlichen Regelung von Streitigkeiten unter den Erben eingesetzt wird (gl.M. Bracher, 38; Piotet, SPR IV/1, 168; Wetzel, N 132 f.; **a.M.** Picenoni, ZBGR 1969, 167, der dies im Rahmen der disponiblen Quote zulassen möchte), vgl. aber N 58;
– von **allgemeinen Pflichten** befreit ist, z.B. Verwaltungspflicht, Inventaraufnahmepflicht, Auskunftspflicht und Rechenschaftspflicht (gl.M. Bracher, 43; Wetzel, N 126; **a.M.** Wetzel, N 127 bez. Inventaraufnahmepflicht);
– von der **Unterstellung unter die Behördenaufsicht befreit** ist oder dass die Behörde nur beschränkte Kognitionsbefugnis hat (gl.M. Bracher, 43, 139; Wetzel, N 126; Derrer, 10 ff.);
– von der **Verantwortlichkeit/zivilrechtlichen Haftung befreit** bzw. das Mass seiner Sorgfalt eingeschränkt ist (gl.M. Bracher, 155; Hux, 82);
– von der Bindung an die **gesetzlichen Teilungsvorschriften befreit** ist (gl.M. Piotet, SPR IV/1, 168; Wetzel, N 128; Pfammatter, 13);
– i.S. einer Kompetenzdelegation das Recht hat, **Materielles zur Erbteilung selbst zu bestimmen**, z.B. aus mehreren alternativen Vermächtnisnehmern einen zu bestimmen, die Höhe eines Vermächtnisses festzulegen oder Nachlassgegenstände verbindlich einzelnen Erben zuzuweisen (gl.M. ZK-Escher, N 1; Druey, Erbrecht, § 8 N 23 ff.).

3. Gesetzliche Rechte und Pflichten

12 Der Willensvollstrecker hat eine rein *privatrechtliche Aufgabe eigenständiger Art*, vgl. Vorbem. zu Art. 517/518 N 7. Obwohl das für Auftrag bzw. Treuhand typische Weisungsrecht des Auftraggebers fehlt, sind die Funktionen des Willensvollstreckers in vielen Punkten *mandatsähnlich*. Lehre und Praxis gehen deshalb richtigerweise davon

aus, dass auf die Willensvollstreckung **subsidiär das Recht des einfachen Auftrages** nach Art. 394-406 OR Anwendung findet (BGE 78 II 123, 125; 90 II 376, 380; 101 II 47, 53 = Pra 1975, 501; gl.M. BK-TUOR, N 9; HUX, 65 ff.; DERRER, 39; DRUEY, Erbrecht, § 14 N 41; GIGER, FS Heini, 129; BK-FELLMANN, Vorbem. zu Art. 394-406 OR N 22).

Ziel der Willensvollstreckung ist die Vorbereitung der Erbteilung. Der Willensvollstrecker hat die Vermächtnisse auszurichten, den Nachlass in einen *teilungsfähigen Zustand* zu bringen und für die einzelnen Erben auslieferbare Lose zu bilden (BREITSCHMID, Willensvollstrecker, 113). Sofern der Erblasser nicht ausdrücklich die Verteilung von Bargeld unter die Erben anordnet, hat der Willensvollstrecker im Hinblick auf den Anspruch der Erben auf Naturalteilung gemäss Art. 610/611 den Nachlass *nicht einfach zu versilbern*, sondern soweit als möglich *in natura* zu erhalten für die Verteilung unter die Erben (BGE 97 II 11, 17; 108 II 535, 537; SemJud 1989, 382; gl.M. DRUEY, Erbrecht, § 16 N 50). Die Tätigkeit des Willensvollstreckers muss deshalb bei Verwaltungs-, Verpflichtungs- und Verfügungshandlungen im Zweifel auf *Erbschaftserhaltung*, nicht auf Liquidation ausgerichtet sein. Daraus ergibt sich, dass der Willensvollstrecker keine Handlungen vornehmen soll, die zur Durchführung der Vollstreckung nicht erforderlich sind oder die künftige Erbteilung präjudizieren können; er ist dem *Prinzip der schonenden Rechtsausübung* verpflichtet (BGE 108 II 535; gl.M. ZK-ESCHER, N 10; JOST, N 40; BRACHER, 71; GUINAND, ZBGR 1976, 326; PIOTET, SPR IV/1, 161; DRUEY, Erbrecht, § 16 N 33; BREITSCHMID, Willensvollstrecker, 125 f.).

13

Die **Kompetenzen des Willensvollstreckers** sind rechtlich sehr weitreichend. Der Willensvollstrecker hat *keine dinglichen Rechte* (BGE 90 II 376, 382), aber das *ausschliessliche Besitz-, Verwaltungs- und Verfügungsrecht* über die Erbschaft, währenddem die diesbezüglichen Rechte der Erben sistiert sind. Der Willensvollstrecker handelt *aus eigenem Recht frei und selbständig*, muss *keine Anweisungen der Erben* befolgen und kann von den Erben *nicht abgesetzt* werden, vgl. Vorbem. zu Art. 517/518 N 8. Er kann alle Rechtshandlungen vornehmen, die zur Erfüllung seiner Aufgabe erforderlich sind; die Beschränkungen von Art. 396 Abs. 3 OR gelten für ihn nicht. Er hat grossen Ermessensspielraum, muss dabei aber auf die schutzwürdigen Interessen aller Beteiligter Rücksicht nehmen, unparteiisch sein und bei unklarem evtl. ungültigem Testament grosse Zurückhaltung üben. Seine Kompetenzen erstrecken sich auf den *gesamten Nachlass*, und zwar auch auf den *im Ausland liegenden* (analog zur Erbschaftsverwaltung, ZR 1979, 6; PKG 1991, 182, 185), soweit der Erblasser nichts anderes verfügt hat, vgl. N 10. Trotz weitgehender Kompetenzen sind aber die *konkreten Aufgaben i.d.R. beschränkt* auf konservatorische Massnahmen zur Erhaltung des Nachlasses, vgl. N 13. Zu den internen und externen Befugnissen des Willensvollstreckers vgl. N 49.

14

Der Willensvollstrecker ist i.d.R. zur **persönlichen Erfüllung der Aufgabe** verpflichtet. Dies ergibt sich nicht nur aus Art. 398 Abs. 3 OR, sondern v.a. auch aus seiner Stellung als *Vertrauensperson* des Erblassers, um derentwillen er ernannt worden ist. Wegen der Zulässigkeit eines *bestimmbaren* Willensvollstreckers bzw. Ersatzvollstreckers (vgl. Art. 517 N 5 f.), den der Erblasser nicht notwendigerweise zu kennen braucht, kann die Aufgabe aber *nicht als höchstpersönlich* gelten (gl.M. GIGER, FS Heini, 136; **a.M.** BRACHER, 35; unklar BREITSCHMID, AJP 1996, 87). In analoger Anwendung von Art. 398 Abs. 3 OR kann der Willensvollstrecker bei Bedarf *Hilfspersonen* beiziehen, wenn er ent-

15

weder Fachleute (z.B. Anwalt, Ingenieur, Vermögensverwalter etc.) benötigt oder Dritte (z.B. Sekretärin, Buchhalter etc.) mit der Erledigung von Routinearbeiten beauftragt (PKG 1962, 29, 31; gl.M. JOST, N 27; BRACHER, 35; HUX, 87-92). Nach Art. 398 Abs. 3 OR ist grundsätzlich auch die *Substitution der konkreten Mandatsführung* an einen eigenverantwortlichen Dritten zulässig, z.B. an eine Bank oder einen Anwalt (gl.M. GIGER, FS Heini, 136 f.; wohl auch BREITSCHMID, AJP 1996, 89, unklar ZR 1992/93, 234, 237). Im Hinblick auf die Vertrauensstellung des Willensvollstreckers kann dieses Substitutionsrecht aber *nicht als übungsgemäss zulässig* betrachtet werden, sondern kommt nur in Frage, wenn der Willensvollstrecker aus objektiven Gründen zur Substitution *durch die Umstände* genötigt ist, z.B. wegen allgemein ungenügender Fachkenntnis, Krankheit oder Arbeitsüberlastung. Das Recht zum Beizug von Fachleuten und Hilfpersonen bzw. zur Substitution ergibt sich aus Art. 398 OR und gilt auch dann, wenn der Erblasser in der letztwilligen Verfügung weder dieses Recht erwähnt noch einen möglichen Ersatzvollstrecker bezeichnet hat.

Von der Substitution nach Art. 398 Abs. 3 OR ist zu unterscheiden die *Abtretung* der Willensvollstreckerfunktion als solcher, d.h. die Ernennung eines Nachfolgers durch den Willensvollstrecker selbst und Übertragung der gesamten Funktion auf diesen. Eine solche «Abtretung» der Willensvollstreckerstellung ist nicht möglich, weder nach Art. 517 ZGB noch nach Art. 398 OR. Die Ernennung des Ersatzvollstreckers hat durch den *Erblasser selbst* zu erfolgen und kann durch diesen nicht an einen Dritten delegiert werden (vgl. Art. 517 N 6), auch nicht an den ernannten Willensvollstrecker. Will oder muss der ernannte Willensvollstrecker ausscheiden, so tritt er zurück und sein Mandat erlischt; die Behörde (und nicht der ausscheidende Willensvollstrecker) hat den Ersatzvollstrecker anzufragen und ihm das Mandat zu übertragen. Ist kein Ersatzvollstrecker bezeichnet, so hat der Erblasser von dieser Möglichkeit eben keinen Gebrauch gemacht; der ernannte Willensvollstrecker hat *kein eigenständiges Recht*, selbständig einen Nachfolger zu bezeichnen und ihm die Aufgabe zu übertragen (gl.M. BREITSCHMID, AJP 1996, 89; **a.M.** GIGER, FS Heini, 140).

16 Der Willensvollstrecker hat *von Bundesrechts wegen* **allgemeine Pflichten**, z.B.
– Pflicht, **sofort nach Annahme mit der Arbeit zu beginnen** und auch bei möglicher Ungültigkeit des Testamentes bzw. bereits laufendem Ungültigkeitsprozess solange fortzuführen, bis die Ungültigkeit des Testamentes gerichtlich festgestellt ist (BGE 74 I 423, 425; 91 II 177, 181; ZR 1977, 167, 168; GVP-SG 1957, 180, 182);
– Pflicht zur **getreuen und sorgfältigen Erfüllung** der Aufgabe, Art. 398 Abs. 2 OR, insb. zur Anwendung der *besonderen Berufspflichten und Sachkenntnisse*, die dem Willensvollstrecker auch bei seiner übrigen Tätigkeit obliegen, z.B. als Anwalt (ZR 1971, 221; 1992/93, 172, 175);
– Pflicht, den **gesamten Umfang des Nachlasses** zu ermitteln und nicht nur einfach das zu verwalten, was offensichtlich vorhanden ist. Dazu gehört u.a. die Pflicht, Schenkungen und Erbvorbezüge zu Lebzeiten des Erblassers abzuklären (BGE 90 II 365, 373; PKG 1962, 29; 1994, 151). Zum Umgang des Willensvollstreckers mit Schwarzgeld vgl. SJZ 1965, 311 sowie ZR 1992/93, 172, 186. Zu den Grenzen der Abklärungspflichten des Willensvollstreckers vgl. ZR 1992/93, 234, 247;
– Pflicht zur **Aufnahme eines vollständigen Inventars** bei Beginn der Tätigkeit (ZR 1985, 313, 315). Ein Schuldenruf ist nicht erforderlich, aber nach den Umständen

kann ein *privater Rechnungsruf* an Gläubiger und Schuldner evtl. angezeigt sein. Es wird als genügend betrachtet, wenn sich der Willensvollstrecker auf das Sicherungsinventar nach Art. 553, das öffentliche Inventar nach Art. 580 ff. oder auf das Steuerinventar nach Art. 154 ff. DBG abstützt (gl.M. BK-TUOR, N 22; ZK-ESCHER, N 7; JOST, N 30; PIOTET, SPR IV/1, 160; HUX, 33; BREITSCHMID, Willensvollstrecker, 115). Das Willensvollstrecker-Inventar dient der *Bestandesfeststellung* und nicht der Wertermittlung, so dass eine separate Schätzung der Inventargegenstände nicht erforderlich ist;
- Pflicht, die **Erben auszuforschen**, nötigenfalls durch Beantragung eines Erbenrufes nach Art. 555 (gl.M. BRACHER, 36);
- Pflicht, die **Einlieferung der letztwilligen Verfügung bzw. des Erbvertrages** nach Art. 556 zu erzwingen, nötigenfalls klageweise, vgl. Art. 556 N 21;
- Pflicht, bei Bedarf die **Ausstellung der Erbbescheinigung** zu verlangen, vgl. N 25 und Art. 559 N 7 (gl.M. BRACHER, 36; ORTENBURGER, Die Erbbescheinigung nach Art. 559 in der kantonalen Praxis, Diss. Zürich 1972, 55);
- Pflicht, die für die Durchführung der Aufgabe **nötige Infrastruktur** zu schaffen (Sekretariat, Aktenablage etc.) sowie bei Bedarf die erforderlichen Fachleute beizuziehen. Die Anlage einer *eigentlichen Buchhaltung* über den Nachlass wird nur in besonderen Fällen als nötig erachtet (ZR 1992/93, 234, 246; gl.M. GIGER, FS Heini, 134);
- Pflicht, alle erforderlichen **Sofortmassnahmen oder sichernden Massnahmen** zu ergreifen, vgl. N 28;
- Pflicht zur **Zurückhaltung**, insb. bez. Verpflichtungs- und Verfügungsgeschäften bei unklarem, evtl. ungültigem Testament;
- Pflicht zur **Gleichbehandlung aller Erben** und zur Einhaltung der Neutralität bei Interessengegensätzen (BGE 85 II 597, 602);
- Pflicht, sich nach den **Wünschen der Erben zu erkundigen** und auf diese Rücksicht zu nehmen (BGE 108 II 535, 538; 115 II 323, 329);
- Pflicht, bei Beendigung der Tätigkeit eine **überprüfbare Schlussabrechnung** über Mandat und Teilung vorzulegen (PIOTET, SPR IV/1, 159), die insb. auch die gesamten Honoraransprüche enthalten muss, vgl. Art. 517 N 32 (BREITSCHMID, Willensvollstrecker, 156).

Der Willensvollstrecker hat folgende **Auskunftspflichten**: 17
- Pflicht zur **Information der Erben**. Der Willensvollstrecker hat alle Erben laufend, unaufgefordert und gleichzeitig über wichtige Ereignisse zu orientieren und insb. auch über Tatsachen und Umstände, z.B. über die potentielle oder effektive Ungültigkeit einer Verfügung von Todes wegen oder die Verletzung von Pflichtteilsrechten, welche die Erben zur Wahrnehmung ihrer eigenen Rechte benötigen (BGE 90 II 365, 373; ZR 1956, 22, 25; 1992/93, 172, 179; Rep 1981, 121, 123; gl.M. PICENONI, ZBGR 1969, 170 f.; HUX, 96 f.; BREITSCHMID, Willensvollstrecker, 122 **a.M.** GVP-SG 1957, 180, 182 bez. der Pflicht, die Erben über die mögliche Ungültigkeit des Testamentes zu orientieren);
- Pflicht zur **Auskunftserteilung**. Der Willensvollstrecker hat jedem Erben einzeln die verlangten Auskünfte über den Stand des Nachlasses, Vorbezüge etc. umfassend zu erteilen und die übrigen Erben i.S. der Gleichbehandlung gleichzeitig zu orientieren,

Art. 518 ZGB

soweit nicht schützenswerte Interessen des Erblassers oder Dritter entgegenstehen (BGE 90 II 365, 372; ZR 1956, 22, 25; 1965, 187, 192; 1992/93, 172, 179; 1992/93, 234, 240; BJM 1990, 83, 86; gl.M. JOST, N 92; PIOTET, SPR IV/1, 166; WETZEL, N 71; DRUEY, Erbrecht, 13 § 13; BREITSCHMID, Willensvollstrecker, 118, 123). Diese Auskunftspflicht trifft auch den Willensvollstrecker, der Anwalt ist. Für die Tatsachen, die ihm als Willensvollstrecker bekannt geworden sind, kann er sich nicht auf das Anwaltsgeheimnis berufen, da auch ihn die gesetzliche Offenbarungspflicht gem. Art. 610 Abs. 2 trifft (ZR 1967, 176, 177). Die Erben können ihr Recht auf Auskunft gegenüber dem Willensvollstrecker klageweise durchsetzen (BGE 82 II 555, 566; ZR 1956, 22, 25);

– Pflicht zur Gewährung von **Akteneinsicht und zur Aktenedition** an die Erben (BGE 82 II 555, 566; ZR 1992/93, 172, 179; 1992/93, 234, 243);

– Pflicht zur **periodischen Berichterstattung**, Art. 400 OR. Bei längerdauerndem Mandat hat der Willensvollstrecker den Erben einen jährlichen Rechenschaftsbericht über den Stand des Nachlasses sowie eine detaillierte Honorarabrechnung über seine bisherigen Bemühungen (vgl. Art. 517 N 32) zu erstatten. Zum Rechenschaftsbericht gehört eine aktuelle, belegte Aufstellung über Aktiven und Passiven und nicht nur die Vorlage von Bankauszügen (ZR 1985, 313, 314; 1992/93, 234, 246; 1995, 195, 196; gl.M. BK-TUOR, N 24; ZK-ESCHER, N 21; JOST, N 92; HUX, 97; BREITSCHMID, AJP 1996, 91).

18 Der Willensvollstrecker hat folgende **Auskunftsansprüche**:
– gegenüber **Erben**: Die *Auskunftspflicht der Erben* gegenüber dem Willensvollstrecker besteht im gleichen Ausmass, wie die Erben nach Art. 607 Abs. 3 und 610 Abs. 2 einander selbst auskunftspflichtig sind (BGE 90 II 365, 373; 118 II 264, 268; ZR 1992/93, 172, 179; 1992/93, 234, 242; gl.M. OSWALD, 19). Der Willensvollstrecker ist berechtigt, seinen Auskunftsanspruch gegenüber Erben auch bez. lebzeitiger Vorgänge des Erblassers klageweise durchzusetzen, (BGE vom 20.4.1994, 5C 157/1993, unveröff., publ. bei BREITSCHMID, Willensvollstrecker, 164 f.);

– gegenüber **Dritten**: Die *Auskunftspflicht Dritter* gegenüber dem Willensvollstrecker ist identisch wie jene der Dritten gegenüber den Erben. Willensvollstrecker und Erben sind gleichzeitig und unabhängig voneinander auskunftsberechtigt. Die Auskunftspflicht erstreckt sich nicht nur auf die Vermögensverhältnisse des Erblassers zum Zeitpunkt des Todes, *sondern auch auf frühere Vorgänge* (BGE 89 II 87, 93 = Pra 1963, 329; BGer in Rep 1993, 127; ZR 1965, 187; gl.M. OSWALD, 98 f.; KLEINER/ LUTZ, Art. 47 N 22; AUBERT/KERNEN/SCHÖNLE, 331 f.; SCHWAGER, Das schweizerische Bankgeheimnis, Zürich 1973, 127; BREITSCHMID, Willensvollstrecker, 119; AUBERT/HAISSLY/TERRACINA, Responsabilité des banques Suisses à l'égard des héritiers, SJZ 1996, 137 f.).

19 Dem Willensvollstrecker **kommen folgende Rechte nicht zu**:
– Kein Recht zur **authentischen Interpretation** des Testamentes, vgl. N 9 (gl.M. BK-TUOR, N 19; ZK-ESCHER, N 15; BRACHER, 33, 37). Der Willensvollstrecker hat das Testament (samt Lücken, Widersprüchen etc.) so zu nehmen, wie es *objektiv* vernünftigerweise zu verstehen ist. Lücken sind zu akzeptieren und nicht durch den Willensvollstrecker auszufüllen;

– Kein Recht, selbständig das **öffentliche Inventar** i.S.v. Art. 580 ff. zu verlangen bzw. gegen das Begehren eines Erben Rechtsmittel einzulegen (GVP-SG 1967, 234);

Art. 518 ZGB

– Kein Recht eines zum **Willensvollstrecker eingesetzten Notars**, das vom kant. Recht vorgesehene *notarielle Erbschaftsinventar* aufzunehmen (BVR 1976, 264, 272). Wenn der Willensvollstrecker selbst Notar ist, kann er aber einen *Erbteilungsvertrag* öffentlich beurkunden, weil er nicht Vertragspartei und auch nicht Vertreter der Erben ist (Rep 1985, 176, 178);
– Kein Recht, auf die Errichtung des **Nacherbeninventars zu verzichten**; Art. 490 Abs. 1 ist zwingend (ZR 1987, 75). Umgekehrt aber auch kein Anspruch, nach kant. Recht mit der Aufnahme des Nacherbeninventars betraut zu werden (BGE 60 II 24, 26).

Die Rechte und Pflichten des Willensvollstreckers sind **eingeschränkt**, wenn dieser die potentielle oder effektive Ungültigkeit einer Verfügung von Todes wegen oder die Verletzung von Pflichtteilsrechten feststellt bzw. wenn Einsetzung oder Stellung des Willensvollstreckers von einem Berechtigten angefochten ist. Solange diese Unsicherheiten bestehen, darf der Willensvollstrecker die testamentarischen Anordnungen nicht unbesehen ausführen, sondern hat sich je nach den Umständen auf die *wirklich notwendigen Verwaltungshandlungen zu beschränken* und i.d.R. auf Verfügungshandlungen zu verzichten (BGE 74 I 423, 425; 91 II 177, 181; ZR 1977, 167, 168; gl.M. PICENONI, ZBGR 1969, 167; PIOTET, SPR IV/1, 158; WETZEL, N 121; HUX, 27 f.; BREITSCHMID, Willensvollstrecker, 158). 20

Die Rechte und Pflichten des Willensvollstreckers sind **sistiert** während der Dauer der Erbschaftsverwaltung nach Art. 554, der Inventaraufnahme nach Art. 580 ff. sowie der amtlichen Liquidation nach Art. 596/597 (PKG 1989, 212, 215; ZBJV 1951, 255; gl.M. BRACHER, 44; PIOTET, SPR IV/1, 158; WETZEL, N 136 f.). Die eigentlichen Willensvollstrecker-Funktionen ruhen auch dann, wenn der Willensvollstrecker zum Erbschaftsverwalter nach Art. 554 Abs. 2 bzw. zum Erbschaftsliquidator nach Art. 595 ernannt ist, leben aber nach Beendigung dieser Aufgaben wieder vollumfänglich auf. Dies gilt auch für die amtliche Liquidation nach Art. 596, da diese die Erbteilung nicht umfasst, sowie für die konkursamtliche Liquidation nach Art. 597, wenn diese mit einem Liquidationsüberschuss enden sollte; in beiden Fällen muss der Willensvollstrecker seine Tätigkeit wieder aufnehmen (**a.M.** wohl BK-TUOR, N 19). 21

III. Besitz

Für die Erfüllung seiner Aufgaben benötigt der Willensvollstrecker Besitz an den Erbschaftssachen, der nach Art. 560 Abs. 2 mit dem Tod des Erblassers i.d.R. von Gesetzes wegen auf die Erben übergeht. Aufgrund des Textes von Art. 517/518 scheint der Willensvollstrecker nicht ohne weiteres unter die in Art. 560 Abs. 2 vorbehaltenen *gesetzlichen* Ausnahmen zu fallen, so dass er nicht von Gesetzes wegen Besitzer wird. Er hat deshalb einen **Anspruch auf Besitznahme** gegenüber Erben und Dritten. Diese Besitznahme bewirkt für die Dauer der Willensvollstreckung eine *faktische Trennung* des Nachlassvermögens vom persönlichen Erbenvermögen. Zur Vermögenstrennung bei der amtlichen Liquidation s. Vorbem. zu Art. 593-597 N 9. Da der Willensvollstrecker nicht Eigentümer ist oder wird, erwirbt er *unselbständigen Besitz* i.S.v. Art. 920 Abs. 2. Aufgrund des Besitzes hat der Willensvollstrecker ein Retentionsrecht i.S.v. Art. 895, vgl. Art. 517 N 32. Fällt ein Erbe während der Willensvollstreckung in Konkurs, so stellt 22

Art. 518 ZGB

die Vermögenstrennung bzw. der Besitz- und Verwaltungsanspruch des Willensvollstreckers kein Recht dar, welches die Zugehörigkeit des fraglichen Erbanteils zur Konkursmasse des Erben bzw. die Verwertung im Konkurs ausschliessen würde (offengelassen in BGE 86 III 26, 30).

23 Der Willensvollstrecker soll nur jene Erbschaftssachen in Besitz nehmen, die er für die **Erfüllung seiner Aufgaben benötigt** (gl.M. BK-TUOR, N 13; BRACHER, 64); dazu kann allenfalls auch die Privatkorrespondenz des Erblassers gehören (BJM 1963, 202). Die nicht benötigten Erbschaftssachen hat der Willensvollstrecker im legitimen Besitz von Erben oder Dritten zu belassen (z.B. Mieter, Entleiher, Aufbewahrer, Nutzniesser) oder den Erben auszuhändigen (z.B. Mobiliar des aufgelösten Haushaltes des Erblassers). Nicht in Besitz nehmen kann der Willensvollstrecker die Erbschaftssachen, die dem Erben durch den Erblasser als Vorempfang auf seinen Erbteil überlassen worden sind (gl.M. BRACHER, 65; PIOTET, SPR IV/1, 163).

24 Die selbständige Besitzergreifung durch den Willensvollstrecker ist aufgrund seiner gesetzlichen Stellung rechtmässig und stellt **keine unzulässige Eigenmächtigkeit** i.S.v. Art. 926 dar (gl.M. JOST, N 36; BRACHER, 62). Kann der Willensvollstrecker nicht selbständig Besitz ergreifen, kann er gegenüber Dritten wie auch gegenüber Erben die Besitzeinräumung verlangen und nötigenfalls **auf dem Klagewege erzwingen** (gl.M. BK-TUOR, N 13; ZK- ESCHER, N 9; JOST, N 36; BRACHER, 62 f.; PIOTET, SPR IV/1, 162; WETZEL, N 60; HUX, 34; BREITSCHMID, Willensvollstrecker, 116). Da der Willensvollstrecker nicht Erbenstellung hat, stützt sich dieser Anspruch auf das die Erben ausschliessende gesetzliche Verwaltungsrecht des Willensvollstreckers und damit auf Art. 602 Abs. 2. Der Anspruch ist i.d.R. durch Singularklage geltend zu machen; zur Erbschaftsklage vgl. N 83. Zuständig ist der ordentliche Richter, nicht die Erbschaftsbehörde (BGE 77 II 122, 125). Hat der Willensvollstrecker den Besitz erlangt, wird aber darin durch verbotene Eigenmacht von Erben oder Dritten gestört, stehen ihm die Besitzesschutzansprüche gem. Art. 926-928 zu (BGE 77 II 122, 126).

25 Bei **Grundstücken** ist der Willensvollstrecker *berechtigt*, die Erbengemeinschaft aufgrund einer Erbbescheinigung zur Eintragung in das Grundbuch anzumelden, aber *nicht verpflichtet*, dies von sich aus zu tun (ZR 1992/93, 172, 181). Die Erben haben nach Art. 665 Abs. 2 das Recht, die Eigentumseintragung selbständig zu erwirken; der Willensvollstrecker kann die Eintragung nicht verhindern, wenn die Erben sie ausdrücklich verlangen oder selbst vornehmen (gl.M. WETZEL, N 93). Sind die Erben eingetragene Eigentümer geworden, könnten sie grundsätzlich ohne den Willensvollstrecker über das Grundstück verfügen und damit dessen Verwaltungs- und Verfügungsrechte vereiteln. Da jedoch die Erbbescheinigung, aufgrund derer die Eigentumseintragung erfolgt, den Willensvollstrecker erwähnen muss, vgl. Art. 595 N 24, wird der Grundbuchführer auf das Bestehen der Willensvollstreckung und die Beschränkung der Verfügungsfähigkeit der Erben hingewiesen. Zum Verfügungsrecht des Willensvollstreckers ohne Eintragung der vollständigen Erbengemeinschaft im Grundbuch vgl. N 45.

26 Es ist umstritten, ob und wie das Besitzes- und Verwaltungsrecht des Willensvollstreckers **im Grundbuch erkennbar gemacht** werden kann. Eine Eintragung oder Vormerkung des Willensvollstreckers kommt nicht in Frage, weil sie in Art. 958/959 nicht vorgesehen ist (**a.M.** BRACHER, 67; SPINNER, 96 f.). Vorgeschlagen wurde, zu Lasten der Erben eine

Verfügungsbeschränkung i.S.v. Art. 960 Abs. 1 Ziff. 1 einzutragen, und zwar aufgrund einer richterlichen Massnahme, da der Gesetzestext eine direkte Eintragung zugunsten des Willensvollstreckers nicht zulässt (so ZK-HOMBERGER, Art. 960 N 14 mit weiteren Verweisungen). Dies erscheint ebenfalls als unzulässig, da Art. 959 einen (abschliessenden) Katalog der zulässigen Vormerkungen persönlicher Rechte enthält und Art. 960 nur zur Sicherstellung *dieser* Rechte angerufen werden kann (gl.M. ZK-ESCHER, N 9; PIOTET, SPR IV/1, 163 f.; WETZEL, N 91). Ebenso wurde vorgeschlagen, bei der Eigentumseintragung der Erben nach deren Namen in Klammern den Willensvollstrecker im Grundbuch «mitaufzuführen» (so PIOTET, SPR IV/1, 163; WETZEL, N 91-94). Dies mag zweckmässig sein und in der Praxis eine gewisse Verbreitung erhalten haben, verstösst aber wohl gegen Art. 958 Ziff. 1. Danach ist das *Eigentum* im Grundbuch einzutragen, im vorliegenden Fall also die Erben; ob *daneben* in Klammern noch ein eigentumsbeschränkender Zusatz oder ein Vertretungsverhältnis möglich ist, erscheint zumindest als fraglich.

IV. Verwaltungshandlungen und Verpflichtungsgeschäfte

Die Verwaltungstätigkeit des Willensvollstreckers **beschränkt sich i.d.R. auf konservatorische Massnahmen**, vgl. N 13, und ist weitgehend gleich wie jene des Erbschaftsverwalters nach Art. 554 (ZR 1995, 27, 28). Zur Verwaltungstätigkeit können auch *persönliche Angelegenheiten* des Erblassers gehören, soweit diese nicht von den Erben geregelt werden, z.B. die Organisation der Totenfeier, die Gestaltung des Grabes, die Auflösung des Haushaltes, die Kündigung des Mietvertrages oder die Entlassung von Dienstpersonal. 27

Die Verwaltung kann **Sofortmassnahmen oder sichernde Massnahmen** erfordern. Darunter fallen z.B. der Verkauf verderblicher Güter oder risikobehafteter Wertpapiere, die Abwehr drohenden Schadens sowie erbrechtliche Sicherungsmassregeln wie Siegelung (Art. 552), Inventar (Art. 553) oder Erbschaftsverwaltung (Art. 554), die auch vom Willensvollstrecker beantragt werden können (gl.M. JOST, N 33). Zudem fallen konservatorische Massnahmen anderer Art in Betracht wie z.B. Sicherstellung gefährdeter Ansprüche, Unterbrechung der Verjährung, Erhebung von Mängelrügen, vorsorgliche Kündigung von Verträgen, Erwirkung einstweiliger Verfügungen oder Einleitung von Prozessen. 28

Die **Vermögensverwaltung** umfasst insb. die Einziehung fälliger Guthaben, Zinsen und Dividenden, die laufende Überprüfung der vorhandenen Anlagen und die Wiederanlage flüssiger Mittel auf angemessene Laufzeiten mit genügender Liquidität für die Zahlung von Schulden oder die Leistung von Vorschüssen an die Erben, insb. aus den laufenden Erträgnissen, vgl. N 46 (Extraits 1967, 16). Es sind solide, bekannte Banken zu wählen (BJM 1963, 203) und die Anlagen haben in konservativer Form zu erfolgen, aber Mündelsicherheit wird nicht verlangt (ZR 1992/93, 234, 248; BREITSCHMID, Willensvollstrecker, 132 f.). Zudem hat der Willensvollstrecker die vertraglichen und gesetzlichen *Rechte* des Erblassers wahrzunehmen wie z.B. Patentansprüche, Lizenzrechte oder Rechte an anderen Nachlässen. 29

Zur **Liegenschaftenverwaltung** gehören Kündigung (Rep 1973, 96) und Neuabschluss von Mietverträgen, Mietzinsinkasso sowie laufender Betrieb, Unterhalt und Reparatur 30

Art. 518 ZGB

zur Werterhaltung der Liegenschaft. Gegenüber Mietern (einschliesslich Erben als Mieter) hat der Willensvollstrecker die Stellung eines Vermieters (Beschluss der II. Zivilkammer des OGer ZH vom 28.2.1994, unveröff., publiziert bei BREITSCHMID, Willensvollstrecker, 174 f.), obwohl das (Gesamt-)Eigentum an der Liegenschaft bei den Erben liegt. Die Mieterschutzbestimmungen mit Schlichtungsverfahren etc. sind voll anwendbar (BGE 96 I 496, 499). Neu-, Um- und Anbauten sowie Grossreparaturen übersteigen die Kompetenz des Willensvollstreckers und erfordern die Zustimmung der Erben, soweit der Erblasser keine besonderen Anordnungen getroffen hat (LGVE 1979 III 38, 41).

31 Zur **Verwaltung eines Geschäftes** gehören die Überwachung und der Ersatz des erforderlichen Personals, die Sicherstellung der Geschäftslokalität(en) und des eigentlichen Geschäftsbetriebes sowie die Bezeichnung der zur Vertretung berechtigten Personen; in besonderen Fällen kann sie die eigentliche Betriebsführung erfordern. Ist kraft testamentarischer Anordnung oder auf Wunsch der Erben ein Miterbe als Unternehmensnachfolger vorgesehen, rechtfertigt sich im Hinblick auf die Kontinuität der Unternehmensführung allenfalls dessen Einsetzung in die operative Führung bereits während der Dauer der Willensvollstreckung (BREITSCHMID, Willensvollstrecker, 136). Zur Verwaltung gehört auch die *Liquidation* von Einzelfirmen und Personengesellschaften, sofern diese durch den Tod des Erblassers aufgelöst werden oder der Erblasser durch Tod aus diesen ausscheidet. Gemäss Art. 24 HRV ist der Willensvollstrecker zur Abgabe der erforderlichen Handelsregisteranmeldungen berechtigt und aufgrund seiner Stellung auch verpflichtet.

32 Bei **juristischen Personen** vertritt der Willensvollstrecker die Mitgliedschaftsrechte (ZR 1995, 154, 156; Rep 1976 229, 236). Bei Inhaberaktien ergibt sich seine Legitimation ohne weiteres aus dem Besitz (Art. 689a Abs. 2 OR), währenddem bei Namenaktien der Willensvollstrecker aufgrund seiner Stellung als gesetzlicher Vertreter des Aktionärs (= Erben) gilt und sich durch Willensvollstreckerzeugnis auszuweisen hat; eine schriftliche Vollmacht ist nicht erforderlich (gl.M. OR-SCHAAD, Art. 689a N 5). Da der Willensvollstrecker nicht Aktieneigentümer ist, kann er im Hinblick auf Art. 707 Abs. 1 OR nicht Verwaltungsrat der Gesellschaft werden, ohne dass ihm die Erben die erforderlichen Aktien treuhänderisch abgetreten haben. Der Willensvollstrecker ist auch nicht berechtigt, bei einer Aktiengesellschaft die Überschuldungsanzeige nach Art. 725 OR einzureichen, wenn der Erblasser einziger Verwaltungsrat der Gesellschaft gewesen war und eine Neuwahl noch nicht stattgefunden hat (ZR 1995, 154, 156). Zu Interessenkollisionen, wenn der Willensvollstrecker bereits zu Lebzeiten des Erblassers Verwaltungsratsmitglied einer zum Nachlass gehörenden Aktiengesellschaft war, vgl. ZR 1990, 268.

33 **Steuerfragen** sind insoweit vom Willensvollstrecker zu bearbeiten, als sie den *Nachlass* (und nicht die Erben) betreffen. Dazu gehört die Erledigung der noch offenen Einschätzungen für *Einkommens- und Vermögenssteuern des Erblassers*, die Erbschaftsschulden darstellen; gegen ungerechtfertigte Steuerforderungen hat sich der Willensvollstrecker zur Wehr zu setzen (BGE 72 I 6, 8). Zum Umgang des Willensvollstreckers mit *Schwarzgeld* vgl. ZR 1992/93, 173, 186, und WETZEL, N 198; zur Haftung der Erben für *Nachsteuern und Strafsteuern* vgl. BGE 117 Ib 367, 376. Ebenso kann die Erledigung der *Erbschaftssteuer* zu seinen Aufgaben gehören, insb. wenn diese nach kant. Recht zu Lasten des Nachlasses erhoben wird bzw. der Nachlass solidarisch mithaftet (z.B. GE,

vgl. BGE 101 II 47 = Pra 1975, 501; gl.M. BK-Tuor, N 14; ZK-Escher, N 33; Bracher, 107 ff.; Druey, Erbrecht, § 13 N 65 f.) oder wenn der Erblasser bei einem Vermächtnis die Zahlung der Erbschaftssteuer zu Lasten des Nachlasses verfügt hat. Zur Stellung des Willensvollstreckers in kant. Erbschaftssteuerverfahren vgl. RB ZH 1990, 101; BJM 1990, 151; OWVGE 1991, 188.

Verpflichtungsgeschäfte sind zulässig, wenn sie vom Erblasser angeordnet wurden oder zur Erfüllung der Aufgabe des Willensvollstreckers erforderlich sind, z.B. die Begründung von Schulden zur Erhaltung des Nachlasses ohne Veräusserung von Aktiven, der Abschluss von Miet- oder Arbeitsverträgen sowie der Beizug von Fachleuten oder Hilfspersonen. Zulässig ist auch die Begründung von *Faust- oder Grundpfandrechten* an Nachlassaktiven als eine weniger einschneidende Massnahme gegenüber dem ebenfalls zulässigen Verkauf, vgl. N 40 (gl.M. Rep 1972, 295, 298; BK-Tuor, N 12; ZK-Escher, N 10, 13; Jost, N 52; Bracher, 71; Hux, 37; Piotet, SPR IV/1, 161 FN 35; Breitschmid, Willensvollstrecker, 126; offengelassen bei Picenoni, ZBGR 1969, 168; **a.M.** AGVE 1968, 283, 286, wonach hypothekarische Belastung nur bei ausdrücklicher testamentarischer Ermächtigung zulässig ist). Eine *dingliche* Belastung von Grundstücken hingegen ist i.d.R. nicht zulässig (gl.M. Bracher, 71 FN 16; Hux, 37). Verpflichtungsgeschäfte müssen ebenfalls auf Erbschaftserhaltung und schonende Rechtsausübung ausgerichtet sein und dürfen die künftige Erbteilung nicht präjudizieren, vgl. N 13. 34

Die im Rahmen der ordnungsgemässen Nachlassverwaltung **eingegangenen Verbindlichkeiten sind Erbschaftsschulden**, für welche nicht der Willensvollstrecker persönlich, sondern der Nachlass und damit die Erben haften (gl.M. ZK-Escher, N 13; Bracher, 79). Da der Willensvollstrecker nicht Beauftragter des Erblassers oder der Erben ist, gehen die von ihm begründeten Rechte nicht erst bei Beendigung der Willensvollstreckung durch Legalzession gemäss Art. 401 OR auf die Erben über. Vielmehr werden die Erben durch die vom Willensvollstrecker im Rahmen der ordnungsgemässen Nachlassverwaltung getroffenen Rechtshandlungen *direkt berechtigt und verpflichtet* (gl.M. Hux, 101 f.). 35

V. Bezahlung von Schulden, Verfügungsgeschäfte

Der Willensvollstrecker hat die **Schulden des Erblassers** zu bezahlen (BGE 101 II 47, 56 = Pra 1975, 501; BGE 108 II 535, 537). Damit sind nicht nur die *Erbschaftsschulden* gemeint, sondern richtigerweise auch die *Erbgangsschulden* (gl.M. BK-Tuor, N 14; Jost, N 42; Bracher, 70; Guinand, ZBGR 1976, 325; Breitschmid, Willensvollstrecker, 128). Mit den persönlichen *Schulden der Erben* hat sich der Willensvollstrecker jedoch nicht zu befassen. Zu den Steuerschulden vgl. N 33. Schulden sind nur zu bezahlen, wenn und soweit sie feststehen und fällig sind. Der Willensvollstrecker ist nicht verpflichtet, ungekündigte Schulden irgendwelcher Art (einschliesslich Hypotheken) zur Fälligkeit zu bringen und zu tilgen, da diese bei der Erbteilung durch die Erben übernommen werden können. Haben die Nachlassgläubiger begründete Besorgnis, dass ihre Forderungen nicht bezahlt werden, hat der Willensvollstrecker allenfalls auch bei nicht fälligen Forderungen etwas vorzukehren und für Sicherstellung zu sorgen, damit nicht die amtliche Liquidation gem. Art. 594 Abs. 1 verlangt werden kann (gl.M. Wetzel, N 78). 36

Art. 518 ZGB

37 Ist die Erbschaft unter **öffentlichem Inventar** angenommen worden, so darf der Willensvollstrecker nur die darin verzeichneten Schulden bezahlen, Art. 589 ff. Wird der Nachlass *insolvent*, so hat der Willensvollstrecker gegenüber der nach Art. 597 zuständigen Behörde die Zahlungsunfähigkeit anzuzeigen, damit diese Behörde den Konkursrichter benachrichtigen kann, vgl. Art. 597 N 5/6. Orientiert der Willensvollstrecker die Gläubiger und die nach Art. 597 zuständige Behörde nicht über die Insolvenz des Nachlasses und begünstigt er allenfalls einzelne Gläubiger, so stehen den anderen Beteiligten die paulianischen Anfechtungsklagen gemäss Art. 285 ff. SchKG offen (gl.M. WETZEL, N 77).

38 Der Willensvollstrecker hat eine **weitreichende Verfügungskompetenz** über Erbschaftssachen, einschliesslich Liegenschaften (BGE 61 I 382; 74 I 423, 424; 97 II 11, 15; 101 II 47, 54 = Pra 1975, 501; GVP-SG 1957, 180, 183; 1969, 178, 180; gl.M. JOST, N 52; BRACHER, 69; GUINAND, ZBGR 1976, 322; PIOTET, SPR IV/1, 160). Die Verfügungskompetenz umfasst nicht nur die Veräusserung, Belastung oder Abtretung von Sachen oder Rechten, sondern auch den Verzicht auf Rechte oder die Ausübung von Gestaltungsrechten, z.B. die Kündigung bzw. Fälligstellung von Forderungen des Nachlasses einschliesslich Entgegennahme des Geldes mit befreiender Wirkung für den Schuldner (gl.M. JOST, N 44; BRACHER, 70; HUX, 36). Neben dem Abschluss des obligatorischen Grundgeschäftes schliesst sie auch den *Vollzug aller Erfüllungshandlungen* ein (JustizKomm LU ZBGR 1966, 220; ZR 1988, 305, 308). Der Willensvollstrecker hat auch *vom Erblasser noch zu Lebzeiten abgeschlossene Verpflichtungsgeschäfte* zu erfüllen, aber im Hinblick auf seine Diligenzpflicht deren Gültigkeit zu überprüfen (BVR 1984, 231, 239; BezGer ZH ZBGR 1986, 207).

39 Verfügungsgeschäfte des Willensvollstreckers unterliegen neben den Auflagen gem. N 13 **folgenden Einschränkungen** und erfordern insb. teilweise die *Zustimmung der Erben*. Lehre und Praxis unterscheiden zwischen Verfügungen zur Geldbeschaffung und Verfügungen im Hinblick auf die bevorstehende Erbteilung, die unterschiedlich behandelt werden:

40 a) Bei **Verfügungen zur Geldbeschaffung** (Verkauf oder Verpfändung) für die Zahlung von Schulden bzw. Ausrichtung von Barvermächtnissen ist der Willensvollstrecker auch bei Liegenschaften grundsätzlich frei und benötigt *keine Zustimmung der Erben*; im Gegenteil kann er Werte des Nachlasses auch *gegen* den übereinstimmenden Willen der Erben verkaufen, soweit dies zur Bezahlung von Erbschaftsschulden objektiv notwendig ist (BGE 74 I 423, 424; 101 II 47, 55 = Pra 1975, 501; gl.M. BRACHER, 71 f.; GUINAND, ZBGR 1976, 328). Diese Verfügungsmacht zur Geldbeschaffung erstreckt sich auch auf Nachlassaktiven, über die der Erblasser *testamentarisch verfügt* hat (BGE 61 I 382; gl.M. HUX, 37). Auch in der Wahl der *Veräusserungsart* ist der Willensvollstrecker bei Mobilien und Liegenschaften frei; er ist nicht an Art. 596 Abs. 2 gebunden und kann deshalb nach seinem Ermessen auch *ohne Zustimmung* der Erben einen Freihandverkauf durchführen (BGE 74 I 423, 425 und wohl auch 101 II 47, 56 = Pra 1975, 501; gl.M. ZK-ESCHER, N 10; BRACHER, 71; WETZEL, N 54; HUX, 37; **a.M.** BK-TUOR, N 12).

41 b) Bei **Verfügungen im Hinblick auf die Erbteilung** ist der Willensvollstrecker hingegen an die Teilungsvorschriften von Art. 610-612a gebunden. So darf ein Verkauf zur nachträglichen Verteilung des Barerlöses nur erfolgen, wenn eine Losbildung oder Realteilung des Aktivums nicht möglich ist. Der Willensvollstrecker hat dazu die *Meinung der Erben einzuholen* und kann nicht frei handeln. Genehmigen die Erben den

Verkauf einer Sache, verlangt aber einer der Erben die Versteigerung, so ist diese durchzuführen, wobei die Wahl der *Versteigerungsart* (PVG 1974, 122) dem Willensvollstrecker und nicht der nach Art. 612 Abs. 3 zuständigen Behörde obliegt. Verlangt kein Erbe die Versteigerung, so entscheidet der Willensvollstrecker selbständig zwischen Freihandverkauf, öffentlicher Versteigerung oder Versteigerung unter den Erben (BGE 97 II 11, 16-20; 108 II 535, 539; ZR 1992/93, 234, 245; 1995, 27, 28).

c) Beim Vorliegen **besonderer Umstände** können Abweichungen von diesen Regeln gerechtfertigt sein, so z.B. wenn ein *testamentarischer Auftrag* an den Willensvollstrecker zum Verkauf einer Liegenschaft und die Einräumung eines Vorkaufsrechtes an eine bestimmte Person vorliegt (Rep 1983, 51, 55), wenn eine Liegenschaft *längerfristig vermietet* ist (Rep 1968, 58) oder zur *Werterhaltung des Nachlasses* verkauft werden muss (ZR 1995, 27, 29). 42

d) **Nicht verfügen darf** der Willensvollstrecker über einzelne Gegenstände, die ihrer Natur nach zusammengehören i.S.v. Art. 613 Abs. 1, sowie über Familienschriften und sog. Erinnerungsstücke i.S.v. Art. 613 Abs. 2 (gl.M. DRUEY, Erbrecht, § 16 N 55). 43

e) Für den **Kompetenzstreit**, ob der Willensvollstrecker zu einer bestimmten Verfügung befugt ist oder nicht bzw. ob er dazu die Zustimmung der Erben benötigt, ist der Zivilrichter zuständig (gl.M. BRACHER, 72) mit der Möglichkeit der Berufung an das BGer (BGE 97 II 11, 14). 44

Die **Prüfungspflicht des Grundbuchführers** bei der Eintragung von Verfügungsgeschäften beschränkt sich auf die formelle Stellung des Willensvollstreckers und das Ausmass seiner Handlungsvollmacht. Der Grundbuchführer darf aufgrund des vorgelegten Willensvollstreckerzeugnisses bzw. der anderen Dokumentation, vgl. Art. 517 N 18-20, lediglich prüfen, ob dem Willensvollstrecker die gesetzlichen, d.h. unbeschränkten Verfügungsbefugnisse zustehen oder ob diese testamentarisch eingeschränkt sind, *nicht aber*, ob die vom Willensvollstrecker getroffene Verfügung gerechtfertigt ist und/oder ob die Zustimmung der Erben vorliegt (BGE 61 I 382; 95 I 392, 397 = Pra 1970, 107; OGer ZH ZBGR 1981, 281, 283; Rep 1967, 172; AGVE 1968, 283, 286; GVP-ZG 1983/84, 92, 95; LGVE 1988 I 9; GVP-SG 1957, 192, 195; gl.M. BK-TUOR, N 12; JOST, N 52; PIOTET, SPR IV/1, 161; WETZEL, N 95; HUX, 38). Der Willensvollstrecker ist zur Verfügung über Liegenschaften auch dann berechtigt, wenn noch nicht alle Erben bekannt sind und die endgültige Erbbescheinigung noch nicht ausgestellt werden kann. Er hat diesfalls eine *provisorische Erbbescheinigung* mit entsprechenden Vorbehalten zu verlangen, vgl. Art. 559 N 37, aufgrund welcher die Erben unter der summarischen Bezeichnung «Erben von X» ins Grundbuch einzutragen sind (BezGer ZH ZBGR 1986, 207 mit red. Bem.). 45

Zu den Verfügungsgeschäften gehören auch **Vorschüsse an die Erben** auf Anrechnung an den Erbteil. Im Sinne des Gleichbehandlungsprinzips sind sie an alle Erben *gleichzeitig* und im Verhältnis zu ihren Erbteilen zu machen. Sie können aus den laufenden Erträgnissen des Nachlasses (Extraits 1967, 16), aber auch aus dem Kapital geleistet werden, soweit dadurch die künftige Erbteilung nicht präjudiziert wird. Zahlungen an einzelne, aber nicht alle Erben sind i.S. der Gleichbehandlung als verzinsliche Darlehen auszugestalten (BGE 101 II 36). Der Willensvollstrecker ist zu Abschlagszahlungen nicht nur berechtigt (GVP-SG 1957, 180, 183; BJM 1963, 203; GVP-ZG 1977/78, 131, 133; 46

BREITSCHMID, Willensvollstrecker, 134), sondern u.U. dazu verpflichtet, z.B. damit die Erben ihre Erbschaftssteuern bezahlen können (ZR 1992/93, 172, 181). Die Nichtauszahlung von Vorschüssen ist mit Beschwerde an die Aufsichtsbehörde zu rügen (GVP-ZG 1977, 131); deren Entscheid kann i.d.R. nicht mit Berufung an das BGer weitergezogen werden (BGE 91 II 52 = Pra 1965, 279).

47 Unter Vorbehalt anderweitiger Anordnungen des Erblassers ist der Willensvollstrecker zur Vornahme **unentgeltlicher Verfügungen** *nicht berechtigt*, soweit diese nicht üblich sind, wie z.B. Trinkgelder oder Gratifikationen an Personal (ZR 1988, 305, 308; gl.M. BK-TUOR, N 15; ZK-ESCHER, N 12; JOST, 49; BRACHER, 70; PIOTET, SPR IV/1, 161; WETZEL, 138; DRUEY, Erbrecht, § 14 N 35; BREITSCHMID, Willensvollstrecker, 126). Ebenso ist der Willensvollstrecker nicht berechtigt zu Verfügungshandlungen in *Erfüllung moralischer oder sittlicher Pflichten* (BGE 48 II 308, 312; gl.M. BK-TUOR, N 1; ZK-ESCHER, N 12; BLOCH, SJZ 1958, 345; BRACHER, 70; PIOTET, SPR IV/1, 162; HUX, 39 f.; **a.M.** DRUEY, Erbrecht, § 14 N 35).

48 **Selbstkontrahieren und Doppelvertretung** sind für den Willensvollstrecker im Zweifelsfalle unzulässig; sie können nur in Frage kommen, wenn ein Interessenkonflikt zwischen den eigenen und den Erbschaftsinteressen ausgeschlossen ist. Eine Verletzung des Verbotes des Selbstkontrahierens bzw. der Doppelvertretung macht das fragliche Geschäft anfechtbar und den Willensvollstrecker schadenersatzpflichtig (ZR 1992/93, 234, 244; gl.M. JOST, N 28; BRACHER, 76 f.; PIOTET, SPR IV/1, 162; WETZEL, N 259-280; HUX, 39).

49 Bezüglich der Auswirkung von Verpflichtungs- und Verfügungshandlungen gegenüber Erben oder Dritten ist zwischen den **internen und externen Befugnissen** des Willensvollstreckers zu unterscheiden. Die *internen* Befugnisse gegenüber den Erben sind z.B. durch das Prinzip der schonenden Rechtsausübung, vgl. N 13, oder durch gesetzliche Teilungsvorschriften, vgl. N 41, beschränkt und können auch durch testamentarische Anordnungen noch weiter beschränkt sein (Rep 1973, 96, 97). Für die schuldhafte Überschreitung dieser internen Befugnisse wird der Willensvollstrecker den Erben gegenüber schadenersatzpflichtig (BGE 108 II 535, 541; Rep 1983, 51, 54). Die *externen* Befugnisse des Willensvollstreckers sind jedoch grundsätzlich unbeschränkt. Seine Rechtsgeschäfte mit *gutgläubigen* Dritten sind für und gegen die Erben gültig, auch wenn der Willensvollstrecker ohne Kenntnis des Dritten den Rahmen seiner Kompetenzen überschritten hat, so z.B. wenn er eine Liegenschaft freihändig verkauft, obwohl er eine Versteigerung hätte anordnen sollen. Der gutgläubige Dritte ist somit geschützt, sofern er die Kompetenzüberschreitung des Willensvollstreckers nicht gekannt hat oder hätte erkennen müssen (BGE 61 I 382; wohl auch 108 II 535, 541; Rep 1983, 51, 54; gl.M. JOST, N 50; BRACHER, 76 f.; PIOTET, SPR IV/1, 161; HUX, 35).

VI. Ausrichtung der Vermächtnisse

50 Die **Ausrichtung der Vermächtnisse** ist eine der wichtigsten Aufgaben, für deren zuverlässige Erledigung der Erblasser einen Willensvollstrecker einsetzen kann (BREITSCHMID, Willensvollstrecker, 129). Zu ihr gehört auch die Kontrolle und Durchsetzung von *Auflagen* sowie die Errichtung letztwillig angeordneter *Stiftungen*,

einschliesslich Eintragung in das Handelsregister (JOST, 55, 58; BRACHER, 75). Weigert sich der Vermächtnisnehmer, eine Auflage zu erfüllen, so kann der Willensvollstrecker das Vermächtnis zurückbehalten oder – wenn es bereits ausgerichtet ist – auf Rückerstattung des Vermächtnisses bzw. Erfüllung der Auflage vor dem zuständigen Zivilrichter klagen, vgl. N 85 (gl.M. BRACHER, 74; HUX, 40; DRUEY, Erbrecht, § 11 N 26). Der Willensvollstrecker benötigt für die Ausrichtung der vom Erblasser verfügten Vermächtnisse *keine Zustimmung der Erben*, auch nicht für die Übertragung von Liegenschaften (LGVE 1951-60, 422; Rep 1967, 172). Allfällige Streitigkeiten zwischen dem Vermächtnisnehmer bzw. Erben und dem Willensvollstrecker über die Ausrichtung von Vermächtnissen betreffen das materielle Recht und sind vom ordentlichen Richter zu entscheiden (BGE 48 II 308; 49 II 12, 15; 105 II 253, 261). Aufgrund der ausdrücklichen gesetzlichen Pflicht des Willensvollstreckers zur Ausrichtung der Vermächtnisse kann der Bedachte nicht nur die Erben, sondern auch den Willensvollstrecker direkt einklagen, vgl. N 80.

Nach Art. 564 Abs. 1 **gehen die Erbschaftsschulden den Vermächtnissen vor**. Die Ausrichtung der Vermächtnisse darf deshalb erst erfolgen, wenn die Erbschaftsschulden bezahlt oder durch andere Erbschaftsaktiven vollständig sichergestellt sind (gl.M. BRACHER, 75). Da die Vermächtnisse grundsätzlich sofort und nicht erst bei Erbteilung fällig sind, sollen sie vom Willensvollstrecker *möglichst bald* nach Zahlung bzw. Sicherstellung der Erbschaftsschulden ausgerichtet werden. Der Willensvollstrecker haftet gegenüber dem Vermächtnisnehmer mit den Erben solidarisch für den durch verspätete Vermächtnisauszahlung entstandenen Schaden (Rep 1990, 188, 190). *Pflichtteilsverletzende* Vermächtnisse unterliegen der Herabsetzung, Klage oder Einrede. Sie dürfen deshalb vom Willensvollstrecker nicht – oder zumindest nicht im Rahmen der möglichen Pflichtteilsverletzung – ausgerichtet werden, solange die Erben ihre Rechte nicht durchgesetzt haben oder sich mit der Ausrichtung ausdrücklich einverstanden erklären (gl.M. BRACHER, 73; WETZEL, N 72). 51

VII. Erbteilung

Der Auftrag an den Willensvollstrecker in Art. 518 Abs. 2, **die Teilung auszuführen**, bezieht sich auf die *Erbteilung*, d.h. auf die Teilung des Netto-Nachlasses nach durchgeführter güterrechtlicher Auseinandersetzung, vgl. N 5. Nach der einhelligen Lehre und Praxis bedeutet die *Teilung ausführen* aber nicht, dass der Willensvollstrecker die Erbteilung ohne Zutun der Erben selbständig/autoritativ vornehmen und rechtskräftig abschliessen kann. Vielmehr hat der Willensvollstrecker lediglich die *Erbteilung vorzubereiten* und nach Abschluss des Teilungsvertrages zu *vollziehen, aber die Erbteilung selbst ist Sache der Erben bzw. des Richters* (BGE 97 II 11, 14; 102 II 197, 202; GVP-SG 1957, 180, 185; gl.M. ZK-ESCHER, N 17; JOST, N 72; BRACHER, 84; WETZEL, N 62; HUX, 42; DRUEY, Erbrecht, § 14 N 68; WEIMAR, 455; BREITSCHMID, Willensvollstrecker, 111). 52

Ist nur ein einziger Erbe vorhanden, so entfällt eine Erbteilung; der Willensvollstrecker hat ihm nach Bezahlung aller Schulden und Ausrichtung der Vermächtnisse die Erbschaft auszuhändigen. In allen übrigen Fällen hat der Willensvollstrecker einen **Teilungsvorschlag auszuarbeiten** über die Zuteilung bzw. Realteilung von Sachen, Bildung von 53

Art. 518 ZGB

Losen, Art und Zeitpunkt des Verkaufs von Sachen etc. Der Willensvollstrecker hat sich nach den Wünschen der einzelnen Erben zu erkundigen, vgl. N 57, und übernimmt die Koordinationsaufgabe, welche sonst die Erben in ihren Teilungsverhandlungen selbst zu bewältigen haben. Die notwendigen Abklärungen und Absprachen zwischen Willensvollstrecker und Erben bis zur Erstellung des Teilungsvorschlages haben den Charakter von Vertragsverhandlungen, an denen die Parteien wegen des Teilungsanspruches der Erben zur *Teilnahme verpflichtet* sind, aufgrund von Art. 607 Abs. 3 und 610 Abs. 2 gegenseitige Schutz- und Aufklärungspflichten haben und sich allgemein fair verhalten müssen (BREITSCHMID, Willensvollstrecker, 138 f.). Der Teilungsvorschlag umfasst *normalerweise den gesamten Nachlass*, kann sich aber auf Wunsch der Erben, vgl. N 57, auch nur auf *einen Teil davon* erstrecken, wenn die Erben bez. bestimmter Aktiven die Teilung aufschieben wollen (BREITSCHMID, Willensvollstrecker, 139).

54 Der **Zeitpunkt der Vorlegung des Teilungsvorschlages** richtet sich nach den Umständen; ggf. ist der Ablauf von Klagefristen, die Erledigung von Prozessen oder die Ausübung von Optionsrechten, z.B. Art. 612a, abzuwarten. Grundsätzlich aber muss der Teilungsvorschlag *so bald als möglich* nach Klarheit über alle Rahmenbedingungen vorgelegt werden. Ist der Willensvollstrecker *säumig* mit der Vorbereitung des Teilungsvorschlages, so können die Erben bei der Aufsichtsbehörde *Beschwerde* führen (gl.M. BRACHER, 82; WETZEL, N 62).

55 Der Teilungsvorschlag hat die **Anordnungen des Erblassers, die gesetzlichen Bestimmungen und die Wünsche der Erben** zu berücksichtigen:

a) Hat der Erblasser **Anordnungen zur Teilung** i.S.v. Art. 608 erlassen, so sind diese für den Willensvollstrecker bei der Ausarbeitung des Teilungsvorschlages *verbindlich*, soweit sie nicht widerrechtlich oder unsittlich sind (gl.M. JOST, N 61; PIOTET, SPR IV/1, 166; WETZEL, N 62; HUX, 41). Der Willensvollstrecker hat aber zu prüfen, ob die Anordnungen des Erblassers allenfalls *Pflichtteilsrechte* einzelner Erben verletzen. Er ist grundsätzlich auch an solche verletzenden Anordnungen gebunden (**a.M.** BGE 90 II 365, 373), darf sie aber nicht unbesehen ausführen, sondern muss die Erben entsprechend orientieren und ihnen Gelegenheit geben, selbst ihre Rechte geltend zu machen, z.B. durch Erhebung der Herabsetzungsklage, vgl. N 17.

56 b) Hat der Erblasser keine Anordnungen erlassen, so hat der Willensvollstrecker die Teilung nach den **gesetzlichen Vorschriften** vorzubereiten. Dabei fallen insb. die Bestimmungen über Losbildung unter Berücksichtigung des Ortsgebrauchs und der persönlichen Verhältnisse, Realteilung, Verkauf/Versteigerung, Familienwohnung, Familienschriften und Erinnerungsstücke i.S.v. Art. 610-618, das Erbrecht an landwirtschaftlichen Gewerben und Grundstücken i.S.v. Art. 619 sowie Art. 11-24 BGBB sowie die Ausgleichung i.S.v. Art. 626-633 in Betracht (BGE 97 II 11, 16 und 108 II 535, 537; gl.M. JOST, N 62-68; PICENONI, ZBGR 1969, 171; GUINAND, ZBGR 1976, 328 f.; WETZEL, N 62; HUX, 42).

57 c) In jedem Fall hat sich der Willensvollstrecker nach den **Wünschen der Erben** zu erkundigen (BGE 108 II 535, 538), die möglicherweise von den testamentarischen Anordnungen oder gesetzlichen Bestimmungen abweichen. Solche Wünsche betreffen z.B. den Zeitpunkt bzw. Aufschub der Teilung, das Ausmass der Teilung (Teil-Teilung,

vgl. N 53) die Zuteilung einzelner Aktiven bzw. die Ausübung des gesetzlichen Optionsrechtes aus Art. 612a, die Aufteilung von Aktiven (z.B. einer Liegenschaft in Stockwerkeigentum, vgl. dazu BGE 94 II 231 = Pra 1969, 218), den Verkauf von Aktiven, und dies alles unter Berücksichtigung von Ausgleichungs- oder Herabsetzungsansprüchen. Bei Einstimmigkeit der Erben hat der Willensvollstrecker diese Wünsche der Erben – unter Vorbehalt der Unsittlichkeit und Rechtswidrigkeit – zu berücksichtigen. Im Gegensatz zur früheren Lehre (vgl. BK-TUOR, N 16; ZK-ESCHER, N 17) geht die h.L. richtigerweise davon aus, dass den Erben auch bei Willensvollstreckung das *Recht zur freien Erbteilung* nach Art. 607 Abs. 2 nicht genommen ist und sie bei Einstimmigkeit die Erbteilung auch in *Abweichung* von erblasserischen oder gesetzlichen Teilungsvorschriften vornehmen können; der Teilungsvorschlag des Willensvollstreckers hat diesem Grundsatz Rechnung zu tragen (BGE 108 II 535, 538; gl.M. BK-TUOR/PICENONI, Art. 608 N 9; JOST, N 60; PICENONI, ZBGR 1969, 172; PIOTET, SPR IV/1, 167; HUX, 43 f.; SCHNYDER, recht 1985, 105; PFAMMATTER, 16 f., 31 f.; WEIMAR, 454; BREITSCHMID, Willensvollstrecker, 145).

d) Der Willensvollstrecker kann durch einstimmigen Beschluss **von den Erben zum Schiedsrichter ernannt** werden mit dem Auftrag, bei der Teilung strittige Fragen nach seinem Ermessen zu lösen, vgl. aber N 11 (gl.M. BK-TUOR, N 19; BRACHER, 39; PIOTET, SPR IV/1, 167; WETZEL, N 61).

58

Dem Willensvollstrecker fallen die **Kompetenzen der kantonalen Teilungsbehörden nach Art. 609 Abs. 2** zu; diese Behörden haben bei Vorbereitung oder Durchführung der Erbteilung nicht mitzuwirken. Der Willensvollstrecker schliesst aufgrund seiner *bundesrechtlichen* Stellung die Funktionen kant. Behörden nach Art. 609 Abs. 2 auch dort aus, wo diese aufgrund kant. Rechts bei jeder Erbteilung zwingend mitzuwirken haben (BGE 97 II 11, 17; 102 II 197, 202; 108 II 535, 538; 114 II 418, 420; GVP-SG 1957, 180, 185; gl.M. JOST, N 69; BRACHER, 88; PIOTET, SPR IV/1, 167; WETZEL, N 88; DRUEY, Erbrecht, § 16 N 78 f.). Bei der Erbteilung von landwirtschaftlichen Gewerben und Grundstücken hat der Willensvollstrecker keine besonderen Kompetenzen, da seit der Aufhebung von Art. 621 durch das BGBB keine Behörde mehr zuständig ist, sondern gem. Art. 82 Abs. 2 BGBB der Richter am letzten Wohnsitz des Erblassers. Die Kompetenzen der zuständigen *Behörde zum Schutz eines Erbengläubigers i.S.v. Art. 609 Abs. 1* bleiben indessen auch bei Vorliegen der Willensvollstreckung unberührt, denn diese Behörde hat nicht bei der Teilung als solcher mitzuwirken, sondern i.S. des Gläubigerschutzes einen Erben dabei zu vertreten (gl.M. BRACHER, 88; WETZEL, N 87).

59

Der **Zeitpunkt der Erbteilung** wird nicht durch den Willensvollstrecker (a.M. GVP-ZG 1981/82, 81; ZK-ESCHER, N 35; BRACHER, 82), sondern aufgrund von Art. 604 *durch die Erben* festgesetzt (gl.M. JOST, N 60). So können die Erben auch bei Willensvollstreckung bzw. Vorliegen eines Teilungsvorschlages die *Erbteilung einvernehmlich aufschieben* und die Erbengemeinschaft auf die von ihnen gewünschte Dauer fortsetzen (gl.M. BK-TUOR, N 17; ZK-ESCHER, N 17; JOST, N 60; BRACHER, 83; PIOTET, SPR IV/1, 166). Ob ein Vertrag der Erben auf (vorläufigen) Verzicht auf Teilung die *Willensvollstreckung hinfällig* werden lässt, hängt von den Umständen ab (BREITSCHMID, Willensvollstrecker, 139 f.). Umgekehrt können die Erben durch einstimmigen Beschluss die Erbteilung auch vornehmen, wenn der Teilungsvorschlag des Willensvollstreckers *noch nicht vorliegt*.

60

Art. 518 ZGB

Vor Unterbreitung des Teilungsvorschlages kann aber kein Erbe die Teilungsklage erheben, denn bei Vorhandensein eines Willensvollstreckers haben die Erben ein Anrecht darauf, dass dessen Teilungsvorschlag vom Richter geprüft und ggf. gutgeheissen werden kann (gl.M. BRACHER, 82; PIOTET, SPR IV/2, 858 f.; **a.M.** GVP-ZG 1981/82, 81 und ZK-ESCHER, Art. 604 N 8, wonach bei Vorhandensein eines Willensvollstreckers die Erbteilungsklage überhaupt ausgeschlossen ist).

61 Nach Art. 634 Abs. 1 und 2 wird die **Erbteilung verbindlich** mit Aufstellung und Entgegennahme der Lose oder mit Abschluss des schriftlichen Teilungsvertrages (BGE 102 II 197, 202). Die schriftliche Zustimmung aller Erben zum vom Willensvollstrecker vorgelegten Teilungsvorschlag bzw. die vorbehaltslose Entgegennahme der vorgesehenen Lose gilt als *Genehmigung des Teilungsvorschlages*; ein separater Erbteilungsvertrag ist nicht erforderlich. Die Erbteilung ist aber nur dann verbindlich, wenn die Erben dem alle Erbschaftssachen umfassenden Teilungsvorschlag *als Ganzem* zugestimmt haben. Hat der Willensvollstrecker bei der Vorbereitung des Teilungsvorschlages die Zustimmung der Erben zu einer Einzelfrage eingeholt, sind die Erben bei der Beurteilung des Gesamt-Teilungsvorschlages nicht notwendigerweise an ihre frühere Meinungsäusserung gebunden (BGE 115 II 323, 330). Zweckmässigerweise wird der Willensvollstrecker den Erben eine Frist zur Stellungnahme zum Teilungsvorschlag ansetzen, aber das unbenützte Verstreichenlassen der Frist *gilt nicht als Zustimmung*. Eine stillschweigende Annahme ist ausgeschlossen, weil ein Erbteilungsvertrag gem. Art. 634 Abs. 2 der Schriftlichkeit bedarf; die Zustimmung zum Teilungsvorschlag muss deshalb *ausdrücklich* sein und kann nicht durch einfachen Fristablauf ersetzt werden (gl.M. JOST, N 74; WETZEL, N 67). Stimmen die Erben dem Teilungsvorschlag des Willensvollstreckers nicht zu, sondern schliessen sie vor oder nach Unterbreitung dieses Teilungsvorschlages selbständig einen schriftlichen Erbteilungsvertrag ab, so wird dieser durch die Unterschrift aller Erben verbindlich; aufgrund des freien Teilungsrechtes von Art. 604 und der Formvorschriften von Art. 634 erfordert er weder die Zustimmung noch die Mitunterschrift des Willensvollstreckers (**a.M.** OGer ZH ZBGR 1981, 281).

62 Wenn **einzelne oder alle Erben den Teilungsvorschlag ausdrücklich ablehnen**, so muss der Willensvollstrecker vorab einen oder mehrere (aber nicht unbeschränkt viele) *neue Teilungsvorschläge vorlegen*. Werden auch diese nicht angenommen, so hat er entweder zuzuwarten, bis einer der Erben die Teilungsklage erhebt (gl.M. PIOTET, SPR IV/1, 167; **a.M.** GVP-ZG 1981/82, 81 und ZK-ESCHER, Art. 604 N 8, wonach bei Vorhandensein eines Willensvollstreckers die Erbteilungsklage überhaupt ausgeschlossen ist), oder dann sein Amt niederzulegen (gl.M. JOST, N 74; HUX, 42). Der Willensvollstrecker kann aber in keinem Falle den Teilungsvorschlag – auch nicht nach Ansetzung und Ablauf einer angemessenen Frist – von sich aus als verbindlich erklären und gegen den Willen einzelner oder aller Erben in Rechtskraft setzen (gl.M. BK-TUOR, N 17; WETZEL, N 66 f.).

63 Wenn sich **einzelne oder alle Erben zum Teilungsvorschlag nicht äussern**, so sind von Lehre und Praxis folgende Möglichkeiten entwickelt worden:

a) Nach der sog. «Zürcher Praxis» kann der Willensvollstrecker den Erben eine Frist ansetzen oder durch die Behörde ansetzen lassen, innert welcher sie die Zustimmung zum

Teilungsvorschlag erklären oder beim ordentlichen Richter Anfechtungsklage gegen den Teilungsplan erheben müssen mit der Androhung, dass bei Fristversäumnis die Teilung gemäss Vorschlag durchgeführt wird (ZR 1961, 84; BJM 1968, 27). Vor diesem Urteil waren die Zürcher Gerichte noch weitergegangen und hatten angenommen, dass bei unbenütztem Ablauf der Frist der Teilungsplan als anerkannt galt und rechtswirksam wurde (ZR 1917, 108; 1928, 14; 1935, 182). Diese Praxis war aber stark kritisiert und als zu weitgehend abgelehnt worden (vgl. BK-TUOR, N 17; ZK-ESCHER, N 19; JOST, N 74; BRACHER, 87; DRUEY, Erbrecht, § 16 N 34).

b) Die in BGE 102 II 197, 202 geäusserte Kritik an ZR 1961, 84 geht fehl, denn aus diesem Zürcher Entscheid geht gerade nicht hervor, der Willensvollstrecker könne die Teilung ohne Zustimmung der Erben durch einseitigen Rechtsakt verbindlich zum Abschluss bringen. Zudem wird das Problem der Rechtskraft des Teilungsvorschlages bzw. der Rechtsfolgen einer Fristversäumnis durch diesen Entscheid nicht gelöst. Die Fristversäumnis kann lediglich zur Folge haben, dass die Erben keine Verantwortlichkeitsansprüche gegen den Willensvollstrecker erheben können, wenn er nach Fristablauf aufgrund des Teilungsvorschlages Verfügungshandlungen trifft und den Vorschlag vollstreckt; die materiellen Rechte der Erben auf Durchsetzung ihrer bundesrechtlichen Ansprüche auf Erbteilung bleiben davon unberührt. Der einseitige Vollzug des Teilungsvorschlags ohne Zustimmung aller Erben ist im übrigen bei Liegenschaften nicht möglich, denn gem. Art. 18 GBV ist zur Eigentumsübertragung bei Erbteilung die schriftliche Zustimmungserklärung aller Erben oder ein schriftlicher Teilungsvertrag nötig (zustimmend zur Zürcher Praxis WETZEL, N 68 ff.; abl. BGE 102 II 197, 202; DRUEY, Erbrecht, § 16 N 34; PFAMMATTER, 19 ff.). 64

c) Nach einer neuesten Theorie soll der Willensvollstrecker das Recht haben, mit den dem Teilungsplan zustimmenden Erben *subjektiv-partielle Erbteilungsverträge* abzuschliessen. Bei dieser Konstruktion würde der Willensvollstrecker als Vertreter sämtlicher Erben handeln und durch Konsens mit dem teilungswilligen Erben einen gültigen Vertrag abschliessen, den er dann auch rechtsgenügend und definitiv erfüllen könnte (vgl. WEIMAR, 455-458; PFAMMATTER, 22 ff.). Diese Theorie ist abzulehnen, denn der Willensvollstrecker ist gerade nicht Vertreter (weder gesetzlich noch gewillkürt) der Gesamtheit der Erben und kann somit nicht zu Lasten der Erbengemeinschaft einen Vertrag mit einem einzelnen Erben abschliessen (BGE 102 II 197, 202; gl.M. DRUEY, Erbrecht, § 16 N 33; BREITSCHMID, Willensvollstrecker, 150 f.). 65

Die bisherigen Thesen zur Situation, dass einzelne Erben den Teilungsvorschlag entweder ablehnen oder sich nicht dazu äussern, vgl. N 62-65, sind unbefriedigend und auch wenig praxisbezogen. Ein wegweisendes Urteil des BGer liegt vorläufig leider nicht vor. Zur Lösung dieser Frage ist von drei Grundprinzipien der Willensvollstreckung auszugehen, nämlich vom *Willen und Können des Erblassers*, Verwaltung und Teilung des Nachlasses einer Vertrauensperson zu übertragen, von der *selbständigen Stellung* des Willensvollstreckers und vom *gesetzlichen Auftrag* in Art. 518 Abs. 2, «die Teilung auszuführen». Daraus folgt zwingend die Kompetenz des Willensvollstreckers, selbständig und aus eigenem Recht eine Massnahme einzuleiten, die bei Uneinigkeit der Erben zur rechtsverbindlichen Erbteilung führt. Diese Massnahme kann nur ein richterliches Urteil sein. Sofern nicht *alle* Erben den Teilungsplan abgelehnt oder einstimmige Aufschiebung der 66

Art. 518 ZGB

Teilung beschlossen haben, muss aufgrund seiner Stellung und Aufgabe der **Willensvollstrecker berechtigt sein, die Erbteilungsklage einleiten zu können** mit dem Antrag, der Nachlass sei nach dem unterbreiteten Teilungsvorschlag zu teilen. Diese Klage richtet sich gegen alle Erben, die Kosten gehen zu Lasten des Nachlasses, und das Urteil ist für alle Erben wie auch den Willensvollstrecker bindend. Durch richterliches Urteil wird der *Nachlass vollständig geteilt*, im Gegensatz zur Teilungsklage eines Erben, aufgrund welcher dieser Erbe aus dem Nachlass ausscheidet und die Erbengemeinschaft unter den übrigen Erben fortgesetzt wird. Der Text von Art. 604 Abs. 1 steht der Teilungsklage des Willensvollstreckers nicht entgegen. Der Willensvollstrecker ist zwar darin nicht erwähnt, aber es gibt keinen Grund zur Annahme eines qualifizierten Schweigens des Gesetzgebers; vielmehr liegt eine **Gesetzeslücke** vor, die im vorbeschriebenen Sinn auszufüllen ist (gl.M. BLOCH, SJZ 1958, 345 und die bei BRACHER, 87 FN 18 sowie bei HUX, 49 f. zitierte ältere Literatur; **a.M.** JOST, N 73; HUX, 50; PIOTET, SPR IV/2, 864; DRUEY, Erbrecht, § 14 N 69; GIGER, FS Heini, 134; BREITSCHMID, Willensvollstrecker, 150).

67 Ist der Teilungsvorschlag durch Zustimmung aller Erben oder richterliches Urteil rechtsverbindlich geworden, so hat der **Willensvollstrecker ihn zu vollziehen** und alle dazu erforderlichen Verfügungshandlungen vorzunehmen. Diese Pflicht zum Vollzug gilt auch für einen Erbteilungsvertrag, der unter den Erben selbst und *ohne Zustimmung* des Willensvollstreckers abgeschlossen wurde, vgl. N 61 (**a.M.** OGer ZH ZBGR 1981, 281), denn die Aufgabe des Willensvollstreckers ist erst mit dem Vollzug der Teilung beendet. Verzögert er den Vollzug, so können die Erben bei der Aufsichtsbehörde Beschwerde führen oder beim ordentlichen Richter auf Ausrichtung der Erbteile klagen (BGE 85 II 597, 601; gl.M. BRACHER, 82 und 129).

VIII. Prozessuale Rechtsstellung des Willensvollstreckers

1. Allgemeines

68 Das Gesetz regelt die **prozessuale Rechtsstellung des Willensvollstreckers** nur indirekt durch die Verweisung auf den amtlichen Erbschaftsverwalter. Nach Art. 596 Abs. 1 hat dieser u.a. die Aufgabe, *die Rechte und Pflichten des Erblassers, soweit nötig, gerichtlich festzustellen*. Damit sind vorab die Aktiv- und Passivprozesse des Erblassers, d.h. des Nachlasses, gemeint, währenddem die erbrechtlichen Klagen davon nicht angesprochen werden. Die Prozesslegitimation des Willensvollstreckers für Aktiv- und Passivprozesse ergibt sich auch aus seiner Aufgabe und selbständigen Stellung und wird unabhängig von den verschiedenen Theorien über die Rechtsstellung des Willensvollstreckers durchwegs anerkannt (BGE 94 II 141, 142; 116 II 131, 133 = Pra 1990, 656; PKG 1991, 12, 15; 1994, 12, 15). Die Prozessführungsbefugnis beruht auf *Bundeszivilrecht*, welches das Institut der Willensvollstreckung *abschliessend regelt*. Davon abweichende kant. Bestimmungen verletzen die derogatorische Kraft des Bundesrechtes (BGE 94 II 141, 144).

69 Die Prozesslegitimation ist ein **Ausfluss der Verwaltungsbefugnis/-pflicht** des Willensvollstreckers. Sie besteht deshalb nur soweit, als dem Willensvollstrecker die Verwaltungsbefugnis zusteht (BGE 94 II 141, 142; PKG 1969, 20). Ist diese eingeschränkt (z.B. durch testamentarische Anordnung), so ist es auch die Prozesslegitimation; fehlt dem

Willensvollstrecker die Verwaltungsbefugnis für einzelne Bereiche oder Gegenstände vollständig, so fehlt auch die Prozesslegitimation (gl.M. ZK-ESCHER, N 31; BRACHER, 94 und 97; WETZEL, N 103; HUX, 50). Umgekehrt sind die Erben nicht zur Prozessführung berechtigt, soweit dieses Recht dem Willensvollstrecker zusteht. Die Legitimation des Willensvollstreckers bezieht sich nicht nur auf Prozesse, die nach dem Tod des Erblassers angehoben werden, sondern auch auf die *noch hängigen, unerledigten Prozesse des Erblassers* selbst. Soweit keine anderweitigen Anordnungen des Erblassers bestehen, erlöscht mit dem Tod des Erblassers das Mandat eines von ihm eingesetzten Prozessvertreters; der Prozess ist vom Willensvollstrecker weiterzuführen (ZR 1977, 167, 169; gl.M. BRACHER, 111-115). Im Rahmen seiner Kompetenz ist der Willensvollstrecker zur Erteilung von Prozessvollmachten an Dritte berechtigt (BGE 54 II 197, 200).

Der Willensvollstrecker **tritt selbständig und in eigenem Namen auf**, wenn und wo er aufzutreten hat, handelt aber auf Rechnung der Erbschaft und hat dabei seine Funktion anzugeben (BGE 94 II 141, 143; 116 II 131, 134 = Pra 1990, 656; ZR 1977, 167, 169; OGer VD SJZ 1986, 146; SOG 1988, 4, 9; gl.M. HUX, 50; WETZEL, N 101; PIOTET, SPR IV/1, 164). Daraus ergibt sich die in der Praxis üblich gewordene Parteibezeichnung als «XX als Willensvollstrecker des Nachlasses von Y» (vgl. BRACHER, 90). Der Willensvollstrecker handelt auch bei der Prozessführung selbständig und benötigt dazu keine Zustimmung der Erben (gl.M. BRACHER, 92, 98; WETZEL, N 103). 70

Die **Prozessführungsbefugnis des Willensvollstreckers ist umfassend**. Sie erstreckt sich auf streitige und nichtstreitige Zivil-, Verwaltungs-, Steuer-, Administrativ- und Strafverfahren (soweit überhaupt möglich) und umfasst alle Arten von Klagen bzw. Eingaben, sämtliche prozessualen Handlungen und Rechtsmittel, materiellrechtliche Erklärungen wie Verrechnung oder Verzicht, Vergleich, Rückzug des Verfahrens sowie Unterlassung jeglicher Auseinandersetzung (gl.M. ZK-ESCHER, N 32; BRACHER, 91 f.). 71

Für den **Gerichtsstand** bestehen *bundesrechtliche* Vorschriften in Art. 538 Abs. 2 für die vier erbrechtlichen Klagen sowie in Art. 49 SchKG für die Betreibung gegen einen unverteilten Nachlass. In allen anderen Fällen und Verfahren wird der Gerichtsstand durch das *kantonale Recht* bestimmt. Ist der Gerichtsstand des letzten Wohnsitzes des Erblassers oder der gelegenen Sache gegeben, so muss dieser Gerichtsstand auch für die vom bzw. gegen den Willensvollstrecker geführten Prozesse/Verfahren gelten, unbekümmert um dessen Wohn- bzw. Geschäftssitz. Trotz seiner selbständigen Stellung handelt der Willensvollstrecker in *Nachlassangelegenheiten*, und zwar auch im Streit um persönliche Rechte, vgl. N 87, so dass er als Nachlass-Prozesspartei nicht den Gerichtsstand seines Wohn- bzw. Geschäftssitzes in Anspruch nehmen kann (**a.M.** BRACHER, 132). Eine persönliche Inanspruchnahme des Willensvollstreckers an seinem ordentlichen Gerichtsstand des Wohn- bzw. Geschäftssitzes kommt nur für Verantwortlichkeitsansprüche in Frage, vgl. N 114. 72

Die **Prozesskosten** gehen bei *Nachlassstreitigkeiten* zu Lasten des Nachlasses. Dazu gehören in erster Linie die Aktiv- und Passivprozesse, die der Willensvollstrecker zugunsten bzw. zu Lasten des Nachlasses führt (gl.M. ZK-ESCHER, N 32; JOST, 77; BRACHER, 136). Zudem gehören dazu jene erbrechtlichen Prozesse, die vom Willensvollstrecker geführt werden können bzw. müssen, einschliesslich eine Ungültigkeitsklage betr. Bestand, Inhalt oder Umfang seiner Einsetzung oder Aufgabe. Obwohl es um seine persönliche 73

43

Art. 518 ZGB

Stellung geht, prozessiert er hier nicht im eigenen Interesse, sondern zur Vollstreckung des erblasserischen Willens (a.M. BRACHER, 136). Im Gegensatz dazu gehen bei Streitigkeiten um die *wirtschaftlichen/finanziellen Interessen* des Willensvollstreckers die Prozesskosten zu seinen Lasten, soweit sie ihm auferlegt werden (gl.M. BRACHER, 136).

74 Die Aufteilung der Prozessführungsbefugnis zwischen Willensvollstrecker und Erben berührt die **übrigen prozessualen Rechte** von Willensvollstrecker bzw. Erben nicht. So können beispielsweise Willensvollstrecker bzw. Erben in einem von der anderen Partei geführten Prozess als Haupt- oder Nebenintervenienten (vgl. N 76), Zeugen (Rep 1963, 125, 130) oder Auskunftspersonen auftreten, soweit dies die kant. Prozessgesetze zulassen (gl.M. BRACHER 133 ff.).

75 **Fällt der Willensvollstrecker im Verlaufe eines Prozesses weg**, z.B. durch Tod, Rücktritt oder Absetzung, so gilt folgendes:
– Ist **ein Ersatzvollstrecker** bezeichnet und nimmt dieser das Amt an, so tritt er anstelle des Ausgeschiedenen in den Prozess ein.
– Ist **kein Ersatzvollstrecker** bezeichnet, so erlangen die Erben die Verwaltungs- und damit die Prozessführungsbefugnis und treten in den Prozess ein, sofern dieser nicht durch den Wegfall des Willensvollstreckers gegenstandslos geworden ist, z.B. der Streit um Inhalt oder Umfang der dem Willensvollstrecker zukommenden Aufgabe.
– **Streitigkeiten um finanzielle Rechte und Pflichten** wie Honorarforderungen, Spesenersatz oder Schadenersatzansprüche werden vom Willensvollstrecker bzw. seinen Erben weitergeführt (gl.M. BRACHER, 136 ff.).

2. Nichterbrechtliche Klagen und Zwangsvollstreckungsmassnahmen

76 Die **Aktivlegitimation des Willensvollstreckers** in Prozessen um Ansprüche des Nachlasses wird von Lehre und Praxis einhellig anerkannt (BGE 94 II 141, 144; 116 II 131, 133 = Pra 1990, 656; ZR 1977, 167, 169; gl.M. BK-TUOR, N 35; ZK-ESCHER, N 32; JOST, N 78; BRACHER, 91 f.; PIOTET, SPR IV/1, 164; WETZEL, N 101; DRUEY, Erbrecht, § 14 N 70). Soweit die Aktivlegitimation des Willensvollstreckers besteht, ist die *Befugnis der Erben* zur Prozessführung für den Nachlass ausgeschlossen, und zwar im eigenen Namen wie auch als Vertreter des Nachlasses (BGE 116 II 131, 134; PKG 1994, 12, 16; gl.M. BRACHER, 93; HUX, 51). Der Erbe kann aber im Prozess des Willensvollstreckers als *Nebenintervenient* auftreten oder allenfalls als *Hauptintervenient* mit der Behauptung, der Willensvollstrecker habe nicht die nötige Verwaltungsbefugnis und somit keine Aktivlegitimation. Unterlässt der Willensvollstrecker die Prozessführung, so hat der Erbe das Recht zur Beschwerde an die Aufsichtsbehörde und als materiell Berechtigter auch das Recht zur Feststellungsklage auf Bestehen oder Nichtbestehen eines bestimmten Anspruches (gl.M. BRACHER, 94).

77 Die **Passivlegitimation des Willensvollstreckers** in Prozessen um Ansprüche des Nachlasses wird von Lehre und Praxis ebenfalls einhellig anerkannt (BGE 94 II 141, 144; 116 II 131, 133 = Pra 1990, 656; gl.M. BK-TUOR, N 35; ZK-ESCHER, N 33; JOST, N 78; BRACHER, 98; PIOTET, SPR IV/1, 164; WETZEL, N 101; HUX, 51; DRUEY, Erbrecht, § 14 N 70). Im Gegensatz zur fehlenden Aktivlegitimation sind indessen *die Erben neben dem Willensvollstrecker passivlegitimiert*, sofern sie die Erbschaft angenommen haben (gl.M.

BRACHER, 102). Das Prinzip der Universalsukzession nach Art. 560 Abs. 2 ist zwar für Aktiven und Passiven gleich, aber bei den Passiven gilt zusätzlich die persönliche und solidarische Haftung des Erben für die Nachlassverbindlichkeiten nach Art. 603 Abs. 1. Im Hinblick auf diese Erbenhaftung hat deshalb der Erbschaftsgläubiger das Recht, *sofort und direkt auf den solidarisch haftenden Erben und dessen Privatvermögen zu greifen*; durch die Anordnung der Willensvollstreckung kann dem Erbschaftsgläubiger nicht ein zweistufiges Verfahren aufgezwungen werden, indem er sich zuerst an den Willensvollstrecker und die Nachlassaktiven halten müsste (BGE 116 II 131, 135 = Pra 1990, 656; gl.M. ZK-ESCHER, N 33; BRACHER, 99 f.; PIOTET, SPR IV/1, 164; HUX, 52). Der Nachlassgläubiger *hat somit die Wahl*, ob er den Willensvollstrecker, die Erben oder beide gleichzeitig einklagen will (BGE 116 II 131, 135 = Pra 1990, 656; gl.M. ZK-ESCHER, N 33; PIOTET, SPR IV/1, 164). Eine doppelte Klage kann nicht nur bei Unsicherheiten über die Solvenz des Nachlasses bzw. der Erben angezeigt sein, sondern auch bei Unklarheit über die Verwaltungsbefugnis und damit die Passivlegitimation des Willensvollstreckers.

Die **formellen Rechtswirkungen des Urteils** betreffen nur die Parteien, die am Prozess teilnahmen. Der vom Willensvollstrecker für den Nachlass geführte Aktiv- oder Passivprozess wirkt deshalb *formell* nur für oder gegen ihn persönlich (BGE 59 II 119, 123). Da aber der Willensvollstrecker den Prozess für fremde Rechnung geführt hat, gehen Nutzen bzw. Schaden aus den von ihm geführten Prozessen zugunsten bzw. zu Lasten des Nachlasses, so dass diese Prozesse *materiell* auch für und gegen den Nachlass bzw. die Erben wirken. Dieser Grundsatz gilt uneingeschränkt für *Aktivurteile* (gl.M. ZK-ESCHER, N 32; BRACHER, 95; HUX, 51). Aus einem gegen den Willensvollstrecker ergangenen *Passivurteil* haftet dieser nicht persönlich, sondern nur mit dem Nachlassvermögen, währenddem die Erben aus diesem Urteil *nicht mit ihrem Privatvermögen* haften (BGE 59 II 119, 123; 116 II 131, 135 = Pra 1990, 656; gl.M. BRACHER, 100 f.; PIOTET, SPR IV/1, 164; WETZEL, N 101). Umgekehrt wirkt ein gegen die Erben ergangenes Passivurteil nur gegen diese und bindet den Willensvollstrecker nicht. Die Erben haften aus einem solchen Urteil nur mit ihrem Privatvermögen; der Gläubiger kann nicht auf die noch unverteilte Erbschaft greifen (gl.M. ZK-ESCHER, N 33; BRACHER, 101; PIOTET, SPR IV/1, 164; HUX, 52). 78

Der Willensvollstrecker ist für **Zwangsvollstreckungsmassnahmen, insb. Betreibungen** für und gegen den Nachlass *ausschliesslich* aktiv- und passivlegitimiert. 79

Bei *Aktivbetreibungen* des Nachlasses genügt nach heutiger Lehre und Praxis die Angabe von «XX als Willensvollstrecker für den Nachlass des Y» als rechtsgenügende Gläubigerbezeichnung i.S.v. Art. 67 Ziff. 1 SchKG (BGE 80 III 7, 14; BGer, SemJud 1959, 329, 333; gl.M. ZK-ESCHER, N 33a; BRACHER, 96).

Passivbetreibung gegen den Nachlass ist gem. Art. 49 SchKG zulässig, obwohl die Erbschaft als solche keine juristische Person und damit keine selbständige Prozesspartei darstellt. Ist ein Willensvollstrecker eingesetzt, so gilt er aufgrund seiner Verwaltungsbefugnis als Vertreter der Erbschaft und hat aufgrund von Art. 65 Abs. 3 SchKG den Zahlungsbefehl für die Betreibung gegen die unverteilte Erbschaft entgegenzunehmen (BGE 71 III 161, 163; 101 III 1, 5; 107 III 7, 10; 116 III 4, 7; Rep 1970, 71; 1973, 348; gl.M.

ZK-Escher, N 33a; Bracher, 103 f.; Hux, 52). Bei Zustellung des Zahlungsbefehls an den Willensvollstrecker kann die Betreibung aber nur zur Vollstreckung in die Aktiven des Nachlasses führen, nicht auch in die persönlichen Aktiven der Erben (BGE 116 III 4, 7). Will ein Gläubiger für Nachlassschulden gegen die Erben aufgrund ihrer solidarischen Haftung persönlich vorgehen, so müsste er sie auch persönlich betreiben (Analogie zur Klage). Nach Art. 65 Abs. 3 SchKG ist bei Betreibung einer unverteilten Erbschaft der Zahlungsbefehl dem Vertreter der Erbschaft oder, sofern dieser nicht bekannt ist, einem Erben zuzustellen. Das BGer hat indessen präzisiert, dass sich der Gläubiger beim Vorgehen gegen eine unverteilte Erbschaft immer zuerst erkundigen müsse, ob ein Vertreter vorhanden sei; tut er dies nicht, ist aber ein Willensvollstrecker vorhanden, so kann die Zustellung des Zahlungsbefehls an einen Erben u.U. ungültig sein (BGE 71 III 161, 163; 107 III 7, 10).

80 Zu den **Nachlassschulden und damit Passivprozessen** gehören auch:
– hängige **Steuerverfahren**, soweit die fraglichen Steuern zu Lasten des Nachlasses gehen. Der Willensvollstrecker ist in solchen Verfahren passivlegitimiert und hat diese zu führen, vgl. N 33;
– **Vermächtnisse** als Nachlassschulden im untechnischen Sinne. Diese sind durch den Willensvollstrecker auszurichten, so dass er für die Vermächtnisklage passivlegitimiert ist (**a.M.** BK-Tuor/Picenoni, Art. 562 N 8a, ZK-Escher, Art. 562 N 7). Der Willensvollstrecker haftet aber nur mit dem Nachlassvermögen, nicht persönlich (BGE 59 II 119, 122; 105 II 253, 261; PKG 1991, 12, 15; gl.M. BK-Tuor, N 33, 35; Jost, N 83; Bracher, 74; Piotet, SPR IV/1, 164 f.; Wetzel, N 72). Die Vermächtnisnehmer können aber ihre Ansprüche auch direkt gegenüber den Erben erheben (BGE 83 II 427, 441).

3. Erbrechtliche Klagen

81 Der Willensvollstrecker ist für die **Ungültigkeitsklage** *i.d.R. nicht aktivlegitimiert*, da es für seine Tätigkeit keine Rolle spielt, wer und in welchem Ausmass Erbe ist, (BGE 85 II 597, 602; PKG 1979, 126, 128; gl.M. Jost, N 84; Bracher, 118; Piotet, SPR IV/1, 165; Hux, 46). Der Willensvollstrecker ist lediglich dann aktivlegitimiert, wenn *seine eigene Stellung betroffen* ist, z.B. wenn mehrere Testamente vorliegen, die sich bez. Willensvollstreckung widersprechen, so dass nur durch Richterspruch eine autoritative Klarstellung erreicht werden kann (BGE 85 II 597, 601; gl.M. Bracher, 118 f.; Piotet, SPR IV/1, 165; Hux, 47). Der Willensvollstrecker ist dann *passivlegitimiert*, wenn durch die Ungültigkeitsklage seine subjektiven Rechte, insb. seine Einsetzung als solche betroffen ist (BGE 90 II 376, 381; OGer TG SJZ 1982, 379). Dies ist z.B. dann der Fall, wenn ein Erbe wegen eines Formfehlers oder Willensmangels das Testament als Ganzes und damit auch die Einsetzung des Willensvollstreckers anficht. In den übrigen Fällen hingegen ist der Willensvollstrecker nicht passivlegitimiert (BGE 85 II 597, 601; 103 II 84, 86; gl.M. Jost, N 84; Bracher, 119; Piotet, SPR IV/1, 165; Wetzel, N 104 ff.; Hux, 47; Druey, Erbrecht, § 12 N 48).

82 Wie bei der Ungültigkeitsklage sind bei der **Herabsetzungsklage** Fragen der materiellen Erbberechtigung zu entscheiden. Unabhängig ob nur ein einzelner Erbe oder die Gesamtheit der Erben in ihrem Pflichtteil verletzt sind, ist bei diesem Streit der Willensvollstrecker *i.d.R weder aktiv- noch passivlegitimiert*. Dies gilt auch für die Anfechtung

der Enterbung, die der Enterbte klageweise gegen die übrigen Erben durchzusetzen hat (BGE 85 II 597, 601; 86 II 340, 342; 111 II 16, 19; ZR 1957, 89; gl.M. BK-TUOR, N 34; ZK-ESCHER, N 30; JOST, N 85; BRACHER, 122 f.; PIOTET, SPR IV/1, 165; WETZEL, N 109 f.; HUX, 46; DRUEY, Erbrecht, § 14 N 69). Der Willensvollstrecker muss allerdings dann aktivlegitimiert sein, wenn er in Unkenntnis von Erbschaftsschulden Vermächtnisse ausgerichtet hat und gegen die Bedachten die Herabsetzungsklage erheben muss (gl.M. WETZEL, N 110). Die Passivlegitimation kann bei Dauerverwaltung durch den Willensvollstrecker gegeben sein, wenn der Erbe diese im Rahmen des Pflichtteils durch Herabsetzungsklage anficht (BGE 51 II 49, 54; gl.M. PIOTET, SPR IV/1, 165; WETZEL, N 109).

Es ist umstritten, ob der Willensvollstrecker zur **Erbschaftsklage** *aktivlegitimiert* sei. Die in Art. 598 Abs. 1 erwähnte Erbenstellung fehlt zwar beim Willensvollstrecker, und dieser ist auch nicht gesetzlicher Vertreter der Erben, aber er hat aufgrund seiner Verwaltungsbefugnis das Recht auf Inbesitznahme der Erbschaftssachen als unselbständiger Besitzer für die Erben. Gegenüber *Dritten* ist der Willensvollstrecker aufgrund seiner Stellung zur Erbschaftsklage aktivlegitimiert (BGE 56 II 254, 258; gl.M. PIOTET, SPR IV/2, 782; WETZEL, N 111; DRUEY, Erbrecht, § 14 N 70; GIGER, FS Heini, 134; BREITSCHMID, Willensvollstrecker, 116; **a.M.** BRACHER, 125; HUX, 48; unklar ZK-ESCHER, N 29; JOST, N 86), *nicht aber gegenüber den Erben*, da diese rechtlich Eigentümer der Erbschaft sind und deshalb nur mit einer Singularklage belangt werden können, vgl. N 24 (BGE 77 II 122, 126; gl.M. PIOTET, SPR IV/2, 782). Der Willensvollstrecker ist auch aktivlegitimiert bezüglich eines Drittnachlasses, an welchem der Erblasser zu Lebzeiten berechtigt geworden war (gl.M. BRACHER, 126). Der Willensvollstrecker ist grundsätzlich *passivlegitimiert*, da er die Nachlassgegenstände besitzt ohne Erbenstellung zu haben, aber aufgrund seines exklusiven Verwaltungs- und Besitzesrechtes wäre jedoch die Erbschaftsklage *unbegründet* (gl.M. ZK-ESCHER, N 29; JOST, N 86; WETZEL, N 112; HUX, 49). Eine Erbschaftsklage käme lediglich dann in Frage, wenn der Willensvollstrecker eine vermeintlich zum Nachlass gehörende andere Erbschaft in Besitz genommen hat, die nun von einem angeblich besser berechtigten Dritterben herausverlangt wird. 83

Nach der hier vertretenen Auffassung ist der Willensvollstrecker zur **Teilungsklage** *aktivlegitimiert*, wenn einzelne Erben dem von ihm unterbreiteten Teilungsvorschlag zustimmen, andere ihn aber ablehnen, vgl. N 66. Nach dem überwiegenden Teil der Lehre jedoch ist der Willensvollstrecker für die Teilungsklage *weder aktiv- noch passivlegitimiert* (so z.B. ZK-ESCHER, N 30a; JOST, N 88; BRACHER, 82; PIOTET, SPR IV/2, 864; WETZEL, N 113; HUX, 49 f.; DRUEY, Erbrecht, § 14 N 69; GIGER, FS Heini, 134; BREITSCHMID, Willensvollstrecker, 150). Der Willensvollstrecker ist dann *passivlegitimiert*, wenn der Erblasser zu Lebzeiten an einem Drittnachlass berechtigt geworden war und ein Erbe jenes Nachlasses nun die Teilungsklage erhebt (gl.M. ZK-ESCHER, N 30a). 84

Der Willensvollstrecker ist zur Klage auf **Vollziehung von Auflagen oder Bedingungen** i.S.v. Art. 482 Abs. 1 *aktivlegitimiert* (gl.M. DRUEY, Erbrecht, § 11 N 27; vgl. auch BGE 108 II 278 = Pra 1982, 751). Die Klage richtet sich gegen den Vermächtnisnehmer bzw. den Auflagebeschwerten. 85

In erbrechtlichen Prozessen, bei denen der Willensvollstrecker nicht mitgewirkt hat, entfaltet das Urteil **keine Rechtskraft** ihm gegenüber. Er ist aber trotzdem an die im Urteil 86 enthaltenen Feststellungen zum Erbrecht der Betroffenen gebunden und hat diese bei der Erstellung seines Teilungsvorschlages zu berücksichtigen (gl.M. Piotet, SPR IV/1, 166).

4. Streit um persönliche Rechte

87 Zu den **persönlichen Rechten und Pflichten** des Willensvollstreckers gehören jene, die für die Erfüllung seiner Aufgabe erforderlich sind oder ihm aufgrund seiner Aufgabe persönlich zustehen. So ist der Willensvollstrecker aktiv- und passivlegitimiert bez.:
– **Inhalt und Ausmass seiner Befugnisse**: Neben Fällen der Ungültigkeitsklage, vgl. N 81, ist der Willensvollstrecker aktiv- und passivlegitimiert in Klagen über Abgrenzung seiner Rechte von jenen der Erben oder über Inhalt/Bedeutung einer testamentarischen Anordnung, die seine Stellung oder Aufgabe betrifft (BGE 51 II 49, 53; gl.M. Bracher, 130 f.). Solche Klagen können durch Berufung ans BGer weitergezogen werden (BGE 97 II 11, 13);
– **Klagen zur Inbesitznahme** von Erbschaftssachen, vgl. N 24 und 83;
– **Klagen auf Auskunftserteilung**, vgl. N 18;
– **Durchsetzung der Verwaltungs- und Verfügungshandlungen** gegenüber Privaten und Behörden, z.B. gegenüber Mietern, Banken, Grundbuchämtern etc. (gl.M. Bracher, 130);
– **Anspruch auf Vergütung und Spesenersatz**, vgl. Art. 517 N 32 f.

IX. Rechte der Erben

88 Die Willensvollstreckung ist ein **starker Eingriff in die Stellung der Erben**. Soweit und solange der Willensvollstrecker gesetzliche oder testamentarische Besitz-, Verwaltungs- und Verfügungsrechte hat, sind diese den Erben vollständig entzogen, vgl. N 6. Die Erben haben auch kein Recht, den Willensvollstrecker abzusetzen, vgl. Art. 517 N 24. Als *Korrelat* zu den weitreichenden und einschneidenden Kompetenzen des Willensvollstreckers haben die Erben gewisse *Mitsprache- und Kontrollrechte*, N 89, das *Beschwerderecht* an die Aufsichtsbehörde, N 99 sowie *Schadenersatzansprüche* bei fehlerhaftem Verhalten des Willensvollstreckers, N 113.

89 **Jeder einzelne Erbe hat Mitsprache- und Kontrollrechte**. Diese gelten auch für den provisorischen Erben vor Ablauf der Ausschlagungsfrist und den bestrittenen Erben (Druey, Erbrecht, § 15 N 91) sowie für den durch Testament ausgeschlossenen Pflichtteils- oder sonstigen gesetzlichen Erben (zum *virtuellen* Erben vgl. ZR 1996, 103), z.B.:
– Recht auf **Einhaltung der allgemeinen Pflichten** des Willensvollstreckers, vgl. N 16;
– Recht auf **Äusserung von Wünschen**, vgl. N 16, 41, 57;
– Recht auf **Auskunft**, Information, Akteneinsicht und periodische Berichterstattung, vgl. N 17;
– Recht auf **Vorschüsse** auf Anrechnung auf den Erbteil, vgl. N 46;
– Recht auf **Geltendmachung und Durchsetzung** sämtlicher Mitsprache- und Kontrollrechte vor der Aufsichtsbehörde bzw. dem Richter, z.B. bez. Aktenherausgabe, N 17 (BGE 82 II 555), bez. Verfügungskompetenzen, N 44 (BGE 97 II 11) oder bez. Vorschüssen, N 46 (BGE 91 II 52 = Pra 1965, 279).

Art. 518 ZGB

Die **erbrechtlichen Grundsatzentscheidungen der Erben** werden durch die Willens- 90
vollstreckung *nicht eingeschränkt*, insb.
– die Beantragung von **Sicherungsmassregeln** wie Siegelung, Art. 552 und Sicherungsinventar, Art. 553 (ZR 1958, 268; 1984, 46, 48) sowie öffentliches Inventar, Art. 580 ff. und amtliche Liquidation, Art. 593 ff. (gl.M. Piotet, SPR IV/1, 161; **a.M.** Jost, N 35);
– das Recht auf **Annahme oder Ausschlagung** der Erbschaft (ZR 1984, 46, 48; gl.M. BK-Tuor/Picenoni, N 20 f.);
– das Recht zur Erhebung der **Ungültigkeits- und Herabsetzungsklage**, wegen des ausschliesslichen Besitzanspruchs des Willensvollstreckers *aber nicht* der Erbschaftsklage, vgl. N 83;
– das Recht zur **freien Verfügung über den Erbanteil**, Art. 635. Diese erfordert *keine* Zustimmung des Willensvollstreckers (gl.M. ZK-Escher, N 11; Bracher, 78; Wetzel, N 58). Aufgrund der Anzeige der Abtretung eines Erbanteils ist der Willensvollstrecker i.d.R. aber nicht verpflichtet, den Anteil des Abtretenden dem Erwerber auszurichten (BGE 87 II 219, 226);
– das Recht zur **Teilung des Nachlasses** bzw. zur Aufschiebung der Teilung. Der Willensvollstrecker hat die Teilung nur vorzubereiten und anschliessend zu vollziehen, währenddem die eigentliche Teilung selbst Sache der Erben bzw. des Richters ist, vgl. N 53, 66.

X. Mehrere Willensvollstrecker

Setzt der Erblasser im Testament mehrere gleichzeitig amtierende Willensvollstrecker 91
ein, so kann er deren **Aufgabenbereiche und Kompetenzen detailliert regeln**. Er kann ihnen z.B. verschiedene Teil-Aufgaben zuweisen, jedem von ihnen das Recht zum selbständigen Handeln für den ganzen Nachlass erteilen, eine Geschäftsordnung aufstellen oder Mehrheitsbeschlüsse der Willensvollstrecker vorsehen (BGE 78 II 123, 128; gl.M. Jost, N 26; Bracher, 45; Picenoni, ZBGR 1969, 166; Wetzel, N 117).

Hat der Erblasser **keine Kompetenzaufteilung** vorgenommen, so handeln die nebenein- 92
ander eingesetzten Willensvollstrecker gemäss Gesetzesvorschrift *gemeinsam*. Dies bedeutet, dass sie einstimmige Beschlüsse zu fassen haben und *Mehrheitsbeschlüsse nicht zulässig* sind (gl.M. Jost, N 26; Bracher, 45; Picenoni, ZBGR 1969, 165; Piotet, SPR IV/1, 156; Wetzel, N 117; Hux, 27; Druey, Erbrecht, § 14 N 72). *Gemeinschaftliches Handeln* ist aber nicht erforderlich; richtigerweise ist jeder Willensvollstrecker *einzeln* zur (richtigen) Ausführung der gemeinschaftlich beschlossenen Handlungen sowie zur rechtsgenügenden Entgegennahme von Erklärungen Dritter zuhanden aller Willensvollstrecker berechtigt (gl.M. Jost, N 26; Bracher, 45; Wetzel, N 118). Es ist den Willensvollstreckern unbenommen, intern eine *Verfahrensordnung* aufzustellen, aber diese kann keine Kompetenzdelegation mit Wegbedingung der gemeinsamen, einstimmigen Beschlussfassung vorsehen (gl.M. BK-Tuor, N 26; Jost, N 26; Bracher, 45).

Bei **Uneinigkeit der Willensvollstrecker** bez. ihrer Stellung/Kompetenzen entscheidet 93
der ordentliche Richter, bez. ihrer Tätigkeit (vorzunehmende oder zu unterlassende Handlungen) die Aufsichtsbehörde (gl.M. Beck, 181; Wetzel, N 117; unklar Bracher,

45 FN 55). Verletzt ein Willensvollstrecker seine *formellen* Pflichten oder verweigert er seine Mitarbeit, so können die anderen je einzeln bei der Aufsichtsbehörde Beschwerde führen, vgl. N 99.

94 Die **Haftung mehrerer Willensvollstrecker** ist in Analogie zu Art. 403 Abs. 2 OR i.d.R. solidarisch (gl.M. BK-TUOR, N 26; ZK-ESCHER, N 40; BRACHER, 45; PIOTET, SPR IV/1, 155; HUX, 111 f.). Einzelhaftung tritt dann ein, wenn der Erblasser die Kompetenzen ausdrücklich aufgeteilt und der Haftbare entsprechend allein gehandelt hat, vgl. N 91.

95 Der **Honoraranspruch** bzw. die -ansprüche müssen *angemessen* sein i.S.v. Art. 517 Abs. 3. Ob jeder einzelne Willensvollstrecker einen eigenen (angemessenen) Anspruch hat oder alle gemeinsam einen Gesamtanspruch, richtet sich nach den Umständen (BGE 78 II 123, 129); es muss sich nicht zwingend in jedem Falle um einen Gesamtanspruch handeln, den sich dann die einzelnen intern zu teilen haben (**a.M.** BRACHER, 151).

96 **Scheidet einer von mehreren Willensvollstreckern vor Beendigung der Aufgabe aus** durch Tod, Kündigung oder Absetzung, so bleibt die angeordnete Willensvollstreckung als solche bestehen und der oder die anderen Willensvollstrecker im Amt; die Befugnisse gehen auf den oder die anderen über. Verbleibt nur ein Willensvollstrecker, so handelt er forthin allein (gl.M. BRACHER, 45 f.; PIOTET, SPR IV/1, 157; WETZEL, N 118).

XI. Behördenaufsicht

97 Durch die Verweisung in Art. 518 Abs. 1 auf den amtlichen Erbschaftsliquidator untersteht der Willensvollstrecker einer **Behördenaufsicht analog zu Art. 595 Abs. 3**, vgl. N 2. Diese Behördenaufsicht ist *zwingendes Recht* und kann durch den Erblasser in der Verfügung von Todes wegen nicht wegbedungen oder eingeschränkt werden, vgl. N 11. Befugnisse und Sanktionen der Aufsichtsbehörde bestimmen sich *nach Bundesrecht* (BGE 66 II 148, 150; gl.M. JOST, N 91; DERRER, 47; HUX, 54). Neben der Behördenaufsicht nach Art. 595 Abs. 3 kann der Willensvollstrecker auch der separaten Aufsicht/ Disziplinargewalt seiner Berufsorganisation unterstehen, z.B. der Anwaltskammer (LGVE 1971, 75; 1994 I 37).

98 Zum **Zweck der Behördenaufsicht, zur Kognitionsbefugnis der Aufsichtsbehörde, zur Tätigkeit der Behörde auf Beschwerde bzw. von Amtes wegen und zur Rechtsfolge der Beschwerde i.S.v. Art. 571 Abs. 2** wird auf Art. 595 N 21-24 verwiesen, die auch für die Willensvollstreckung gelten. Ergänzend wird für die Willensvollstreckung auf folgende Judikatur und Literatur hingewiesen:
– Zum **Zweck der Behördenaufsicht**: BGE 66 II 148, 150; BK-TUOR, N 28; ZK-ESCHER, N 24; BRACHER, 141; HUX, 55; DRUEY, Erbrecht, § 14 N 48;
– Zur **Kognitionsbefugnis der Aufsichtsbehörde** bzw. *formelles Vorgehen* des Willensvollstreckers vgl. ZR 1976, 264, 266; ZR 1995, 27; GVP-SG 1957, 180; Rep 1982, 368, 370; GVP-ZG 1983/84, 196; BK-TUOR, N 30; ZK-ESCHER, N 25; JOST, N 91; BRACHER, 143; PIOTET, SPR IV/1, 155; DERRER, 33-44; DRUEY, Erbrecht, § 14 N 50; bez. *fehlender Kognitionsbefugnis zum materiellen Recht* vgl. BGE 48 II 308, 311; 49 II 12, 15; 91 II 52, 56 = Pra 1965, 280; ZR 1976, 264, 265; BK-TUOR, N 30; ZK-ESCHER, N 27; BRACHER, 144; PIOTET, SPR IV/1, 155; DERRER, 30-33, 51; HUX, 56; DRUEY, Erbrecht, § 14 N 50;

– Zur **Tätigkeit der Behörde von Amtes wegen**: Diese ist bei der Willensvollstreckung im Gegensatz zur Erbschaftsverwaltung und amtlichen Liquidation teilweise umstritten, weil der Willensvollstrecker vom Erblasser, nicht von der Behörde eingesetzt wird. Zum Schutz der Erben muss sie bejaht werden (BGE 66 II 148, 150; 90 II 376, 383; gl.M. BK-TUOR, N 28; BK-TUOR/PICENONI, Art. 595 N 11; ZK-ESCHER, N 24, Art. 595 N 17; JOST, N 90; PIOTET, SPR IV/1, 155; DERRER, 15 f.; DRUEY, Erbrecht, § 14 N 49; **a.M.** BRACHER, 146; HUX, 55 FN 165). Im Gegensatz zum Erbschaftsliquidator ist der Willensvollstrecker der Behörde gegenüber *nicht* informations- und rechenschaftspflichtig.

Zur **Beschwerde aktivlegitimiert** sind nach Art. 595 Abs. 3 vorab *die Erben*. Nach den von der Praxis entwickelten Grundsätzen ist der Kreis weiter zu ziehen und umfasst alle *materiell an der Erbschaft Beteiligten* (BGE 90 II 376, 383). Jeder Berechtigte ist *einzeln* aktivlegitimiert, nämlich: 99
– der **gesetzliche oder eingesetzte Erbe** (BGE 54 II 197, 200; 66 II 148, 150). Aktivlegitimiert ist auch der provisorische Erbe vor Ablauf der Ausschlagungsfrist (ZR 1992/93, 234, 236), der bestrittene Erbe (DRUEY, Erbrecht, § 15 N 91) sowie der durch Testament ausgeschlossene Pflichtteils- oder andere gesetzliche Erbe (ZR 1986, 25, 26; zum *virtuellen* Erben vgl. ZR 1996, 103);
– der **Vermächtnisnehmer** (gl.M. BJM 1963, 203; 1990, 83 f.; BK-TUOR, N 28; JOST, N 90; PIOTET, SPR IV/1, 154; DERRER, 25; HUX, 56; **a.M.** ZR 1935, 183; ZK-ESCHER, N 25; BRACHER, 146; WETZEL, N 74 mit Literaturhinweisen);
– der **Erbschaftsgläubiger** (BGE 47 III 10, 13; gl.M. JOST, N 90; DERRER, 29; **a.M.** BK-TUOR, N 28; ZK-ESCHER, N 25; BRACHER, 146; WETZEL, N 80; HUX, 55) sowie der **Erbgangsgläubiger**;
– jeder von **mehreren Willensvollstreckern**, vgl. N 93;
– **nicht** der geschiedene Ehemann der Erblasserin und gesetzlicher Vertreter der gemeinsamen Kinder (GVP-SG 1969, 178).

Passivlegitimiert ist in jedem Falle der Willensvollstrecker selbst, da sich die Beschwerde gegen seine Tätigkeit und damit gegen ihn persönlich richtet (gl.M. BRACHER, 144; DERRER, 20). Die Passivlegitimation besteht aber nur solange, als der Willensvollstrecker im Amt ist; scheidet er aus irgendeinem Grunde aus, so kann – im Gegensatz zur Verantwortlichkeitsklage – keine Aufsichtsbeschwerde mehr gegen ihn erhoben oder weitergeführt werden (BGE 98 Ia 129, 134; gl.M. BRACHER, 144; DERRER, 101). 100

Der Willensvollstrecker selbst ist zu einer **Anfrage bei der Aufsichtsbehörde** aktivlegitimiert, um Rat oder Weisung einzuholen oder ein von ihm beabsichtigtes Geschäft genehmigen zu lassen. Die Aufsichtsbehörde sollte aber Weisungen nur in Ausnahmefällen erteilen, vgl. Art. 595 N 27 (ZR 1995, 27). Zur Unzulässigkeit einer Fristansetzung gegenüber den Erben zur eigenen Beschwerdeeinreichung (sog. «Beschwerdeprovokation») vgl. Art 595 N 34. 101

Zu den **Aufsichtsmitteln der Behörde sowie den präventiven und disziplinarischen Massregeln** wird auf Art. 595 N 28 ff. verwiesen, die auch für die Willensvollstreckung gelten. 102

Eine *vorläufige Amtseinstellung* des Willensvollstreckers kommt kaum in Frage (**a.M.** BRACHER, 142; kritisch ZR 1992/93, 172, 177). Sie würde in der Verwaltung des Nach-

Art. 518 ZGB

lasses ein Vakuum bewirken, das nur durch Bestellung eines Erbschaftsverwalters oder Erbenvertreters behoben werden könnte (gl.M. DERRER, 89 f.).

103 Die **Absetzung des Willensvollstreckers** durch die Aufsichtsbehörde ist im Gesetz nicht vorgesehen, wird von Lehre und Praxis aber grösstenteils anerkannt, obwohl der Willensvollstrecker durch den Willen des Erblassers eingesetzt wurde und die Absetzung als Eingriff in materielle Rechte betrachtet werden könnte. Der Absetzung als *ultima ratio* liegt die Auffassung zugrunde, dass der Erblasser zu Lebzeiten die Ernennung des Willensvollstreckers jederzeit widerrufen konnte und dass er – wenn er noch leben würde – bei Vorliegen schwerwiegender Umstände diesen Widerruf auch vornehmen würde (BGE 66 II 148, 150; 90 II 376, 383; ZR 1992/93, 172, 174-177; 1992/93, 234, 248; SOG 1994, 33; gl.M. ZK-ESCHER, N 20, 26a; JOST, N 91; BRACHER, 142; PIOTET, SPR IV/1, 155; DERRER, 83 ff., 90; DRUEY, Erbrecht, § 14 N 46; BREITSCHMID, AJP 1996, 92; **a.M.** GIGER, FS Heini, 132 f.). Die Absetzung ist ein schwerwiegender Eingriff in die persönliche Situation des Willensvollstreckers und eine *radikale Massnahme* für die Nachlassadministration; soweit kein Ersatzvollstrecker bezeichnet ist, führt sie zum Wegfall der Willensvollstreckung als solcher, da die Aufsichtsbehörde keinen Ersatz-Willensvollstrecker einsetzen kann. Die Behörde muss deshalb bei der Beurteilung der Umstände einen strengen Massstab anlegen und die Absetzung wirklich als *ultima ratio* betrachten (gl.M. DERRER, 90; BREITSCHMID, AJP 1996, 92).

104 Die **Absetzungsgründe** sind:
- **grobe Pflichtverletzung**, z.B. schwerwiegender Verstoss gegen testamentarische oder gesetzliche Bestimmungen (ZR 1992/93, 172, 174; BJM 1963, 203) oder Verheimlichung von Nachlassaktiven gegenüber Behörden und Miterben (RegRat LU SJZ 1965, 311).
- **Unmöglichkeit gehöriger Erfüllung**, z.B. wegen Unfähigkeit, Krankheit, Trunksucht, Zahlungsunfähigkeit/Konkurs, Landesabwesenheit, Voreingenommenheit oder fehlender Integrität (BGE 66 II 148, 150; ZR 1992/93, 172, 174; gl.M. WETZEL, N 49 f.). Die Absetzung kann somit je nach den Umständen auch *ohne Verschulden* des Willensvollstreckers gerechtfertigt sein, z.B. bei Unfall oder Krankheit.
- **Interessenkollision**. Diese hat in Lehre und Praxis eine Aufmerksamkeit gefunden, die ihr nicht zukommt. Sie ist lediglich *einer von mehreren Gründen*, die eine gehörige Erfüllung von Rechten und Pflichten des Willensvollstreckers verunmöglichen können (BGE 90 II 376, 386-89; ZR 1992/93, 172, 183-87). Die Tatsache allein, dass der Willensvollstrecker der *ehemalige Vormund* der Erblasserin (PKG 1965, 125) bzw. *Erbe oder Vermächtnisnehmer* ist, bedeutet noch keine Interessenkollision; diese muss sich in anderen Umständen manifestieren (gl.M. BRACHER, 42, 145; WETZEL, N 228 ff., 262-268, 378 ff.; DERRER, 84 f.; DRUEY, Erbrecht, § 14 N 73; BLOCH, Kann ein Willensvollstrecker, weil er eingesetzter Erbe ist, wegen Interessenkollision abgesetzt werden?, SJZ 1959, 125 f.; **a.M.** ZR 1958, 112). Als schwerwiegende, eine Absetzung rechtfertigende Umstände wurde z.B. betrachtet, dass der Willensvollstrecker gleichzeitig Erbschaftsgläubiger war (BJM 1990, 83, 87) oder dass er als Notar bei der Errichtung des erblasserischen Testamentes amtiert und dabei einen Fehler gemacht hatte (ZBJV 1944, 39).

Art. 518 ZGB

Es ist zu unterscheiden zwischen **ursprünglich vorliegenden und später auftretenden Absetzungsgründen**, z.B. fehlende Sachkenntnis/Unfähigkeit, Landesabwesenheit oder Interessenkollision. *Ursprünglich vorliegende Gründe*, insb. eine von Anfang an bestandene und dem Erblasser bei Testamentserrichtung bekannt gewesene Interessenkollision, können einen Ungültigkeitsgrund der testamentarischen Einsetzung des Willensvollstreckers darstellen (BGE 90 II 376, 384). Dieser ist nicht mit Beschwerde an die Aufsichtsbehörde, sondern durch Klage an den ordentlichen Richter geltend zu machen (LGVE 1978, 33, 35; RBOG 1989, 67) mit Berufungsmöglichkeit an das Bundesgericht, vgl. N 108. War hingegen die Interessenkollision dem Erblasser nicht bekannt oder *tritt sie erst nach seinem Tode auf*, ist sie im Beschwerdeverfahren geltend zu machen (ZBJV 1995, 36; BJM 1990, 83, 85). Dies bedeutet, dass der Berechtigte u.U. gleichzeitig beim ordentlichen Richter eine Ungültigkeitsklage und bei der Aufsichtsbehörde eine Beschwerde einreichen kann bzw. bei unklaren Verhältnissen muss (gl.M. BRACHER, 144; DERRER, 35; DRUEY, Erbrecht, § 14 N 73). 105

Die **örtliche Zuständigkeit der Behörde** ist *bundesrechtlich* durch Art. 538 Abs. 1 geregelt mit der Anknüpfung an den *letzten Wohnsitz des Erblassers*. Dies gilt auch dann, wenn die Testamentseröffnung anderswo durchgeführt wurde und/oder der Willensvollstrecker seinen Wohn-/Geschäftssitz anderswo hat (ZR 1961, 174, 175; ZR 1979, 125; AGVE 1971, 38, 40). 106

Behördenorganisation und Verfahren bestimmen sich nach *kantonalem Recht*. Dieses kann die Aufsicht einer Gerichts- oder Verwaltungsbehörde übertragen und die Verfahrensart festlegen; es kann für die Aufsicht über den Willensvollstrecker auch eine andere Behörde vorsehen als für die Mitteilung nach Art. 517 Abs. 2 (gl.M. BK-TUOR, N 29; ZK-ESCHER, N 26; JOST, N 91; BRACHER, 139; DERRER, 9; HUX, 54). 107

Zum **Beschwerdeverfahren, zur Beschwerdefrist, zur Erledigung des Beschwerdeverfahrens, zu den Rechtsmitteln und Kosten** wird auf Art. 595 N 33-37 verwiesen, die auch auf die Willensvollstreckung Anwendung finden. 108

Bei den **Rechtsmitteln** hat das BGer die Absetzung eines Willensvollstreckers infolge *ursprünglich vorhanden gewesener Interessenkollision* als Zivilrechtsstreitigkeit bezeichnet und in diesem (Ausnahme-)Fall die Berufung nach Art. 44 bzw. Art. 46 OG zugelassen (BGE 90 II 376, 385). Bei einem Gesuch um Vorlegung von Urkunden bzw. Auszahlung eines Vorschusses wurde jedoch der Charakter als Zivilrechtsstreitigkeit und damit die Berufung an das BGer verneint (BGE 82 II 555; BGE 91 II 52 = Pra 1965, 279).

XII. Verantwortlichkeit

Den Willensvollstrecker trifft für seine Tätigkeit eine **persönliche Verantwortlichkeit** zivilrechtlicher, strafrechtlicher und allenfalls beamtenrechtlicher Natur. 109

a) Die **zivilrechtliche Verantwortlichkeit** bedeutet, dass
   – der Willensvollstrecker für seine gesamte Tätigkeit einschliesslich der teilungsvorbereitenden Handlungen einer **vertragsähnlichen Verschuldenshaftung** nach Bundeszivilrecht unterliegt, deren Ausgestaltung sich in Analogie zu Art. 398 ff. OR richtet (BGE 101

Art. 518 ZGB

   II 47, 53 = Pra 1975, 501; gl.M. BK-TUOR, N 24; ZK-ESCHER, N 14; JOST, N 93; BRACHER, 153; PIOTET, SPR IV/1, 155; GUINAND, ZBGR 1976, 329; DERRER, 104; HUX, 77);
– die Vorschriften von Art. 426 über die **Haftung des Vormundes keine analoge Anwendung** finden (BGE 47 II 38, 42);
– die Haftung i.d.R. den **Willensvollstrecker persönlich** und nicht den Staat trifft (gl.M. BRACHER, 155; PIOTET, SPR IV/1, 155; DERRER, 106). Eine Ausnahme kann dort gegeben sein, wo die Willensvollstreckung durch einen Beamten durchgeführt wird, vgl. Art. 517 N 9, und für diese Tätigkeit nach *kantonalem* Recht der Staat haftet. Auch in diesen Fällen ist aber *von Bundesrechts wegen* eine kant. Staatshaftung nicht vorgeschrieben;
– eine **subsidiäre Haftung des Staates** in Frage kommen kann für fehlerhafte oder ungenügende Tätigkeit der Aufsichtsbehörde, z.B. für Verletzung der cura in custodiendo (BGE 47 II 38, 47);
– der Willensvollstrecker **nach Art. 41 ff. OR haftbar** sein kann gegenüber nicht am Nachlass Beteiligter, vgl. N 113;
– **mehrere Willensvollstrecker solidarisch** haften, soweit ihre Aufgaben vom Erblasser nicht ausdrücklich aufgeteilt worden sind, vgl. N 94;
– der Willensvollstrecker **solidarisch mit den Erben** gegenüber einem Vermächtnisnehmer für verspätete Auszahlung eines Legates haften kann (Rep 1990, 188, 190);
– für die Beurteilung der Haftungsansprüche der **ordentliche Richter** zuständig ist (Rep 1982, 368, 370);
– die Haftung des Willensvollstreckers **unabhängig ist von der administrativen/disziplinarischen** Verantwortlichkeit gegenüber der Aufsichtsbehörde; eine Disziplinarmassnahme konsumiert die zivilrechtliche Haftung nicht, vgl. Art. 595 N 35. Die Berechtigten können deshalb kumulativ beide Rechtsbehelfe geltend machen (gl.M. BRACHER, 156; DERRER, 105).

110 b) Die fehlerhafte Tätigkeit des Willensvollstreckers erfüllt allenfalls den Tatbestand der **ungetreuen Geschäftsbesorgung** nach Art. 158 StGB, der **Veruntreuung** nach Art. 138 StGB oder weitere Straftatbestände.

111 c) Ist der Willensvollstrecker Beamter oder Behördemitglied, vgl. Art. 517 N 9, zieht sein fehlerhaftes Verhalten allenfalls **Disziplinarmassnahmen** nach öffentlichem Recht nach sich.

112 Das **Ausmass der zivilrechtlichen Haftung** richtet sich nach den Anforderungen, die an den Willensvollstrecker und an die Ausübung seiner Tätigkeit gerichtet werden müssen. Das erforderliche Mass der Sorgfalt richtet sich somit nach den konkreten Umständen und nach der Praxis zu Art. 398 OR bzw. zum Arbeitsverhältnis, auf welches der Auftrag verweist. Für die Haftung des Willensvollstreckers aus dem Beizug von Hilfspersonen und Dritten gelten analog die Grundsätze von Art. 398 Abs. 3 und 399 OR. Im übrigen ist im Hinblick auf Art. 99 Abs. 2 OR zu beachten, dass die Willensvollstreckung entgeltlich ist, vgl. Art. 517 N 27 (gl.M. JOST, N 93; BRACHER, 155 f.; DERRER, 39; HUX, 79-84, 90-94). Der *Erblasser* kann testamentarisch weder die Haftung des Willensvollstreckers ausschliessen noch das Mass seiner Sorgfalt einschränken, vgl. N 11. Die Haftung des Willensvollstreckers ist jedoch wegen fehlendem Verschulden ausgeschlossen,

wenn die *Erben oder die Aufsichtsbehörde* einer von ihm beabsichtigten Handlung zugestimmt haben, vgl. N 101 (gl.M. BK-TUOR, N 24; ZK-ESCHER, N 27; BRACHER, 145).

Zu den **anspruchsberechtigten Personen** aus der vertragsähnlichen Verschuldenshaftung gehören: 113

– die **Erben**;
– die **Vermächtnisnehmer** (gl.M. BK-TUOR, N 24; JOST, N 4; BRACHER, 154; DERRER, 104; HUX, 78; **a.M.** GUINAND, ZBGR 1976, 331);
– **nicht** die **Erbschaftsgläubiger und andere Dritte**; diesen gegenüber haftet der Willensvollstrecker nur nach Art. 41 ff. OR (gl.M. BRACHER, 154; DERRER, 105; **a.M.** JOST, N 4).

Bei den Erben steht der Haftungsanspruch vor Durchführung der Erbteilung der Erbengemeinschaft gesamthaft zu (BGE 51 II 195, 199), bei den übrigen Berechtigten jedem einzeln.

Gerichtsstand für Verantwortlichkeitsansprüche ist der Wohn- bzw. Geschäftssitz des Willensvollstreckers (gl.M. ZK-ESCHER, N 14; BRACHER, 154), nicht der letzte Wohnsitz des Erblassers. Da sich die Haftung des Willensvollstreckers nach Art. 398 ff. OR richtet, vgl. N 109, gilt für die Verantwortlichkeitsansprüche i.d.R. die **zehnjährige Verjährungsfrist** von Art. 127 OR. 114

Die Sicherungsmassregeln

Vorbemerkungen zu Art. 551–559 ZGB

Literatur

AUBERT/KERNEN/SCHÖNLE, Le secret bancaire suisse, 3. Aufl. Bern 1995; BECK, Grundriss des Schweizerischen Erbrechts, 2. Aufl. Bern 1976; BLOCH, Zur Frage der Zuständigkeit über die Entschädigungsansprüche eines Willensvollstreckers und eines amtlichen Erbschaftsverwalters, SJZ 1961, 245 ff.; P. BRÜGGER, Die Sicherungsmittel der Erbschaft, Diss. Bern 1942; B. DERRER, Die Aufsicht der zuständigen Behörde über den Willensvollstrecker und den Erbschaftsverwalter, Diss. Zürich 1985; P. HERZER, Die Eröffnung von Verfügungen von Todes wegen, Diss. Zürich 1976; T. HUX, Die Anwendbarkeit des Auftragsrechts auf die Willensvollstreckung, die Erbschaftsverwaltung, die Erbschaftsliquidation und die Erbenvertretung, Diss. Zürich 1985; A. JOST, Der Willensvollstrecker, Diss. Zürich 1953; K. KAUFMANN, Die Errichtung des öffentlichen Inventars im Erbrecht, Diss. Bern 1959; KLEINER/LUTZ, Kommentar zum Bundesgesetz über die Banken und Sparkassen, 6. Nachlieferung Zürich 1993; LEIMGRUBER, Die Befugnisse des einzelnen Miterben beim Erbgang und bei der Nachlassverwaltung, Basler Studien zur Rechtswissenschaft Nr. 114, Basel 1978; H. ORTENBURGER, Die Erbbescheinigung nach Art. 559 ZGB in der kantonalen Praxis, Diss. Zürich 1972; A. OSWALD, Die Auskunftspflicht im Erbgang, Diss. Zürich 1976; PICENONI, Der Erbvertrag in Theorie und Praxis, ZBGR 1967, 257-268; PIOTET, Erbrecht, SPR IV/1 und 2, Basel 1978 und 1981; RIGGENBACH, Die Eröffnung und Mitteilung letztwilliger Verfügungen, ZSR 1946, 11-40; B. SCHNYDER, Die Eröffnung von Testament und Erbvertrag, in: BREITSCHMID (Hrsg.), Testament und Erbvertrag Bern 1991, 101-124; B. SPINNER, Die Rechtsstellung des Nachlasses in den Fällen seiner gesetzlichen Vertretung (ZGB 517, 554, 595, 602 III), Diss. Zürich 1966; E. SOMMER, Die Erbbescheinigung nach schweizerischem Recht, Diss. Zürich 1941; K. STIERLIN, Der Willensvollstrecker als Erbschaftsverwalter, Erbschaftsliquidator und Erbenvertreter, Diss. Zürich 1972; C. WETZEL, Interessenkonflikte des Willensvollstreckers, unter besonderer Berücksichtigung seines Anspruches auf Erbschaftsverwaltung gem. Art. 554 Abs. 2 ZGB, Diss. Zürich 1984; YUNG, Les droits et les devoirs de l'administrateur officiel d'une succession, SemJud 1947, 449 ff.

I. Begriff und Zweck der Sicherungsmassregeln

Die Abwicklung des Erbgangs mit Inbesitznahme, Verwaltung und Teilung der Erbschaftsgüter sowie Ausrichtung der Vermächtnisse ist nicht Sache von Behörden, sondern von *Privatpersonen*, nämlich vorab der *Erben* selbst sowie des *Willensvollstreckers* und allenfalls der *Gläubiger* mit den diesen zur Verfügung stehenden Mitteln (Art. 578, 579, 594). Die Behörden haben nur ausnahmsweise in den Erbgang einzugreifen, z.B. in der kritischen Zeit bis zur Aufnahme der Aktivitäten durch alle Erben bzw. den Willensvollstrecker oder zur Ermittlung und Bekanntgabe der erblasserischen Verfügungen von Todes wegen. Dafür hat das Gesetz ein **Instrumentarium von Sicherungsmassregeln** geschaffen, welche von der Behörde bei Vorliegen der Voraussetzungen *von Amtes wegen* durchzuführen sind.

Zweck der Sicherungsmassregeln ist nach Art. 551 Abs. 1 die Sicherung *des Erbganges*, nicht der Erbschaft (d.h. der Nachlasswerte) oder der Interessen einzelner Erben. Durch die Sicherungsmassregeln sollen erreicht werden die bestandes- und wertmässige Erhaltung des Nachlasses, die Verhinderung des Verschwindens von Vermögenswerten,

Vorbemerkungen zu Art. 551–559 ZGB

der Schutz von abwesenden oder unmündigen Erben, die Ermittlung der am Nachlass Berechtigten, die Verhinderung der Unterdrückung bzw. die Ermittlung und Bekanntgabe von Verfügungen von Todes wegen sowie der tatsächliche Übergang der Nachlassgüter auf die Erben. Die Sicherungsmassregeln bezwecken die *Erhaltung* des Nachlasses, nicht dessen Liquidation; die Behörden haben *keine liquidatorischen Funktionen*. Die Sicherungsmassregeln dienen den *am Erbgang teilnehmenden Personen* und können i.d.R. nur zugunsten von Erben, nicht aber von Vermächtnisnehmern und/oder Gläubigern erlassen werden. Die bundesrechtlichen Sicherungsmassregeln nach Art. 551-559 sind abzugrenzen von den *vorsorglichen Massnahmen des Prozessrechtes*, z.B. zur Aufrechterhaltung des tatsächlichen Zustandes in jeder Art von Prozessen, auch von erbrechtlichen.

3 Die Sicherungsmassregeln sind **zwingender Natur** für die Behörden und betroffenen Privatpersonen. Dies bedeutet, dass
– der **Erblasser** die Anordnung von Sicherungsmassregeln durch Verfügung von Todes wegen **nicht ausschliessen** kann. Immerhin kann der Erblasser – unter Vorbehalt der Rechtsmissbräuchlichkeit – einen gewissen Druck ausüben und einen Erben auf den Pflichtteil setzen bzw. ganz ausschliessen für den Fall, dass dieser Erbe bestimmte Sicherungsmassregeln beantragen sollte;
– die **Erben nicht** einzeln oder gemeinsam auf die Durchführung von Sicherungsmassregeln **verzichten** können;
– die Sicherungsmassregeln sich stets auf den **ganzen Nachlass in der Schweiz und im Ausland** beziehen (ZR 1979, 6; PKG 1991, 182, 185), nicht nur auf den Teil jenes Erben, der die Massregel beantragt hat bzw. in dessen Interesse sie durchgeführt wird.

4 Die Sicherungsmassregeln sind **Ordnungsvorschriften**. Ihre Nichteinhaltung bzw. nicht richtige Einhaltung hat *keine materielle Bedeutung* für den Erbgang oder die Rechte der Beteiligten. Insb. sind Einlieferung, Eröffnung und Mitteilung *keine Gültigkeitserfordernisse* für eine Verfügung von Todes wegen, deren Nichtbeachtung die Verfügung ungültig oder anfechtbar machen würden (BGE 53 II 210, 211; gl.M. RIGGENBACH, ZSR 1946, 32; HERZER, 25).

5 **Weitere Sicherungsbedürfnisse im Erbrecht** werden erfüllt durch Massnahmen
– des **Erblassers**: Anordnung der Willensvollstreckung, Art. 517;
– der **Erben**: Begehren um vorsorgliche Massnahmen nach Art. 598 Abs. 2 und Art. 604 Abs. 3, sowie auf Bestellung eines Erbenvertreters nach Art. 602 Abs. 3;
– der **Gläubiger**: Begehren um amtliche Liquidation nach Art. 594 und behördliche Mitwirkung bei der Teilung nach Art. 609;
– der **Vermächtnisnehmer**: Begehren um vorsorgliche Massregeln nach Art. 594 Abs. 2;
– der **Behörden**: Schaffung von Aufbewahrungsstellen für öffentliche sowie offene und verschlossene eigenhändige Verfügungen nach Art. 504 und 505 Abs. 2.

II. Behörden und Verfahren

6 Die **örtliche Zuständigkeit** der Behörde ist *bundesrechtlich* durch Art. 551 und 538 Abs. 1 geregelt mit der Anknüpfung an den *letzten Wohnsitz des Erblassers* (zu **Art. 557**: BGE 69 II 357, 364). Diese Zuständigkeit gilt für *sämtliche* Massregeln nach Art. 551-

Vorbemerkungen zu Art. 551–559 ZGB

559 wie auch für die *innerkantonale* Behördenorganisation. Abzulehnen ist die Berner Praxis betr. sog. «Erbgangsurkunden» für im Kanton BE gelegene Grundstücke eines in einem anderen Kanton wohnhaft gewesenen Erblassers (ZBGR 1992, 388).

Behördenorganisation und Verfahren bestimmen sich nach *kantonalem Recht*. Die Kantone können richterliche oder administrative Behörden bezeichnen und verschiedene Aufgaben verschiedenen Behörden übertragen, wie z.B. die Anordnung und den Vollzug von Massregeln oder die Entgegennahme und Eröffnung einer eingelieferten Verfügung. Die kant. Regelungen sind dementsprechend vielfältig und werden nachfolgend nicht behandelt. 7

Die Behörde muss nach Art. 551 Abs. 1 **von Amtes wegen** handeln, wenn die gesetzlichen Voraussetzungen vorliegen. Dies setzt Kenntnis des Erbfalles sowie der näheren Umstände voraus. Eine *Anzeigepflicht* für Beamte, Behörden oder Privatpersonen besteht nach *Bundesrecht* nicht, kann aber nach kant. Recht bestehen. Jeder Interessierte kann der Behörde den Erbfall anzeigen, aber ein *formeller Antrag* einer oder aller interessierten Person(en) ist normalerweise nicht erforderlich, ausser in den Fällen von Art. 553 Abs. 1 Ziff. 3 sowie Art. 559. 8

Die Behörde kann jedoch eine Massregel *nicht nach Ermessen* anordnen, wenn das ZBG oder das kant. Recht die Massregel als solche bzw. das Ermessen nicht vorsieht; die Behörde hat sich bei ihrem Verwaltungshandeln stets auf eine gesetzliche Grundlage abzustützen. Normalerweise hat die Behörde auch die *Bedürfnisfrage nicht zu prüfen*, sondern zu handeln, wenn die gesetzlichen Voraussetzungen erfüllt sind. Die Bedürfnisfrage und damit das Ermessen der Behörde ist lediglich bei Art. 554 Abs. 1 Ziff. 1 und Art. 556 Abs. 3 angesprochen (gl.M. PIOTET, SPR IV/2, 701; HERZER, 24; DRUEY, Erbrecht, § 14 N 79).

Die Sicherungsmassregeln – mit Ausnahme der Erbbescheinigung – sind von ihrem Zweck her grundsätzlich **Sofortmassnahmen**. Sie sind deshalb *unverzüglich* anzuordnen und zu vollziehen, sobald die Behörde bzw. bei Art. 556 der Private vom Todesfall und den gesetzlichen Voraussetzungen Kenntnis erhalten hat. 9

Die Sicherungsmassregeln werden in einem **Verfahren der freiwilligen, nichtstreitigen Gerichtsbarkeit** erlassen; dieses ist bundesrechtlich nicht geregelt und richtet sich nach kant. Recht. Die Behörde hat die Abwicklung des Erbgangs sicherzustellen, nicht aber materielles Recht zu entscheiden; das Urteil des ordentlichen Richters bleibt in jedem Falle vorbehalten. Die Behördenentscheide entfalten deshalb *keine materielle Rechtskraft* für die Rechte der am Nachlass Beteiligten, die Erbteilung oder für andere zivilrechtliche Verhältnisse. Als vorsorgliche Massnahmen können die Entscheide von der Behörde *abgeändert oder zurückgenommen* werden, wenn ihr Grund nachträglich weggefallen ist (PKG 1985, 157) oder wenn sich die Verhältnisse geändert haben. 10

Die **Rechtsmittel** richten sich vorab nach kant. Recht. Der letztinstanzliche kant. Entscheid gilt jedoch nicht als Endentscheid i.S.v. Art. 48 OG und das Verfahren bez. Sicherungsmassregeln auch nicht als Zivilrechtsstreitigkeit i.S.v. Art. 44, 46 OG. Eine *Berufung* an das BGert ist deshalb nicht möglich (zu **Art. 553**: BGE 94 II 55, 58 = Pra 1968, 346; zu **Art. 554**: BGE 84 II 324, 326; zu **Art. 556**: BGE 98 II 272, 274; zu **Art. 557**: BGE 75 II 190, 194; zu **Art. 559**: BGE 57 II 396; 91 II 177, 180; 91 II 395, 397; 118 II 108, 110). Zulässig ist aber die *Nichtigkeitsbeschwerde* an das BGer nach 11

Vorbemerkungen zu Art. 551–559 ZGB

Art. 68 OG (zu **Art. 557**: BGE 81 II 319, 323; zu **Art. 559**: BGE 91 II 177, 180; 118 II 108, 110). Zur Ergreifung eines Rechtsmittels *legitimiert* sind alle Personen, welche durch die Massregel in einem subjektiven Recht verletzt worden sind, in erster Linie die gesetzlichen und eingesetzten Erben sowie Vermächtnisnehmer (gl.M. HERZER, 140), je nach den Umständen aber auch Gläubiger und andere Dritte. Der Willensvollstrecker ist nur legitimiert, soweit es um seine Einsetzung, Stellung oder Funktion geht (zu **Art. 557**: PKG 1979, 126).

12 Mit Ausnahme der Erbbescheinigung stellen die **Kosten** der Sicherungsmassregeln eine *Erbgangsschuld* dar und sind somit vom Nachlass zu tragen. Für die Mitteilung nach Art. 558 ist dies im Gesetz ausdrücklich erwähnt und gilt analog auch für die Massnahmen nach Art. 551-557. Eine Ausnahme besteht für die Erbbescheinigung nach Art. 559. Da diese nicht von Amtes wegen auszustellen ist und im übrigen auch nicht in jedem Erbgang bzw. von jedem Erben benötigt wird, gehen ihre Kosten grundsätzlich zu Lasten des antragstellenden Erben (gl.M. ORTENBURGER, 144).

III. IPR

13 Im **internationalen Verhältnis** richten sich Zuständigkeit, anwendbares Recht sowie die Anerkennung ausländischer Massnahmen in erster Linie nach den Bestimmungen des **IPRG**, das am 1.1.1989 in Kraft getreten ist. Das IPRG hat gegenüber dem früher geltenden BG betr. die zivilrechtlichen Verhältnisse der Niedergelassenen und Aufenthalter vom 25.6.1891, NAG (BS 2, 737) erhebliche Änderungen gebracht, so dass die vor 1989 ergangene Literatur und Judikatur zu IPR-Fragen mit *Vorsicht* heranzuziehen ist. Das LugÜ ist gemäss seiner ausdrücklichen Bestimmung in Art. 1 Abs. 2 Ziff. 1 nicht anzuwenden auf das ganze Gebiet des Erbrechtes. Zu den in Art. 1 Abs. 2 IPRG vorbehaltenen **völkerrechtlichen Verträgen** wird auf Vorbem. zu Art. 517/518 N 10 verwiesen. Diese Staatsverträge sehen typischerweise eine Pflicht des Staates des Todesortes des Erblassers vor, dem Heimatstaat den Tod anzuzeigen und/oder die notwendigen Massnahmen zum Schutz des Nachlasses zu treffen.

14 Die **allgemeine Zuständigkeitsregel** ergibt sich aus Art. 86 Abs. 1 IPRG, wonach die schweizerischen Gerichte oder Behörden am *letzten Wohnsitz des Erblassers* zuständig sind. Dies gilt für einen schweizerischen oder ausländischen Erblasser mit letztem Wohnsitz in der Schweiz. Unter *Nachlassverfahren* wird die gesamte Abwicklung der Erbschaft sowie die Erbteilung selbst verstanden, einschliesslich Anordnung und Durchführung von Sicherungsmassregeln i.S.v. Art. 551-559 (gl.M. IPRG-SCHNYDER, Art. 86 N 8; **zu Art. 553/ Art. 17 Abs. 3 Staatsvertrag mit Italien**: BGE 120 II 293; **zu Art. 559**: BGE 118 II 108, 111 = Pra 1993, 723).

15 War der Erblasser **Schweizer Bürger mit letztem Wohnsitz im Ausland**, so sind die schweizerischen Gerichte oder Behörden am *Heimatort* zuständig, soweit sich die ausländische Behörde mit seinem Nachlass nicht befasst (Art. 87 Abs. 1 IPRG) oder wenn der Erblasser seinen Nachlass der schweizerischen Zuständigkeit oder dem schweizerischen Recht unterstellt hat (Art. 87 Abs. 2 IPRG). Die Gerichte oder Behörden des Heimatortes können in diesen Fällen sämtliche Sicherungsmassregeln nach Art. 551-559 erlassen (**zu Art. 554/Art. 17 Abs. 4 Staatsvertrag mit Italien**: BGE 99 II 246).

War der Erblasser **Ausländer mit letztem Wohnsitz im Ausland**, so sind die schweizerischen Gerichte oder Behörden *am Ort der gelegenen Sache* für den in der Schweiz gelegenen Nachlass zuständig, soweit sich die ausländischen Behörden damit nicht befassen (Art. 88 Abs. 1 IPRG). Diese Zuständigkeit ist weit auszulegen und schliesst sämtliche Sicherungsmassregeln von Art. 551-559 ein (gl.M. IPRG-SCHNYDER, Art. 88 N 11), einschliesslich Testamentseröffnung (ZR 1990, 7) sowie Ausstellung einer Erbbescheinigung (zum Staatsvertrag mit USA: ZR 1955, 343; zum Nachlass eines mit letztem Wohnsitz in Italien verstorbenen britischen Staatsangehörigen: ZR 1990, 7, 10; zum Nachlass eines in London verstorbenen irakischen Staatsangehörigen: ZR 1991, 289; zum Staatsvertrag zwischen der Schweiz und dem Grossherzogtum Baden vom 6.12.1856: BGE 81 II 319, 329 ff.; ZR 1969, 336).

16

Wird der **Nachlass im Ausland eröffnet** und hinterlässt der (schweizerische oder ausländische) Erblasser mit letztem Wohnsitz im Ausland **Vermögen in der Schweiz**, so ordnen die schweizerischen Behörden *am Ort der gelegenen Sache* die zum einstweiligen Schutz der *Vermögenswerte* notwendigen Massnahmen an (Art. 89 IPRG). Diese Massnahmen zum *einstweiligen Schutz der Vermögenswerte* dienen ausschliesslich der *Erhaltung von Nachlassgegenständen* und nicht dem Schutz des Erbganges als solchem (gl.M. IPRG- SCHNYDER, Art. 89 N 2 f.; IPRG-Kommentar-HEINI, Art. 89 N 2). Damit kommen lediglich in Frage die Massregeln nach Art. 551-554 (bez. Erbschaftsverwaltung gl.M. ZR 1990, 7, 10; **a.M.** A. BUCHER, DIP Bd. II, N 965). Die Massregeln von Art. 555-559 fallen hier nicht in Betracht. Hingegen können schweizerische Gerichte oder Behörden gegebenenfalls auch *vorsorgliche Massnahmen* nach Art. 10 IPRG treffen, sofern die unter Art. 89 IPRG zulässigen nicht ausreichen sollten (gl.M. IPRG-SCHNYDER, Art. 89 N 4; IPRG-Kommentar-HEINI, Art. 89 N 5). Formal bestimmen sich die Massnahmen nach dem anwendbaren kant. Recht.

17

Das **anwendbare Recht** für die *Durchführung der einzelnen Massnahmen*, namentlich der Sicherungsmassregeln nach Art. 551-559 sowie der vorsorglichen Massnahmen nach Art. 10 IPRG, richtet sich gem. Art. 92 Abs. 2 IPRG nach dem Recht am Ort der zuständigen Behörde (Eröffnungsstatut), d.h. nach schweizerischem Recht. Das auf den Nachlass anwendbare Recht (Erbstatut) ist für die Sicherungsmassregeln und vorsorglichen Massnahmen i.d.R. nicht von Bedeutung, muss aber bei der vorfrageweisen, unpräjudiziellen Prüfung materiell/erbrechtlicher Fragen herangezogen und in der Erbbescheinigung ausdrücklich erwähnt werden.

18

Die **Anerkennung ausländischer Entscheidungen, Massnahmen und Urkunden** richtet sich nach Art. 96 IPRG. Diese sehr weit gefasste Bestimmung betrifft nicht nur sichernde Massnahmen i.S.v. Art. 89 IPRG, sondern *sämtliche* Entscheidungen, Massnahmen und Urkunden, *die den Nachlass betreffen*. Dies gilt nicht nur für die Sicherungsmassnahmen i.e.S. analog zu Art. 551-554 (vgl. ZR 1989, 126; gl.M. IPRG-SCHNYDER, Art. 96 N 3; IPRG-Kommentar-HEINI, Art. 96 N 3), sondern auch für Erbenermittlung/ Erbenruf, Einlieferung/Eröffnung/Mitteilung von Verfügungen von Todes wegen sowie die Erbbescheinigung oder vergleichbare Ausweise. Nach Art. 96 Abs. 3 IPRG wird eine am ausländischen Belegenheitsort erlassene sichernde Massnahme auch dann anerkannt, wenn die ausländische Behörde sonstwie nicht zuständig ist (gl.M. IPRG-SCHNYDER, Art. 96 N 6; IPRG-Kommentar-HEINI, Art. 96 N 18; A. BUCHER, DIP Bd. II, N 997).

19

Art. 551 ZGB

Art. 551 ZGB

A. Im allgemeinen

¹ Die zuständige Behörde am letzten Wohnsitze des Erblassers hat von Amtes wegen die zur Sicherung des Erbganges nötigen Massregeln zu treffen.

² Solche Massregeln sind insbesondere in den vom Gesetze vorgesehenen Fällen die Siegelung der Erbschaft, die Aufnahme des Inventars, die Anordnung der Erbschaftsverwaltung und die Eröffnung der letztwilligen Verfügungen.

³ Ist ein Erblasser nicht an seinem Wohnsitze gestorben, so macht die Behörde des Sterbeortes derjenigen des Wohnortes hievon Mitteilung und trifft die nötigen Massregeln zur Sicherung der Vermögenswerte, die der Erblasser am Orte des Todes hinterlassen hat.

A. En général

¹ L'autorité compétente du dernier domicile du défunt est tenue de prendre d'office les mesures nécessaires pour assurer la dévolution de l'hérédité.

² Ces mesures sont notamment, dans les cas prévus par la loi, l'apposition des scellés, l'inventaire, l'administration d'office et l'ouverture des testaments.

³ Si le défunt est décédé hors de son domicile, l'autorité du lieu du décès communique le fait à celle du domicile et prend les mesures nécessaires pour assurer la conservation des biens qui se trouvent dans sons ressort.

A. In genere

¹ L'autorità competente dell'ultimo domicilio del defunto deve prendere le misure necessarie a salvaguardia della devoluzione della eredità.

² Queste misure sono particolarmente, nei casi previsti dalla legge, l'apposizione dei sigilli, l'inventario, la nomina di un amministratore e la pubblicazione dei testamenti.

³ Se il defunto non è morto nel luogo di suo domicilio, l'autorità del luogo dove è morto comunica il caso a quella del domicilio e prende le misure necessarie per la conservazione dei beni lasciati dal defunto nella sua giurisdizione.

Literatur

Vgl. die Literaturhinweise zu den Vorbem. zu Art. 551–559 ZGB.

I. Massregeln und Verfahren

1 **Zweck der Bestimmung** ist die *Sicherung des Erbganges*, nicht des Nachlasses oder der Interessen einzelner Erben. Die Behörde hat *von Amtes wegen zu handeln* und die zur Sicherung des Erbganges *nötigen Massregeln* anzuordnen, d.h. die unter den gegebenen Umständen *richtige(n) von verschiedenen*, vom Gesetz vorgesehenen Massnahmen. Die Behörde hat i.d.R. kein Ermessen und deshalb nicht zu prüfen, ob sie eine bestimmte Massregel *aus ihrer Sicht als erforderlich* betrachte. Die Bedürfnisfrage bzw. das Ermessen stellt sich lediglich bei Art. 554 Abs. 1 Ziff. 1 und Art. 556 Abs. 3.

2 Massregeln sind zu ergreifen in den **vom Gesetz vorgesehenen Fällen**. Gemeint ist in dieser *Generalklausel* von Art. 551 nicht nur die Bundesgesetzgebung, sondern auch die vom Bundeszivilrecht vorbehaltene kant. Gesetzgebung, normalerweise das kant. EGZGB oder die ZPO (gl.M. PIOTET, SPR IV/2, 702). Die *Spezialklausel* von Art. 554 Abs. 1 Ziff. 4 hingegen meint nur das ZGB, vgl. Art 554 N 17. Für jede Massregel als Verwaltungshandlung der Behörde muss eine gesetzliche Grundlage vorhanden sein; die

Behörde kann nicht nach freiem Ermessen irgendwelche gutscheinenden Massregeln anordnen.

Art. 551 Abs. 2 nennt vorab die Siegelung (Art. 552), die Inventaraufnahme (gemeint ist das Sicherungsinventar nach Art. 553 und nicht das öffentliche Inventar nach Art. 580-92), die Erbschaftsverwaltung (gemeint ist die Sicherungsverwaltung nach Art. 554 und nicht die amtliche Liquidation nach Art. 595) sowie die Eröffnung der letztwilligen Verfügungen (Art. 557). Das Wort *insbesondere* macht aber klar, dass diese Liste nur Bsp. enthält und *nicht abschliessend* ist (Rep 1987, 205). Neben den anderen, im Gesetz vorgesehenen Massregeln (Art. 555, 556, 559) sind **noch weitere Massnahmen zulässig**, die nach Auffassung der Behörde «nötig», d.h. der Sicherung des Erbganges dienlich sein können. Möglich ist z.B. der Notverkauf einer Sache, die Inbesitznahme und Hinterlegung von Geld, Wertpapieren oder Schriften bei einer Bank, die Bewachung eines Grundstückes oder einer Geschäftseinrichtung, die Ernennung eines Leiters für einen kommerziellen Betrieb (gl.M. PIOTET, SPR IV/2, 702), ein Verfügungsverbot über Gesellschaftsaktiven an den einzigen Verwaltungsrat einer vermutlich zum Nachlass gehörenden Aktiengesellschaft (Rep 1987, 205) oder die vorübergehende, aufsichtsrechtliche Einschränkung der Kompetenzen eines Willensvollstreckers (BJM 1965, 80, 82; gl.M. BK-TUOR, Art. 517 N 10).

3

Zu **örtlicher Zuständigkeit, Behörde, Verfahren, Rechtsmittel und Kosten** vgl. Vorbem. zu Art. 551-559 N 6-12.

4

II. Massnahmen am Sterbeort

Abs. 3 enthält eine Ergänzung der allgemeinen Zuständigkeitsordnung. Die Behörde am letzten Wohnsitz ist und bleibt zuständig für die *allgemeinen* Sicherungsmassregeln, währenddem die **Behörde des Sterbeortes** bei Bedarf von sich aus die nötigen Massregeln zur Sicherung der *am Sterbeort hinterlassenen* Vermögenswerte zu treffen hat. Die Behörde des Sterbeortes hat lediglich die unter den gegebenen Umständen in ihrem Einflussbereich erforderlich scheinenden *Sofortmassnahmen* zu treffen und im übrigen der Behörde des letzten Wohnortes Mitteilung vom Tod zu machen (Art. 120 Abs. 1 Ziff. 2 ZStV). Sie kann auch auf dem Rechtshilfeweg von der Behörde des letzten Wohnsitzes mit der Durchführung *weiterer Massnahmen* am Sterbeort beauftragt werden, die sie selbst nicht als *nötig* i.S. des Gesetzes erachtet hat. Abs. 3 befasst sich nur mit Vermögenswerten, die der Erblasser am *Sterbeort* hinterlassen hat, z.B. Geld, Schriften, andere Mobilien oder ein Ferienhaus. Aktiven an *anderen Orten* werden von dieser Bestimmung nicht erfasst und fallen unter die Sicherungsmassregeln, welche die Behörde am letzten Wohnsitz erlässt und allenfalls durch Rechtshilfe von der zuständigen Behörde der gelegenen Sache vollstrecken lassen muss.

5

Art. 552 ZGB

B. Siegelung der Erbschaft
Die Siegelung der Erbschaft wird in den Fällen angeordnet, für die das kantonale Recht sie vorsieht.

B. Apposition des scellés
Les scellés sont apposés dans les cas prévus par la législation cantonale.

B. Apposizione dei sigilli
L'apposizione dei sigilli può essere ordinata nei casi previsti dal diritto cantonale.

Literatur

Vgl. die Literaturhinweise zu den Vorbem. zu Art. 551–559 ZGB.

I. Begriff und Zweck

1   Siegelung bedeutet **Anlegung eines Amtssiegels** durch einen Behördevertreter an Nachlassgegenständen, am Behältnis, in welchem sie liegen, oder am Möbel bzw. Raum, in dem sie sich befinden. Die Siegelung stellt normalerweise die Vorbereitung für das nachfolgende Sicherungsinventar nach Art. 553 dar. Bundesrechtlich handelt es sich aber um zwei *voneinander unabhängige Massnahmen*, die je einzeln angeordnet werden können. Von der *erbrechtlichen* Siegelung nach Art. 552 zu unterscheiden ist die *prozessuale* Siegelung. So können die Kantone in ihrer Gesetzgebung, zumeist in der ZPO, die Siegelung von Gegenständen zur Aufrechterhaltung des tatsächlichen Zustandes oder zur Sicherung von Steuerforderungen vorsehen.

2   **Zweck der Siegelung** ist die Sicherung gegen tatsächliche Veränderung des Nachlassbestandes durch Erben oder Dritte, also gegen Wegnahme, Veränderung, Zerstörung, Verbergung, Verschleppung etc. (ZR 1984, 46, 49; RJN 1986, 49, 51). Durch die Anbringung des Amtssiegels wird jedermann der Zugang zu den bzw. die Verfügung über die fraglichen Gegenstände untersagt, womit tatsächliche Verfügungshandlungen über Erbschaftssachen oder Veränderung ihres Zustandes verhindert werden sollen. Die Siegelung einer Immobilie als solcher wird wegen fehlender Gefahr tatsächlicher Veränderungen kaum in Frage kommen (ZR 1984, 46, 49), sofern nicht darin befindliche Mobilien gesichert werden müssen. In einem besonderen Fall wurde die Siegelung einer einzelnen, Gegenstand eines Vermächtnisses bildenden Sache auf Verlangen des Vermächtnisnehmers als zulässig betrachtet (BGer, SemJud 1992, 88). Die Siegelung kann auch bei Vorhandensein eines *Willensvollstreckers* angeordnet werden, vgl. Art. 518 N 90 (ZR 1984, 46, 49; **a.M.** ZK- Escher, N 2; Jost, N 33).

3   Der **Siegelbruch** ist nach Art. 290 StGB ein **strafrechtliches Delikt**. Er kann evtl. auch nach kant. Verwaltungsstrafrecht geahndet werden (BGE 45 I 55; gl.M. Piotet, SPR IV/2, 702; Druey, Erbrecht, § 14 N 81).

4   Wo eine eigentliche Siegelung nicht möglich oder nicht tunlich ist, kann z.B. die behördliche Verwahrung von Schlüsseln zu Räumen oder Behältnissen, die Sperrung von Guthaben und Depots, die Bewachung von Grundstücken oder Geschäftsräumlichkeiten etc. angeordnet werden (gl.M. Piotet, SPR IV/2, 702; Druey, Erbrecht, § 14 N 82).

Solche Anordnungen werden gelegentlich als «**Ersatzmassnahmen**» für die Siegelung bezeichnet, fallen aber richtigerweise unter die *weiteren Massnahmen*, vgl. Art. 551 N 3.

Das Gesetz spricht von der Siegelung *der Erbschaft*. Richtigerweise kann aber die Siegelung nur im **Gewahrsam des Erblassers** befindlich gewesene *Mobilien* umfassen. Dies bedeutet, dass unbestrittenermassen zum Nachlass gehörende Gegenstände *im Fremdbesitz* wie z.B. vermietete oder ausgeliehene Gegenstände *nicht* gesiegelt werden können, wohl aber Gegenstände *im Gewahrsam des Erblassers*, die von Dritten zu Eigentum angesprochen werden (gl.M. ZK-Escher, N 1; Piotet, SPR IV/2, 702). Die Siegelung schliesst lediglich die tatsächliche, nicht aber die *rechtliche Verfügungsmacht* aus. So kann der Eigentümer eines gesiegelten Gegenstandes ein rechtsgültiges Verpflichtungsgeschäft darüber abschliessen oder durch Besitzkonstitut darüber verfügen (gl.M. PIOTET, SPR IV/2, 702).

II. Anwendungsfälle

Das ZGB kennt **keine bundesrechtlichen Anwendungsfälle** für Durchführung der Siegelung, sondern überlässt diese Materie vollumfänglich den Kantonen. Die kant. Ordnungen sind teilweise von den Entwürfen zum ZGB beeinflusst, welche bundesrechtliche Siegelungsfälle vorgesehen hatten ähnlich wie jene für das Inventar nach Art. 553 Abs. 1 Ziff. 1-3. Zu den **kantonalen Anwendungsfällen** vgl. ZK-Escher, N 3 sowie BK-Tuor/Picenoni, N 4 ff.

III. Verfahren

Zu **örtlicher Zuständigkeit, Behörde, Verfahren, Rechtsmittel und Kosten** vgl. Vorbem. zu Art. 551-559 N 6-12.

Die Siegelung kann auf Verlangen eines *einzigen Erben* verlangt werden, wobei im Hinblick auf den Sicherungszweck der Begriff des Erben weit zu fassen ist, vgl. Art. 553 N 7. Die Durchführung der Siegelung *nach* Erstellung des Inventars gemäss Art. 553 dürfte jedoch ausgeschlossen sein (RJN 1986, 49, 51). Ebenso ist die Siegelung unzulässig, wenn bereits eine Erbbescheinigung ausgestellt worden ist (Rep 1984, 323).

Die **Auskunftspflicht von Erben und Dritten** gegenüber der Siegelungsbehörde ist gleich wie beim Sicherungsinventar, vgl. Art. 553 N 14. Allerdings dürfte die Auskunftspflicht von Dritten in der Praxis eine geringe Rolle spielen, da die Siegelung keine Gegenstände im Fremdbesitz erfasst.

Die **Beendigung** der Siegelung ergibt sich aus ihrem Zweck. Da sie üblicherweise der Vorbereitung des Inventars nach Art. 553 dient, *fällt sie dahin* mit dem Abschluss des Inventars (ZR 1929, 184; RJN 1986, 49, 51). Wird kein Sicherungsinventar errichtet, so hat die Behörde die Siegelung von Amtes wegen *zu widerrufen*, wenn der dem (kant. geregelten) Anwendungsfall entsprechende Sicherungszweck erfüllt ist.

Art. 553 ZGB

Art. 553 ZGB

C. Inventar

¹ Die Aufnahme eines Inventars wird angeordnet:
1. wenn ein Erbe zu bevormunden ist oder unter Vormundschaft steht;
2. wenn ein Erbe dauernd und ohne Vertretung abwesend ist;
3. wenn einer der Erben sie verlangt.

² Sie erfolgt nach den Vorschriften des kantonalen Rechtes und ist in der Regel binnen zwei Monaten seit dem Tode des Erblassers durchzuführen.

³ Die Aufnahme eines Inventars kann durch die kantonale Gesetzgebung für weitere Fälle vorgeschrieben werden.

C. Inventaire

¹ L'autorité fait dresser inventaire:
1. Lorsqu'un héritier est ou doit être placé sous tutelle;
2. En cas d'absence prolongée d'un héritier qui n'a pas laissé de fondé de pouvoirs;
3. A la demande d'un héritier.

² L'inventaire est dressé conformément à la législation cantonale et, règle générale, dans les deux mois à compter du décès.

³ La législation cantonale peut prescrire l'inventaire dans d'autres cas.

C. Inventario

¹ La confezione dell'inventario è ordinata:
1. quando un erede trovasi o debba essere posto sotto tutela;
2. quando un erede è durevolmente assente senza rappresentante;
3. se uno degli eredi la richiede.

² Essa si eseguisce secondo le prescrizioni del diritto cantonale e deve esser compiuta, di regola, entro due mesi dalla morte del defunto.

³ La compilazione dell'inventario può essere prescritta dalla legislazione cantonale per altri casi.

Literatur

Vgl. die Literaturhinweise zu den Vorbem. zu Art. 551–559 ZGB.

I. Begriff und Zweck

1 Inventaraufnahme bedeutet **amtliche Aufzeichnung** von Zahl und Art der zum Nachlass gehörenden Vermögensstücke. Der Inventaraufnahme geht häufig als Vorbereitung eine Siegelung nach Art. 552 voran. Bundesrechtlich handelt es sich aber um zwei *voneinander unabhängige Massnahmen*, die je einzeln angeordnet werden können. Die Inventaraufnahme erstreckt sich auf den *gesamten Nachlass*, und zwar auch auf den *im Ausland liegenden* (ZR 1979, 6; PKG 1991, 182, 185), nicht nur auf den Teil, der dem Anlass zur Inventarisierung gebenden Erben mutmasslich zukommt.

2 **Zweck des Inventars** ist die *behördliche Feststellung* der beim Erbgang vorhandenen Vermögenswerte. Die Inventaraufnahme bezweckt die *Bestandesfeststellung* per Todestag, nicht die *Wertermittlung* des Nachlasses (BGE 118 II 264, 270; 120 II 293, 296; PKG 1992, 83, 85; LGVE 1979, 44). Im Gegensatz zur Siegelung nach Art. 552 beschränkt

bzw. entzieht das Inventar die *Verfügungsmacht* über die betroffenen Gegenstände *nicht*. Das Inventar kann auch bei Vorliegen eines Willensvollstreckers angeordnet bzw. verlangt werden, vgl. Art. 518 N 90 (ZR 1958, 268; 1984, 46, 48; **a.M.** JOST, N 33).

Zum **Inhalt des Inventars** wird teilweise die Meinung vertreten, es seien *Aktiven und Passiven*, auch Pfand- und Bürgschaftsverpflichtungen zu inventarisieren (z.B. ZK-ESCHER, N 3; BRÜGGER, 34; PIOTET, SPR IV/2, 703; BECK, 130). Eine *bundesrechtliche* Pflicht zur Inventarisierung von *Passiven* geht zu weit und ist *abzulehnen*. Vom Zweck der Bestandesfeststellung (nicht der Wertermittlung) her gesehen sind lediglich die Aktiven von Bedeutung (gl.M. DRUEY, Erbrecht, § 14 N 85). Diese müssen so detailliert erfasst werden, dass ihre Identität nicht zweifelhaft ist, aber weitere Angaben sind nicht erforderlich, z.B. bei Aktienpaketen keine Angaben über Organisation oder Aktiven und Passiven der Gesellschaft. Der *bundesrechtlich geregelte Inhalt* des Inventars umfasst deshalb lediglich die beim Todestag vorhandenen Aktiven, einschliesslich die eingebrachten Güter und die Errungenschaft des Verstorbenen bzw. bei Gütergemeinschaft das eheliche Gesamtgut. Nicht in das Inventar aufzunehmen sind Schenkungen und Erbvorbezüge, die der Erblasser zu Lebzeiten gewährt hat (BGE 118 II 264, 270; 120 II 293, 296; PKG 1992, 83, 85; 1994, 151; **a.M.** ZR 1970, 11). Umstrittene Aktiven (und allenfalls Passiven), deren Zugehörigkeit zum Nachlass nicht klar feststeht, sind *unter Vorbehalt* in das Inventar aufzunehmen (BGE 118 II 264, 272; PKG 1986, 148, 150). Aufgrund von Abs. 2 kann jedoch das *kantonale Recht* vorschreiben, dass auch Passiven und/oder lebzeitige Schenkungen und Erbvorbezüge inventarisiert werden müssen. Zu Inhalt und Umfang des Inventars nach kantonal-zürcherischem Recht vgl. den sehr detaillierten Entscheid ZR 1970, 13. 3

Eine **Schätzung der Vermögenswerte** ist im Hinblick auf den Zweck des Inventars weder erforderlich noch *bundesrechtlich* vorgeschrieben, im Gegensatz zum öffentlichen Inventar nach Art. 581 Abs. 1, welches dem Erben ein klares Bild von den *Nettoaktiven* verschaffen soll (BGE 118 II 264, 270; gl.M. PIOTET, SPR IV/2, 703; **a.M.** BECK, 130). Aufgrund von Abs. 2 kann hingegen das *kantonale Recht* eine Schätzung vorschreiben. Zur Rechtswirkung solcher Schätzungen vgl. N 16. 4

Die Aufnahme eines **Steuerinventars** ist *bundesrechtlich* nach Art. 154-159 DBG in allen Nachlassfällen zwingend vorgeschrieben, ausser wenn angenommen werden muss, *dass kein Vermögen vorhanden ist* (Art. 154 Abs. 2 DBG). Das DBG sowie die dazugehörige InvV enthalten sehr detaillierte Vorschriften über Umfang, Inhalt und Verfahren dieses Steuerinventars, welches auch die *Schulden* des Erblassers (Art. 16*l*, Art. 22 InvV), *nicht aber eine Schätzung* der Vermögenswerte zu enthalten hat. Es wird aufgenommen von der durch den Kanton bezeichneten Amtsstelle (Art. 4 InvV), normalerweise einer Steuerbehörde. Nach Art. 3 InvV ist dem Bundes-Steuerinventar *gleichgestellt* das Sicherungsinventar nach Art. 553 oder das öffentliche Inventar nach Art. 580 ff., welche durch die Steuer-Inventarbehörde nötigenfalls noch zu ergänzen sind. Auch die *Kantone* schreiben i.d.R. die Aufnahme eines Steuerinventars in Nachlassfällen vor. Dieses *kann* nach der kant. Gesetzgebung mit dem Sicherungsinventar nach Art. 553 zusammenfallen (vgl. BJM 1966, 145), muss aber nicht. Fallen die Inventare zusammen, so werden allfällig vorgeschriebene Schätzungen der Vermögenswerte üblicherweise zu Steuerwerten vorgenommen, die aber zivilrechtlich für die Erbteilung nicht von Bedeutung sind. 5

6 Das Sicherungsinventar nach Art. 553 ist **identisch** mit dem Nacherbeninventar nach Art. 490 Abs. 1 (ZR 1987, 75; gl.M. BRÜGGER, 42; LEIMGRUBER, 17), aber es ist **klar zu unterscheiden** von anderen gesetzlich vorgesehenen Erbschaftsinventaren, insb. vom öffentlichen Inventar nach Art. 580 ff. (PKG 1989, 215), vom amtlichen Liquidationsinventar nach Art. 595 Abs. 2 sowie von den Steuerinventaren, vgl. N 5. Das Sicherungsinventar ist auch *nicht* Teilungsinventar und bildet *keine Basis* für die spätere Erbteilung (BGE 118 II 264, 270; 120 II 293, 296).

II. Anwendungsfälle Bundesrecht

7 In allen Fällen genügt, wenn **ein einziger Erbe** die gesetzlichen Voraussetzungen erfüllt bzw. das Begehren stellt. Im Hinblick auf den Sicherungszweck ist der Begriff des *Erben weit zu fassen*. Darunter fallen gesetzliche und eingesetzte Erben, einschliesslich der *provisorische* Erbe vor Ablauf der Ausschlagungsfrist und der bestrittene Erbe (DRUEY, Erbrecht, § 15 N 91), der *virtuelle* Erbe, d.h. der testamentarisch vollständig übergangene Pflichtteilserbe (vgl. dazu ZR 1996, 103) sowie der nicht pflichtteilsberechtigte, von der Erbfolge ausgeschlossene gesetzliche Erbe (ZR 1958, 268, 271; RegRat SG SJZ 1966, 78; RJN 1986, 49, 51; kritisch PIOTET, SPR IV/2, 704).

8 **Ziff. 1**: Gemeint sind die **Bevormundungsfälle** von Art. 368 bis 372. Ein unmündiger Erbe fällt somit nur darunter, wenn er nicht unter der elterlichen Gewalt eines oder beider Eltern steht. In besonderen Fällen kann Ziff. 1 auch auf einen verbeiständeten Erben Anwendung finden, so z.B. in den Fällen von Art. 392 Ziff. 1 und 393 Ziff. 2 (JdT 1983 III 114, 117).

9 **Ziff. 2**: Diese Bestimmung regelt den Fall, dass ein *bestimmter Erbe bekannt*, aber **dauernd vertretungslos abwesend** ist; herrscht Ungewissheit, ob der Erblasser *überhaupt Erben hinterlassen habe*, findet Art. 555 Anwendung. *Dauernde Abwesenheit* bedeutet nicht bloss zeitweilige, vorübergehende Abwesenheit, sondern eine zumindest längerdauernde (frz. *prolongée*). Nicht erforderlich sind die Voraussetzungen für die Verschollenerklärung nach Art. 35 wie Verschwinden in hoher Todesgefahr oder lange Nachrichtenlosigkeit. Ebenso ist nicht erforderlich, dass der Aufenthaltsort des Erben unbekannt sein muss; es genügt, wenn der Erbe tatsächlich abwesend ist und wegen besonderer Umstände nicht zur Bestellung eines Vertreters erreicht werden kann. *Ohne Vertretung* abwesend bedeutet ohne *gewillkürten oder gesetzlichen* Vertreter mit entsprechender Kompetenz, die Erbschaftsangelegenheiten des Abwesenden zu besorgen. Der frz. Text ist ungenau, indem er den gesetzlichen Vertreter auszuschliessen scheint. Die beiden Voraussetzungen müssen *kumulativ* erfüllt sein. Die Bedürfnisfrage, ob der abwesende Erbe den Schutz auch wirklich benötigt, ist hingegen nicht zu prüfen.

10 **Ziff. 3**: Das **Begehren eines Erben** kann von jedem einzeln gestellt und muss gegenüber der Behörde nicht begründet werden. Die Behörde hat das Inventar auch durchzuführen, wenn sie allfällig bekanntgegebene Gründe nicht als stichhaltig betrachtet. Zur Stellung eines Inventarbegehrens berechtigt sind alle Erben gem. N 7 sowie eine durch Testament errichtete Stiftung (SJZ 1928/29, 253), der auf den Überrest eingesetzte Nacherbe (ZR 1970, 8, 12) sowie der nach Art. 473 nutzniessungsberechtigte Ehegatte.

Nicht berechtigt zur Stellung des Inventarbegehrens sind Vermächtnisnehmer sowie Erbschafts- und Erbgangsgläubiger.

III. Kantonale Anwendungsfälle

Gemäss Abs. 3 sind die Kantone befugt, die **Inventaraufnahme für weitere Fälle** vorzuschreiben. Zu den kant. Regelungen vgl. die Listen bei ZK-ESCHER, N 13 und BK-TUOR/PICENONI, N 4 f. Liegt ein Inventar nach Art. 553 vor, ist ein Kanton nicht berechtigt, bei der Mitwirkung der kant. Teilungsbehörde nach Art. 609 Abs. 2 die Aufnahme eines *weiteren* Inventars vorzuschreiben (BGE 62 II 129, 131 betr. Kt. SH). 11

IV. Verfahren

Zu **örtlicher Zuständigkeit, Behörde, Verfahren, Rechtsmittel und Kosten** vgl. Vorbem. zu Art. 551-559 N 6-12. 12

Da mit einer allfällig vorgenommenen Schätzung der Vermögenswerte keine zivilrechtlichen Folgen verbunden sind, vgl. N 16, besteht *kein praktisches Interesse* eines Beteiligten an einem Rechtsmittel im Verfahren um tiefere Bewertungen. Eine staatsrechtliche Beschwerde in einem solchen Verfahren ist deshalb nicht möglich (BGE 120 Ia 258).

Das Gesetz sieht keine **Frist** zur *Stellung des Begehrens* nach Ziff. 3 vor, dagegen eine zweimonatige Frist zur *Durchführung des Inventars* seit dem Tod des Erblassers. Diese Zweimonatsfrist gilt als Ordnungsfrist und bedeutet vorab, dass das Inventar als Sicherungsmassregel *beförderlich* aufzunehmen ist (PKG 1992, 83, 84). Als Ordnungsfrist steht sie einer späteren Inventaraufnahme grundsätzlich nicht im Weg (ZR 1958, 268, 271; gl.M. PIOTET, SPR IV/2, 704), aber die Behörde hat ein gewisses Ermessen und kann ein offensichtlich verspätetes Begehren ablehnen, so z.B. wenn bereits eine partielle Erbteilung gemacht und die Ausschlagungsfrist verwirkt ist (PKG 1988, 185, 187; wohl auch ZR 1970, 13, 18). 13

Die **Auskunftspflicht** *der Erben* gegenüber der Inventarbehörde besteht im gleichen Ausmass, wie die Erben nach Art. 607 Abs. 3 und 610 Abs. 2 einander selbst auskunftspflichtig sind (BGE 118 II 264, 268; gl.M. PIOTET, SPR IV/2, 704; OSWALD, 21). Die Auskunftspflicht *Dritter* gegenüber der Inventarbehörde war früher umstritten, weil sie abweichend von Art. 581 Abs. 2 im Gesetz nicht ausdrücklich erwähnt ist. Heute wird sie aus Analogie zu Art. 581 Abs. 2 bejaht und erstreckt sich auf die Vermögensverhältnisse des Erblassers *zum Zeitpunkt des Todes*, nicht jedoch auf lebzeitige Vorgänge (BGE 118 II 264, 268; ZR 1939, 181, 183; gl.M. OSWALD, 103; KLEINER/LUTZ, Art. 47 N 33 mit weiteren Literaturangaben; AUBERT/KERNEN/SCHÖNLE, 318; mit Einschränkungen PIOTET, SPR IV/2, 704; kritisch BREITSCHMID, AJP 1993, 730, bez. Ausschluss lebzeitiger Vorgänge mit Hinweis auf BGer, Rep 1993, 127). Das kant. Recht kann das Recht der Behörde zur Vornahme von Nachforschungen und Zeugeneinvernahmen vorsehen (PKG 1990, 172, 174; 1991, 182, 185), das Auskunftsrecht Dritter speziell regeln und/oder auch andere Zwangsmassnahmen vorsehen (BGE 118 II 264, 269). 14

Im Hinblick auf Art. 568 ist allen Erben vom **Abschluss des Inventars** Kenntnis zu geben. Dies bedeutet, dass die Erben über Durchführung und Abschluss des Inventars *zu* 15

Art. 554 ZGB

orientieren sind, aber es ist ihnen nicht notwendigerweise eine Abschrift des Inventars zuzustellen. Durch die Kenntnisgabe erhalten sie jedoch das Recht, das abgeschlossene Inventar bei der Behörde einzusehen.

16 Die **Rechtswirkungen** des Inventars sind die folgenden:
- **jederzeitige Abänderbarkeit** durch die Behörde, wenn es sich als unrichtig oder unvollständig herausstellen sollte (BLVGE 1991, 116);
- **Ingangsetzung der Ausschlagungsfrist** nach Art. 568 mit dem Abschluss des Inventars, sofern die Frist bei Inventarabschluss nicht bereits abgelaufen ist (BVR 1992, 161, 162);
- **keine Verlängerung** der einmonatigen Frist von Art. 580 Abs. 2 für das Begehren auf Erstellung des öffentlichen Inventars (PKG 1988, 192);
- **keine präjudizielle Wirkung** für ein allfällig nachfolgendes öffentliches Inventar, welches in einem spezifisch vorgeschriebenen Verfahren aufgenommen werden muss;
- **keine materielle Wirkung** für die nachfolgende Erbteilung oder für andere zivilrechtliche Verhältnisse; bez. materiell-rechtlicher Fragen ist in jedem Fall die Entscheidung des ordentlichen Richters vorbehalten;
- **keine Vermutung**, dass die darin aufgeführten Aktiven tatsächlich zum Nachlass gehören bzw. nicht aufgeführte Aktiven nicht zum Nachlass gehören. Die Nichtaufnahme einer zum Nachlass gehörenden Forderung hat auch nicht deren zivilrechtliche Verwirkung zur Folge (BLVGE 1991, 116);
- **keine Vermutung**, dass die im Inventar aufgeführten Passiven nach Bestand und Umfang richtig sind. Im Gegenteil können die Erben gegenüber einander wie auch gegenüber Dritten inventarisierte Schulden später bestreiten (PKG 1979, 125; BLVGE 1991, 116);
- **keine zivilrechtlichen Folgen** einer allfällig im Inventar enthaltenen Schätzung der Vermögenswerte (BGE 120 Ia 258);
- **keine Verbindlichkeit** für die nachfolgende Erbteilung, auch nicht von im Inventar enthaltenen Schätzungen. Das Inventar dient nicht der Berechnung der Erb- und Pflichtteile und kann nicht Grundlage für die Erbteilung bilden (BGE 120 II 293, 296; PKG 1979, 125).

Art. 554 ZGB

D. Erbschaftsverwaltung
I. Im allgemeinen
¹ Die Erbschaftsverwaltung wird angeordnet:
1. wenn ein Erbe dauernd und ohne Vertretung abwesend ist, sofern es seine Interessen erfordern;
2. wenn keiner der Ansprecher sein Erbrecht genügend nachzuweisen vermag oder das Vorhandensein eines Erben ungewiss ist;
3. wenn nicht alle Erben des Erblassers bekannt sind;
4. wo das Gesetz sie für besondere Fälle vorsieht.
² Hat der Erblasser einen Willensvollstrecker bezeichnet, so ist diesem die Verwaltung zu übergeben.
³ Stirbt eine bevormundete Person, so liegt, wenn keine andere Anordnung getroffen wird, die Erbschaftsverwaltung dem Vormunde ob.

D. Administration d'office de la succession
I. En général
¹ L'autorité ordonne l'administration d'office de la succession:
1. En cas d'absence prolongée d'un héritier qui n'a pas laissé de fondé de pouvoirs, si cette mesure est commandée par l'intérêt de l'absent;
2. Lorsque aucun de ceux qui prétendent à la succession ne peut apporter une preuve suffisante de ses droits ou s'il est incertain qu'il y ait un héritier;
3. Lorsque tous les héritiers du défunt ne sont pas connus;
4. Dans les autres cas prévus par la loi.
² S'il y a un exécuteur testamentaire désigné, l'administration de l'hérédité lui est remise.
³ Si une personne sous tutelle vient à mourir, le tuteur administre la succession, à moins qu'il n'en soit ordonné autrement.

D. Nomina di amministratore
I. In genere
¹ L'amministrazione dell'eredità è ordinata:
1. se un erede è durevolmente assente senza rappresentante, in quanto i suoi interessi lo richiedano;
2. se nessuno dei pretendenti può sufficientemente giustificare i suoi diritti ereditari e quando sia incerta l'esistenza di un erede;
3. se non sono conosciuti tutti gli eredi;
4. nei casi particolari previsti dalla legge.
² Se il defunto ha nominato un esecutore testamentario l'amministrazione dell'eredità è affidata ad esso.
³ In caso di morte di una persona sotto tutela, il tutore assume l'amministrazione dell'eredità fino a che non sia altrimenti provveduto.

Inhaltsübersicht

I.	Begriff und Zweck	1
II.	Rechtliche Natur und Stellung des Erbschaftsverwalters	3
III.	Anwendungsfälle	6
	1. Allgemeines	6
	2. Dauernde Abwesenheit (Ziff. 1)	8
	3. Kein genügender Ansprecher/Vorhandensein eines Erben ungewiss (Ziff. 2)	10
	4. Nicht alle Erben bekannt (Ziff. 3)	13
	5. Besondere gesetzliche Fälle (Ziff. 4)	17
IV.	Verfahren	18
V.	Ernennbare Personen	21
	1. Allgemeines	21
	2. Der Willensvollstrecker als Erbschaftsverwalter	24
	3. Der Vormund als Erbschaftsverwalter	28
VI.	Beginn und Ende	29
VII.	Vergütung	33
VIII.	Rechte und Pflichten des Erbschaftsverwalters	35
IX.	Prozessuale Stellung des Erbschaftsverwalters	50
X.	Rechte der Erben	58
XI.	Behördenaufsicht	61
XII.	Verantwortlichkeit	67

Art. 554 ZGB

Literatur

Vgl. die Literaturhinweise zu den Vorbem. zu Art. 551–559 ZGB.

I. Begriff und Zweck

1   Der **Begriff Erbschaftsverwaltung** bedeutet *temporäre Übertragung der Besitz-, Verwaltungs- und Verfügungsrechte* am Nachlass auf einen behördlich bestellten, unabhängigen Verwalter, während welcher die entsprechenden Rechte der Erben sistiert sind. Sie findet Anwendung, wenn nicht alle Miterben gesamthänderisch tätig werden können oder der Erbschaft aus anderen Gründen eine Gefährdung droht. Die Erbschaftsverwaltung ist die umfassendste Sicherungsmassregel der Art. 551-555; sie ist *rechtlich selbständig* und damit unabhängig von einer evtl. vorangehenden Siegelung oder Inventaraufnahme, aber ihr folgt i.d.R. der Erbenruf nach Art. 555. Die Erbschaftsverwaltung ist *abzugrenzen* von der Willensvollstreckung Art. 517/518, der amtlichen Liquidation Art. 593-597 und der Erbschaftsvertretung Art. 602 Abs. 3. Die Institute gleichen sich in verschiedenen Punkten, weisen aber auch deutliche Unterschiede auf, insb. bez. Art der Anordnung, Inhalt/Ausmass der Aufgabe, Stellung gegenüber den Erben sowie Rechtswirkungen.

2   Zweck der Erbschaftsverwaltung ist die Erhaltung und Sicherung des Nachlasses in Bestand und Wert sowie die Vornahme von unaufschiebbaren Verwaltungs- und ggf. Verfügungshandlungen. Insbesondere soll sie verhindern, dass unberechtigte Erben oder Dritte sich der Erbschaft bemächtigen, dass Erbschaftsaktiven zum Nachteil der unbekannten bzw. nicht erreichbaren Erben verschwinden (ZR 1985, 222) oder dass unaufschiebbare Handlungen unterbleiben und die Berechtigten wirtschaftliche oder rechtliche Nachteile erleiden. Sie bezweckt in erster Linie die Wahrung der Erbeninteressen, dient aber i.w.S. auch den Erbengläubigern und den Erbschaftsgläubigern (gl.M. HUX, 125). Die Erbschaftsverwaltung ist konservatorischer Natur (BGE 47 II 38, 41; 54 II 197, 200) und bezweckt nicht die Vornahme von Liquidationshandlungen, Versilberung von Vermögenswerten oder Überführung der Erbschaft in einen teilungsfähigen Zustand.

II. Rechtliche Natur und Stellung des Erbschaftsverwalters

3   Die **materiellen Fragen der Erbschaftsverwaltung**, einschliesslich Rechtsnatur sowie Ausmass von Rechten und Pflichten des Erbschaftsverwalters, sind durch **Bundeszivilrecht** geregelt (JdT 1963 II 34, 40). Kantonales Recht regelt nur Behördenorganisation und Verfahren, vgl. Vorbem. zu Art. 551-559 N 7.

4   Zur **Rechtsnatur der Erbschaftsverwaltung** lässt sich dem Gesetzestext nichts entnehmen. Der Erbschaftsverwalter wird zwar *durch die Behörde ernannt*, ist aber weder deren Beauftragter noch öffentlicher Funktionär noch Behördevertreter. Er hat keine öffentliche Aufgabe, sondern ausschliesslich private Funktionen (BGE 47 II 38, 45; gl.M. ZK-ESCHER, N 12; BRÜGGER, 73; YUNG, 454; PIOTET, SPR IV/2, 705; HUX, 123). Die Erbschaftsverwaltung ist wie die Willensvollstreckung ein *rein privatrechtliches Institut*, vgl. Vorbem. zu Art. 517/518 N 7. Der Erbschaftsverwalter

- ist nicht Stellvertreter der Erben, da er von ihnen weder beauftragt/bevollmächtigt wurde noch Instruktionen entgegennimmt (gl.M. BRÜGGER, 71; YUNG, SemJud 1947, 455; PIOTET, SPR IV/2, 705);
- kann von den Erben nicht abgesetzt werden, auch nicht durch einstimmigen Beschluss (gl.M. DRUEY, Erbrecht, § 14 N 36);
- ist nicht eine Art Treuhänder, da er gegenüber den Erben nicht weisungsgebunden ist und nicht Eigentümer und selbständiger Besitzer der Erbschaftssachen wird;
- ist nicht gesetzlicher Vertreter des Nachlasses, da diesem die Rechtspersönlichkeit fehlt (**a.M.** SPINNER, 103 ff.);
- und untersteht auch nicht den Bestimmungen über die Vormundschaft (BGE 47 II 38, 42).

Die Erbschaftsverwaltung ist ein privatrechtliches **Institut sui generis**. Der Erbschaftsverwalter hat die ihm behördlich verliehene, eigenständige erbrechtliche Aufgabe, im Interesse der bekannten und unbekannten Erben den Nachlass aus *eigenem Recht* und im *eigenen Namen* zu verwalten und zu vertreten (BGE 54 II 197, 200; gl.M. BRÜGGER, 72; PIOTET, SPR IV/2, 705; HUX, 124; DRUEY, Erbrecht, § 14 N 37). Dabei handelt er im Interesse aller Erben, aber unabhängig vom Willen der bekannten Erben und nimmt von diesen keine Instruktionen entgegen. Auf die Erbschaftsverwaltung findet subsidiär das Recht des einfachen Auftrages Anwendung, vgl. N 38. 5

III. Anwendungsfälle

1. Allgemeines

Die **Regelung der Anwendungsfälle** ist *bundesrechtlich abschliessend* geordnet und lässt (im Gegensatz zum Sicherungsinventar Art. 553) den Kantonen keine Kompetenz, zusätzliche Anwendungsfälle vorzusehen (Extraits 1962, 25). Die Aufzählung der Anwendungsfälle in Art. 554 ist aber *nicht erschöpfend*, da Ziff. 4 noch auf besondere Fälle verweist (gl.M. STIERLIN, 14; PIOTET, SPR IV/2, 708). Mit dem in Art. 554 Abs. 1 Ziff. 4 erwähnten Gesetz ist *nur das ZGB selbst* und nicht die weitere Bundes- und/oder die kant. Gesetzgebung gemeint (gl.M. ZK-ESCHER, N 3; BK-TUOR/PICENONI, N 2). Diese abschliessende Regelung sieht die Anordnung der Erbschaftsverwaltung auf Antrag der Erben *nicht* vor, auch nicht auf Antrag des Willensvollstreckers (ZR 1940, 357). 6

Die Verwaltung eines Teils oder der ganzen Erbschaft kann als **vorsorgliche Massnahme des kantonalen Prozessrechtes** angeordnet werden, soweit die kant. Prozessgesetzgebung dies zulässt. Unabhängig um die dem entsprechenden «Erbschaftsverwalter» zukommenden Rechte und Pflichten handelt es sich nicht um die *bundesrechtliche* Massregel nach Art. 554, sondern um eine *kantonale vorsorgliche Massnahme* im Rahmen der Prozessgesetzgebung (ZR 1983, 67). 7

2. Dauernde Abwesenheit (Ziff. 1)

Zum **Begriff des Erben** sowie zur Voraussetzung der *dauernden Abwesenheit ohne Vertretung* wird auf Art. 553 N 7, 9 verwiesen, da die beiden Gesetzesbestimmungen diesbez. in allen drei Sprachen identisch sind. Die Erbschaftsverwaltung ist allerdings bei 8

Vorliegen dieser Voraussetzungen *nicht zwingend* anzuordnen, sondern nur wenn die *Interessen des abwesenden Erben* es erfordern. Der Entscheid über die Notwendigkeit der Massnahme liegt bei der Behörde, welcher hier als einzigem Anwendungsfall ein gewisses Ermessen zukommt (ZR 1985, 222; gl.M. BK-TUOR/PICENONI, N 3; HUX, 126).

9 Angesichts des Gesetzeswortlautes «*ein Erbe*» stellt sich die Frage, ob die Erbschaftsverwaltung nur bei **mehreren Erben**, nicht aber bei **einem Alleinerben** zulässig sein solle. Vom Sicherungszweck her ist dies zu *verneinen*. Aus sachlichen Gründen dürfte es allerdings zweckmässiger sein, für einen abwesenden (provisorischen oder definitiven) *Alleinerben* nicht die Erbschaftsverwaltung, sondern eine Verwaltungsbeistandschaft nach Art. 393 anzuordnen (gl.M. PIOTET, SPR IV/2, 710; **a.M.** BECK, 130). Aber auch bei mehreren Erben kann unter Berücksichtigung der Gesamtverhältnisse eine Verwaltungsbeistandschaft für den abwesenden Erben genügend (und für die anwesenden Erben weniger belastend) sein, z.B. bei Vorhandensein eines Geschäfts, das von einem oder mehreren anwesenden Erben weitergeführt werden kann und nicht unter Erbschaftsverwaltung gestellt werden muss (gl.M. PIOTET, SPR IV/2, 710; BECK, 130; WETZEL, N 23; HUX, 126). Die Behörde hat innerhalb ihres Ermessensspielraums die zur Interessewahrung des abwesenden Erbens erforderliche Massnahme anzuordnen und sich im Zweifel für die *am wenigsten einschneidende* zu entscheiden.

3. Kein genügender Ansprecher/Vorhandensein eines Erben ungewiss (Ziff. 2)

10 Es geht hier um die **totale Ungewissheit der Behörde**, ob überhaupt ein ausgewiesener Erbe vorhanden sei, weil entweder kein Ansprecher sein Erbrecht genügend nachzuweisen vermag oder weil der Behörde nicht bekannt ist, ob der Erblasser überhaupt Erben hinterlassen hat (gl.M. PIOTET, SPR IV/2, 710; HUX, 127). Zur Abgrenzung von Erbschaftsverwaltung und Verwaltungsbeistandschaft vgl. N 15.

11 Bei **ungenügendem Nachweis** ist die Erbschaftsverwaltung nur dann anzuordnen, wenn *keiner* der Ansprecher sein Erbrecht genügend nachweisen kann. Kann auch *nur einer* von mehreren Ansprechern sein Erbrecht genügend nachweisen, so hat dieser – unter Vorbehalt allfälliger Rechter weiterer Erben – Anspruch auf Erbschaftsbesitz; die Erbschaftsverwaltung ist ausgeschlossen (gl.M. ZK-ESCHER, N 5; BK-TUOR/PICENONI, N 6; PIOTET, SPR IV/2, 710; BECK, 130; HUX, 126). Für den *genügenden Nachweis* wird nicht ein vollständiger Beweis im prozessualen Sinne verlangt, sondern die Vorlegung von genügenden Dokumenten, welche die Erbenstellung glaubhaft machen. Gemeint sind Belege über die familienrechtlichen Verhältnisse zum Erblasser (Abstammung, Ehe, Adoption) bzw. eine Erbeinsetzung durch Verfügung von Todes wegen. Die Behörde hat eine gewisse Kognitionsbefugnis bez. der vorgelegten Dokumente, aber ihre Entscheidung entfaltet keine materielle Wirkung analog zur Erbbescheinigung, vgl. Art. 559 N 32.

12 Bezüglich **Ungewissheit über die Existenz** ist das Gesetz in allen drei Sprachen unpräzis: Es geht nicht um *eine* Person, deren Existenz oder Berufung als Erbe ungewiss ist, sondern ganz generell um die Frage, ob der Erblasser *überhaupt Erben hinterlassen hat*, gleichgültig wieviele und welcher Art, d.h. gesetzliche oder eingesetzte (gl.M. ZK-ESCHER, N 6; BK-TUOR/PICENONI, N 8; PIOTET, SPR IV/2, 711). Der Sinn der Bestimmung ist somit analog zu Art. 555 Abs. 1, 1. Fall, der sprachlich klarer formuliert ist, vgl. Art. 555 N 2 f.

4. Nicht alle Erben bekannt (Ziff. 3)

Diese Bestimmung regelt die **partielle Ungewissheit der Behörde** über die Erbfolge und ist damit analog zu Art. 555 Abs. 1, 2. Fall. Gemeint ist damit, ob der oder die der Behörde bereits *bekannten Erben noch leben* sowie ob neben dem oder den der Behörde bekannten *noch andere Erben* existieren, z.B. Nachkommen von verstorbenen Verwandten, vgl. Art. 555 N 2. So muss die Erbschaftsverwaltung auch dann angeordnet werden, wenn ein Testament die Erbfolge der möglicherweise vorhandenen, aber nicht pflichtteilsberechtigten Erben ausschliessen sollte (ZR 1955, 78, 79; 1956, 191; gl.M. ZK-ESCHER, N 7; BK-TUOR/PICENONI, N 9; HUX, 127). Die Behörde hat einen gewissen Ermessensspielraum bei der Beurteilung, ob *möglicherweise* bestimmte Personen noch leben oder je existierten; eine absolute Sicherheit wird nicht verlangt. Der *tatsächlichen* Ungewissheit ist die *rechtliche* gleichgestellt. Die Erbschaftsverwaltung kann auch bei Unsicherheit über die Erbenqualität bekannter Personen angeordnet werden (BJM 1959, 320), so z.B. bei einem Enterbten, der die Enterbung angefochten hat (PKG 1989, 212). 13

Nicht unter Ziff. 3 fällt der **Fall des noch ungeborenen Kindes**, Art. 544, 605 (gl.M. PIOTET, SPR IV/2, 711; a.M. ZK-ESCHER, N 7; BK-TUOR/PICENONI, N 9; BECK, 131). Die Erbberufung des ungeborenen Kindes ist *gewiss*, wenn auch unter der Resolutivbedingung der Totgeburt. Es wird durch den gesetzlichen Vertreter (Eltern, Beistand oder Vormund) rechtsgenügend vertreten und zudem durch Art. 605 geschützt. Eine Ungewissheit i.S.v. Art. 554 liegt somit nicht vor. 14

Wie bei Ziff. 1 kann sich auch bei Ziff. 2, 3 die Frage stellen, ob **Erbschaftsverwaltung oder Verwaltungsbeistandschaft** nach Art. 393 Ziff. 3 angeordnet werden soll. Die Praxis dazu scheint schwankend zu sein (vgl. ZK-ESCHER, N 7). Im Gegensatz zur dauernden Abwesenheit gem. Ziff. 1 erscheint aber bei den Ungewissheiten gem. Ziff. 2, 3 die Verwaltungsbeistandschaft nicht das richtige Instrument zu sein (**a.M.** LGVE 1974, 27), weil sie die Ungewissheit nicht zu beseitigen vermag. Bei Anordnung der Erbschaftsverwaltung wegen Ungewissheit folgt der spezifisch darauf zugeschnittene Erbenruf nach Art. 555, welcher die Ungewissheit beseitigt, zumindest rechtlich, wenn sich bis Fristablauf niemand meldet (gl.M. PIOTET, SPR IV/2, 711). 15

Die Ungewissheit gem. Ziff. 3 ist in Analogie zu Art. 555 abzugrenzen von den Ungewissheiten bei **Verschollenheit eines Erben**. Art. 548 betrifft den Fall, dass ein gesetzlicher oder eingesetzter Erbe *mit Sicherheit existiert* und zur Erbfolge berufen ist, sofern er noch am Leben ist, währenddem Ziff. 3 auf die Situation zugeschnitten ist, dass *nicht mit Sicherheit feststeht*, ob als Erben in Frage kommende Personen je existiert haben bzw. gegenwärtig existieren. Vgl. zur Verschollenheit auch N 17 sowie Art. 555 N 3. 16

5. Besondere gesetzliche Fälle (Ziff. 4)

Unter *Gesetz* ist ausschliesslich das ZGB gemeint, vgl. N 6. Die im **ZGB behandelten besonderen Fälle** sind: 17
– Art. 490 Abs. 3, **Nacherbeneinsetzung**, sofern der Vorerbe die Sicherstellung nicht zu leisten vermag oder anderweitig die Anwartschaft des Nacherben gefährdet (BGE 100 II 92 = Pra 1974, 796; gl.M. YUNG, SemJud 1947, 450; STIERLIN, 14; WETZEL, N 24; HUX, 127; DRUEY, Erbrecht, § 14 N 53);

- Art. 556 Abs. 3, **Eröffnung Testament bzw. Erbvertrag**: Die Erbschaftsverwaltung kann unmittelbar nach Einlieferung angeordnet werden (PKG 1985, 157, 159) oder auch noch später, vgl. Art. 557 N 27 und Art. 559 N 51;
- Art. 598 Abs. 2, **Vorsorgliche Massnahmen bei Erbschaftklage**: Obwohl im Gesetz nicht ausdrücklich erwähnt, kann der Richter als eine zur *Sicherung erforderliche Massregel* die Erbschaftsverwaltung anordnen (Analogie zu Art. 604 Abs. 3);
- Art. 604 Abs. 3, **Vorsorgliche Massnahmen bei zahlungsunfähigem Erben**: Auch hier kann als *vorsorgliche Massregel* die Erbschaftsverwaltung angeordnet werden (gl.M. Piotet, SPR IV/2, 709; Wetzel, N 36; Hux, 129; Druey, Erbrecht, § 14 N 53);
- **Nicht** Art. 548 Abs. 1, **Erbrecht des Verschollenen**: Gemäss ausdrücklicher Bestimmung geht es hier um den Anteil des Verschollenen und nicht um die ganze Erbschaft, und zudem spricht das Gesetz von amtlicher Verwaltung und nicht von Erbschaftsverwaltung. Da die Verschollenerklärung nach Art. 548 Abs. 2 nicht notwendigerweise bis zur Beendigung der Erbschaftsverwaltung durchgeführt werden kann, ist unter amtlicher Verwaltung richtigerweise die Verwaltungsbeistandschaft nach Art. 393 Ziff. 3 gemeint. Art. 548 ist somit kein Anwendungsfall von Ziff. 4 (gl.M. Wetzel, N 29; Hux, 128; a.M. ZK-Escher, N 2; BK-Tuor/Picenoni, N 10; Yung, SemJud 1947, 449; Stierlin, 14; Druey, Erbrecht, § 14 N 53);
- **Nicht** Art. 593-597, **Amtliche Liquidation**: Diese ist der Erbschaftsverwaltung in verschiedenen Punkten ähnlich, aber *ein eigenständiges Institut* und somit kein Anwendungsfall von Ziff. 4 (**a.M.** Stierlin, 14; Wetzel, N 35);
- **Nicht die als vorsorgliche Massnahme des kantonalen Prozessrechtes** angeordnete Verwaltung zur *Aufrechterhaltung des tatsächlichen Zustandes* während der Prozessdauer, vgl. N 7 (ZR 1983, 67).

IV. Verfahren

18 Zu **örtlicher Zuständigkeit, Behörde, Verfahren, Rechtsmittel und Kosten** vgl. Vorbem. zu Art. 551-559 N 6-12.

19 Nach ihrem Zweck ist die Erbschaftsverwaltung eine **Sofortmassnahme**. Sie ist deshalb *unverzüglich* anzuordnen und zu vollziehen, sobald die Behörde vom Todesfall und den gesetzlichen Voraussetzungen Kenntnis erhalten hat. Im Falle von Art. 556 Abs. 3 kann die Erbschaftsverwaltung auch noch zu einem *späteren Zeitpunkt* angeordnet werden, vgl. Art. 556 N 28. Unter Vorbehalt der Fälle von Art. 598 Abs. 2 und Art. 604 Abs. 3, vgl. N 17, erfolgt die Anordnung der Erbschaftsverwaltung *von Amtes wegen* (gl.M. Hux, 125). Bei Art. 554 hat die Behörde im Falle von Ziff. 1 ein gewisses Ermessen hinsichtlich *Bedürfnisfrage*, vgl. N 9; in den übrigen Fällen liegt die Anordnung der Erbschaftsverwaltung nicht im Ermessen der Behörden (ZR 1985, 222; gl.M. ZK-Escher, N 3).

20 Als **Legitimationsausweis** gegenüber den Erben sowie Banken, Behörden etc. dient dem Erbschaftsverwalter die behördliche Verfügung über die Anordnung der Erbschaftsverwaltung, vgl. N 29. Im Hinblick auf die Ernennung des Erbschaftsverwalters durch die Behörde ist ein separates Erbschaftsverwalter-Zeugnis nicht erforderlich.

V. Ernennbare Personen

1. Allgemeines

Zur **Person des Erbschaftsverwalters** enthält das Gesetz keine allg. Bestimmung, sondern regelt nur die Spezialfälle von Abs. 2 und 3. In Analogie zur amtlichen Liquidation Art. 595 ist davon auszugehen, dass die anordnende Behörde die Erbschaftsverwaltung selbst übernehmen oder einer anderen Behörde, einem Beamten oder einem Dritten übertragen kann, vgl. Art. 595 N 8 (gl.M. YUNG, SemJud 1947, 450; DRUEY, Erbrecht, § 14 N 55). Die Behörde kann auch *mehrere* Erbschaftsverwalter ernennen, die gemeinsam handeln, soweit die Behörde die Aufgaben nicht spezifisch unter ihnen verteilt (gl.M. YUNG, SemJud 1947, 450; DRUEY, Erbrecht, § 14 N 40). Die Kantone können im Rahmen ihrer Verfahrenskompetenz interne Vorschriften zur Person und zum Ernennungsverfahren des Erbschaftsverwalters erlassen. 21

Unter Vorbehalt von Art. 554 Abs. 2 und 3 sowie allfälliger kant. Vorschriften **ernennt die Behörde zum Erbschaftsverwalter nach freiem Ermessen**, wen sie für fähig und integer hält (gl.M. PIOTET, SPR IV/2, 705). Ernennbar sind alle handlungsfähigen natürlichen oder juristischen Personen (gl.M. HUX, 126), z.B. Privatpersonen, Rechtsanwälte, Notare, Treuhänder, Beamte, Banken etc. Als Erbschaftsverwalter können auch *Erben, Verwandte oder andere Personen* ernannt werden, die in einer näheren Beziehung zum Erblasser gestanden haben; es gelten die gleichen Regeln wie bei der Willensvollstreckung, vgl. Art. 517 N 8. Vorausgesetzt wird aber in jedem Fall, dass die ernannte Person die für die Aufgabe nötige Fachkenntnis, Vertrauenswürdigkeit und Unabhängigkeit besitzt (BGE 98 II 276, 279). *Wohn- bzw. Geschäftssitz in der Schweiz* oder sogar im Jurisdiktionsbereich der Aufsichtsbehörde ist bundesrechtlich nicht vorgeschrieben, vgl. Art 517 N 8, aber aus praktischen und aufsichtsrechtlichen Gründen sehr zweckmässig. 22

Die Übernahme der Erbschaftsverwaltung ist keine Bürgerpflicht wie z.B. die Vormundschaft. Es besteht deshalb **kein bundesrechtlicher Annahmezwang**, sondern der Ernannte kann das Amt auch ohne Nennung von Gründen ablehnen (BGE 47 II 38, 42; gl.M. PIOTET, SPR IV/2, 705; HUX, 143). Für ernannte Behörden oder Beamte kann sich jedoch aus *kantonalem Recht* ein Annahmezwang ergeben. Die Ablehnung muss in Analogie zu Art. 395 OR *sofort* erfolgen; die 14-tägige Bedenkfrist des Willensvollstreckers gem. Art. 517 Abs. 3 ist auf den Erbschaftsverwalter *nicht* anwendbar (gl.M. HUX, 145). 23

2. Der Willensvollstrecker als Erbschaftsverwalter

Nach Abs. 2 hat der **Willensvollstrecker einen Rechtsanspruch**, dass ihm die Erbschaftsverwaltung *zu übergeben* ist. Diese in allen drei Sprachen unpräzise Wendung bedeutet nicht, dass der Willensvollstrecker automatisch auch Erbschaftsverwalter ist, wenn die gesetzlichen Voraussetzungen dafür vorliegen; vielmehr muss auch er durch Behördenakt *ernannt* werden (BGE 42 II 339, 343). Durch Bezeichnung eines Willensvollstreckers kann somit der Erblasser auf eine allfällig nötig werdende Erbschaftsverwaltung Einfluss nehmen. Hat der Erblasser *mehrere Willensvollstrecker* ernannt, so kann die Behörde unter ihnen eine Auswahl treffen und muss *nicht alle* zu Erbschafts- 24 verwaltern ernennen (gl.M. ZK-ESCHER, N 9; BK-TUOR/PICENONI, N 12). Ist ein Willensvollstrecker eingesetzt, muss die Behörde entscheiden, ob sie *ihn* oder *eine andere Person* zum Erbschaftsverwalter ernennen will; sie kann nicht *neben* ihm zusätzlich noch einen Erbschaftsverwalter einsetzen (PKG 1958, 155). Ab Ernennung zum Erbschaftsverwalter ist die Stellung als Willensvollstrecker *sistiert*, lebt aber bei Beendigung der Erbschaftsverwaltung wieder auf (PKG 1989, 212, 215; gl.M. PIOTET, SPR IV/2, 706). Während der Erbschaftsverwaltung hat der Willensvollstrecker nur jene Aufgaben, Rechte und Pflichten, die ihm aus der *Erbschaftsverwaltung* zukommen.

25 Auch der zum Erbschaftsverwalter ernannte Willensvollstrecker muss über die üblichen **persönlichen Voraussetzungen** verfügen, vgl. N 22; erfüllt er diese nicht, darf er nicht ernannt werden. Dies gilt insb. bei Interessenkonflikten, die auf eine vom Erblasser geschaffene Doppelstellung als Erbe und Willensvollstrecker zurückgehen (ZR 1994, 70, 72) oder bei Vertretung von Partikularinteressen einzelner Erben im fraglichen Nachlass (BGE 102 II 197, 202; ZR 1971, 221; PKG 1989, 212, 213; gl.M. WETZEL, N 236). Im Gegensatz dazu begründen auf Sachfragen zurückgehende starke Spannungen zwischen Willensvollstrecker und den Erben i.d.R. keinen rechtsgenügenden Interessenkonflikt (BGE 98 II 276, 279; ZR 1990, 268, 269; gl.M. ZK-ESCHER, N 9; BK-TUOR/PICENONI, N 12; PIOTET SPR IV/2, 706). Ein zum Willensvollstrecker ernannter, auf den ganzen Nachlass *eingesetzter Erbe*, dessen Stellung von den gesetzlichen Erben bestritten ist, kann wegen Interessenkollision nicht zum Erbschaftsverwalter ernannt werden, auch wenn seine persönliche Eignung grundsätzlich nicht im Zweifel steht (ZR 1958, 268; 1963, 65; 1994, 70). Zur Frage, ob und inwieweit gesetzliche bzw. eingesetzte Erben oder Vermächtnisnehmer wegen allfälliger Interessenkonflikte überhaupt Willensvollstrecker sein können, vgl. Art. 518 N 104.

26 Der **Ernennungsanspruch besteht auch dann**, wenn
– der Willensvollstrecker durch Testament **eingeschränkte Rechte** hat, vgl. 518 N 10; dies ist kein zwingender Grund zur Nichternennung als Erbschaftsverwalter (**a.M.** ZK-ESCHER, N 9a; BK-TUOR/PICENONI, N 12; PIOTET, SPR IV/2, 705);
– nach Auffassung der Behörde die den Willensvollstrecker ernennende **letztwillige Verfügung anfechtbar** ist oder die Ungültigkeitsklage schon erhoben wurde (PKG 1989, 212, 213; offengelassen in BGE 42 II 339-342; gl.M. ZK-ESCHER, N 9; PIOTET, SPR IV/2, 705; WETZEL, N 175 ff.; **a.M.** BK-TUOR/PICENONI, N 12). Eine spätere richterliche Ungültigerklärung der Einsetzung des Willensvollstreckers macht dessen Ernennung zum Erbschaftsverwalter nicht automatisch hinfällig.

27 Wird der Willensvollstrecker zu Unrecht übergangen, so hat er gegen die behördliche Verfügung auf Ernennung eines anderen Erbschaftsverwalters das **zulässige kantonale Rechtsmittel** einzulegen und nicht Aufsichtsbeschwerde zu führen. Da es sich um ein Verfahren der nichtstreitigen Gerichtsbarkeit handelt, ist die Berufung ans BGer i.d.R. nicht gegeben (BGE 84 II 324; 98 II 272, 275). Wurde der Willensvollstrecker wegen einer vom Erblasser geschaffenen Doppelstellung und einer sich daraus ergebenden schweren Interessenkollision nicht zum Erbschaftsverwalter ernannt, gilt dies als Zivilrechtsstreitigkeit i.S.v. Art. 44 ff. OG und kann mit Berufung ans BGer gerügt werden (BGE 98 II 272, 276; ZR 1994, 70, 74).

3. Der Vormund als Erbschaftsverwalter

War der Erblasser bevormundet, ist nach Abs. 3 der Vormund zum Erbschaftsverwalter zu ernennen, sofern *keine andere Anordnung* getroffen wird. Mit *Anordnung* ist ein Behördenentscheid gemeint und nicht eine Verfügung von Todes wegen. Im Gegensatz zum Willensvollstrecker hat deshalb der **Vormund keinen Rechtsanspruch** auf die Erbschaftsverwaltung, sondern die Behörde ist völlig frei (ZR 1958, 268, 271; gl.M. ZK-ESCHER, N 10; BK-TUOR/PICENONI, N 13; PIOTET, SPR IV/2, 706). Auch der Vormund wird *nicht* automatisch Erbschaftsverwalter, sondern erst durch behördliche Verfügung (RegRat SZ SJZ 1970, 61). Stehen ein Willensvollstrecker und ein Vormund in Konkurrenz, geht aufgrund von Abs. 2 der Willensvollstrecker vor (gl.M. BK-TUOR/PICENONI, N 14; PIOTET, SPR IV/2, 706). Ist der Erblasser *unmündig*, so hat der Inhaber der elterlichen Gewalt eine dem Vormund analoge Stellung und kann deshalb nach Ermessen der Behörde ebenfalls zum Erbschaftsverwalter ernannt werden. Die üblichen Voraussetzungen, vgl. N 22, gelten auch für ihn (gl.M. PIOTET, SPR IV/2, 706; WETZEL, N 37).

28

VI. Beginn und Ende

Die Erbschaftsverwaltung **beginnt und endet durch behördliche Verfügung**, nicht von Gesetzes wegen bei Eintritt bzw. Wegfall der gesetzlichen Voraussetzungen (gl.M. ZK-ESCHER, N 9; BK-TUOR/PICENONI, N 12, 22; HUX, 139). Sie entfaltet Rechtswirkungen gegenüber Erben und Dritten ab Anordnung/Ernennung, nicht erst ab behördlicher Mitteilung an die Betroffenen; die Rechte gutgläubiger Dritter bleiben vorbehalten. Bei vorzeitiger Beendigung der Funktion des ernannten Erbschaftsverwalters endet die Erbschaftsverwaltung als solche nicht, sondern die Behörde hat einen Nachfolger zu bezeichnen.

29

Gründe für das **vorzeitige Ende der persönlichen Funktion** sind:
- Eintritt der **Handlungsunfähigkeit** des Erbschaftsverwalters, z.B. durch Bevormundung (BGE 113 II 121, 125);
- **Tod** des Erbschaftsverwalters. Seine Stellung ist *nicht vererblich* und geht bei seinem Tod nicht auf seine Erben über (gl.M. HUX, 156);
- **Rücktritt** des Erbschaftsverwalters, was wegen fehlendem Amtszwang jederzeit möglich ist, vgl. N 23. Allerdings darf er nicht zur Unzeit erfolgen, Art. 404 OR (gl.M. HUX, 155);
- **Absetzung** durch die Aufsichtsbehörde, vgl. Art. 595 N 29 ff., *nicht aber durch freien Widerruf der Ernennung* seitens der Ernennungsbehörde (gl.M. HUX, 155);
- **nicht** der Eintritt von **Zahlungsunfähigkeit** bzw. Konkurs des Erbschaftsverwalters oder die strafrechtliche Verurteilung. Diese können allerdings einen aufsichtsrechtlichen Absetzungsgrund wegen Unmöglichkeit gehöriger Erfüllung bzw. mangelnder Zutrauenswürdigkeit bilden, vgl. N 22 (gl.M. HUX, 156);
- **nicht** durch **Absetzung** seitens Erben; diese können den Erbschaftsverwalter nicht absetzen, auch nicht durch einstimmigen Beschluss, vgl. N 4.

30

Die Behörde hat die Erbschaftsverwaltung **von Amtes wegen zu beenden**, wenn die Voraussetzungen bzw. der Grund für die Anordnung wegfallen oder der Zweck erreicht

31

ist (gl.M. ZK-Escher, N 17; BK-Tuor/Picenoni, N 22; Brügger, 69; Hux, 139). Dies ist z.B. der Fall, wenn der vertretungslos abwesende Erbe zurückkommt oder selbst für seine Vertretung sorgt, wenn ein Ansprecher sein Erbrecht genügend nachzuweisen vermag (ZR 1995, 13, 15) oder wenn nach Durchführung des Erbenrufs die Ungewissheit über die Person(en) der Erben beseitigt ist bzw. die Vormundschaftsbehörde unbekannt abwesenden Erben eine Vertretungsbeistandschaft errichtet hat (ZR 1985, 222). Eine nach Art. 556 Abs. 3 angeordnete Erbschaftsverwaltung ist aufzuheben, wenn die Bestreitungsfrist nach Art. 559 abgelaufen ist; eine Aufrechterhaltung darüber hinaus ist nur möglich, wenn ein Grund nach Art. 554 vorliegt (PKG 1985, 157, 159, vgl. auch ZR 1995, 13, 17). Der Erbschaftsverwalter ist nicht berechtigt, den Erben *Frist anzusetzen* zum Nachweis ihrer Rechte, vgl. N 48.

32 Die **Aufgabe des Erbschaftsverwalters ist erst dann beendet**, wenn er seine Verwaltungshandlungen abgeschlossen und die Erbschaft der Erbengemeinschaft (nicht an einzelne Erben) bzw. an deren Vertreter übergeben hat (ZR 1985, 222; gl.M. Yung, SemJud 1947, 471). Ist der Alleinerbe während der Erbschaftsverwaltung verstorben, hat *dessen Erbe* seine Berechtigung auf gleiche Art nachzuweisen wie ein gesetzlicher Erbe nach Art. 559 (KGer GR SJZ 1989, 175). Zum Vorgehen bei dieser Erbschaftsübergabe, vgl. ZR 1923, 143. Nach Abschluss seiner Tätigkeit hat der Erbschaftsverwalter einen *Schlussbericht* zu erstellen und diesen zusammen mit der Honorarabrechnung der Behörde zur Prüfung und Genehmigung einzureichen. Die Behörde hat daraufhin die Erbschaftsverwaltung durch Schlussverfügung zu beenden und den Erbschaftsverwalter zu entlassen.

VII. Vergütung

33 In Analogie zur amtlichen Liquidation ist die **Erbschaftsverwaltung entgeltlich**, vgl. Art. 595 N 13 (gl.M. ZK-Escher, N 19; Yung, SemJud 1947, 473; Hux, 140; Druey, Erbrecht, § 14 N 43). Der Erbschaftsverwalter hat Anspruch auf Honorar und Spesenersatz (Art. 402 Abs. 1 OR), auch wenn er Beamter oder Behördenmitglied ist. Der Anspruch ist *bundesrechtlicher* Natur, stellt eine *Erbgangsschuld* dar und richtet sich bez. Höhe, Fälligkeit und Verjährung nach den gleichen Grundsätzen wie beim Willensvollstrecker, vgl. Art. 517 N 29-34 (gl.M. ZK-Escher, N 19; Yung, SemJud 1947, 473). So wurden Honorare nach Art. 554 u.a. bemessen nach Zeitaufwand, Verantwortlichkeit, Schwierigkeitsgrad, Nachlasswert sowie beruflichen Qualifikationen des Erbschaftsverwalters (z.B. Notar), soweit diese zur Anwendung kamen (JdT 1973, 101, 104; Friedensrichter GE SemJud 1992, 81, 86).

34 Im Gegensatz zur Willensvollstreckung sind **Honorar und Spesenersatz im Streitfall durch die Behörde** festzulegen. Obwohl auch die Erbschaftsverwaltung ein rein privatrechtliches Institut ist, betrachtet die überwiegende Lehre bei der Erbschaftsverwaltung die nach kant. Recht bezeichnete *Behörde* für die Honorarstreitigkeiten zuständig, weil – im Gegensatz zum Willensvollstrecker – der Erbschaftsverwalter von der Behörde ernannt wird (BGE 86 I 330, 333; BGer, SemJud 1992, 81, 84; JdT 1973, 101, 103; ZR 1969, 339; Extraits 1990, 22, 24; gl.M. ZK-Escher, N 19; BK-Tuor/Picenoni, N 22; Bloch, SJZ 1961, 245; Piotet, SPR IV/2, 706; **a.M.** Yung, SemJud 1947, 472; Hux, 140).

VIII. Rechte und Pflichten des Erbschaftsverwalters

Der Erbschaftsverwalter hat eine **erbrechtliche Aufgabe**, die zur Überbrückung unübersichtlicher Verhältnisse des Nachlasses angeordnet wird und temporären Charakter hat. Während der Erbschaftsverwaltung kann die *güterrechtliche Auseinandersetzung* nicht stattfinden, sondern muss bis zur Beendigung der Erbschaftsverwaltung aufgeschoben werden (gl.M. BK-HAUSHEER/REUSSER/GEISER, Art. 215 N 21; DRUEY, Erbrecht, § 14 N 57). Bei einem verheirateten Erblasser erstreckt sich deshalb die Erbschaftsverwaltung beim ordentlichen Güterstand auf das Eigengut und die Errungenschaft des Verstorbenen, bei Gütergemeinschaft auf das Eigengut des Verstorbenen und notwendigerweise auch auf das Gesamtgut. 35

Umfang und Ausmass von Rechten und Pflichten des Erbschaftsverwalters sind im Gesetz nicht geregelt und können *unbeschränkt* oder *beschränkt* sein. Die Unbeschränktheit dürfte den Regelfall darstellen, aber die Behörde kann unter den gegebenen Umständen dem Erbschaftsverwalter auch nur *einzelne Aufgaben übertragen* (z.B. eine Prozessführung, BJM 1959, 320; 1963, 206) und/oder die Ausübung spezifischer Funktionen von ihrer jeweiligen *Zustimmung abhängig* machen (gl.M. YUNG, SemJud 1947, 479). Im Hinblick auf ihren Sicherungszweck erstreckt sich die Erbschaftsverwaltung aber i.d.R. auf den gesamten Nachlass, einschliesslich auf den *im Ausland liegenden* (ZR 1979, 6; PKG 1991, 182, 185), und *ist umfangmässig nicht beschränkt*, insb. nicht auf den mutmasslichen Anteil des bzw. der zur Verwaltung Anlass gebenden Erben (gl.M. ZK-ESCHER, N 15; BK-TUOR/PICENONI, N 18; LEIMGRUBER, 18; WETZEL, N 171). 36

Die Rechte des Erbschaftsverwalters sind **gegenüber den Erben exklusiv**. Soweit und solange der Erbschaftsverwalter Besitz-, Verwaltungs- und Verfügungsrechte hat, sind diese den Erben vollständig entzogen. Die Erben dürfen nicht in Rechte und Verwaltungstätigkeit des Erbschaftsverwalters eingreifen und haben sich verbotener Eigenmacht zu enthalten (ZR 1985, 313, 316). Soweit die Erben überhaupt (gemeinschaftlich) handeln können, steht ihnen die Verwaltungs- und Verfügungsbefugnis nur insoweit zu, als jene des Erbschaftsverwalters eingeschränkt ist. Nehmen Erben Verfügungs- oder Verpflichtungshandlungen zu Lasten des Nachlasses vor in jenem Bereich, der in die Kompetenz des Erbschaftsverwalters fällt, sind die entsprechenden Erbenhandlungen *ungültig* unter Vorbehalt der Rechte gutgläubiger Dritter. Die Ungültigkeit kann durch nachträgliche Genehmigung des Erbschaftsverwalters geheilt werden, vgl. Art. 518 N 6. Wie der Willensvollstrecker hat auch der Erbschaftsverwalter eine *Pflicht zur Durchführung seiner Aufgabe* und gleichzeitig das Recht, seine Befugnisse ggf. *gerichtlich geltend* zu machen und sich gegenüber Eingriffen von Erben, Behörden und Dritten zu wehren, vgl. Art. 518 N 7. 37

Der Erbschaftsverwalter hat eine rein *privatrechtliche Aufgabe eigenständiger Art*, vgl. N 5, welche verschiedene Merkmale eines Mandatsverhältnisses aufweist. Wie bei der Willensvollstreckung findet deshalb auch auf die Erbschaftsverwaltung **subsidiär das Recht des einfachen Auftrages** nach Art. 394-406 OR Anwendung, vgl. Art. 518 N 12 (gl.M. HUX, 141 f.; DRUEY, Erbrecht, § 14 N 41). 38

Die **Kompetenzen des Erbschaftsverwalters sind eingeschränkt** auf *konservatorische Funktionen* und damit auf die unerlässlichen Handlungen für Erhaltung und Werter- 39 haltung des Nachlasses. Der Erbschaftsverwalter hat im Hinblick auf den Sicherungszweck von Art. 554 weder Liquidationshandlungen wie Versilberung des Vermögens/Schuldentilgung durchzuführen noch die Erbteilung vorzubereiten oder durchzuführen (DRUEY, Erbrecht, § 14 N 57). Er hat den Nachlass nicht in einen teilungsreifen Zustand überzuführen, sondern ihn *wert- und bestandesmässig zu erhalten* und in möglichst ursprünglicher Form den Erben zu übergeben (ZR 1982, 213; 1987, 82; PKG 1994, 151; gl.M. YUNG, SemJud 1947, 456; STIERLIN, 92; PIOTET, SPR IV/2, 707; WETZEL, N 165; HUX, 131-134; DRUEY, Erbrecht, § 14 N 56). Im Rahmen dieser Kompetenzen handelt der Erbschaftsverwalter *aus eigenem Recht frei und selbständig* (BGE 54 II 197, 200), tritt *im eigenen Namen* auf (gl.M. YUNG, SemJud 1947, 454; DRUEY, Erbrecht, § 14 N 37) und bedarf *nicht der Zustimmung einzelner Erben oder der Behörde*. Er kann alle Rechtshandlungen vornehmen, die zur Erfüllung seiner Aufgabe erforderlich sind; die Beschränkungen von Art. 421/422 bzw. Art. 396 Abs. 3 OR gelten für ihn nicht (gl.M. YUNG, SemJud 1947, 462 f.).

40 Der Erbschaftsverwalter hat *von Bundesrechts wegen* **allgemeine Pflichten**, z.B.:
– Pflicht zur **persönlichen Erfüllung** der Aufgabe, Art. 398 Abs. 3 OR. Der Erbschaftsverwalter kann bei Bedarf Dritte oder auch Erben als Hilfspersonen (z.B. Sekretärin, Buchhalter etc.) oder Fachleute (z.B. Anwalt, Ingenieur, Vermögensverwalter etc.) beiziehen oder sich vertreten lassen, soweit dies notwendig und zulässig ist. Er kann aber seine Aufgabe als solche nicht vollständig einem Dritten übertragen, vgl. Art. 518 N 15 (gl.M. YUNG, SemJud 1947, 455; HUX, 146 ff.);
– Pflicht, **sofort nach Ernennung mit der Arbeit zu beginnen** (BGE 74 I 423, 425);
– Pflicht zur **getreuen und sorgfältigen Erfüllung** der Aufgabe, Art. 398 Abs. 2 OR, insb. zur Anwendung der besonderen Berufspflichten und Sachkenntnisse seiner übrigen Tätigkeit (ZR 1971, 221; 1992/93 172, 175) sowie zur Einhaltung von Vorschriften, soweit die Behörde solche erteilt hat, Art. 397 Abs. 1 OR, vgl. N 36;
– Pflicht zur **Aufnahme eines vollständigen Inventars** bei Beginn der Tätigkeit. Wie das Sicherungsinventar Art. 553 dient es der *Bestandesfeststellung*, nicht der Wertermittlung des Nachlasses. Zum Umfang des Inventars, vgl. Art. 553 N 3 f.. Ein Schuldenruf ist nicht erforderlich (ZR 1982, 213, 214; gl.M. ZK-ESCHER, N 13; YUNG, SemJud 1947, 456; PIOTET, SPR IV/2, 707; WETZEL, N 169; HUX, 132; DRUEY, Erbrecht, § 14 N 57; a.M. BGE 47 II 38, 42; 79 II 113, 116; BK-TUOR/PICENONI, N 19; STIERLIN, N 93, nach welchen ein Schuldenruf erforderlich ist). Ist bereits ein Sicherungsinventar Art. 553, ein öffentliches Inventar Art. 581 oder ein Steuerinventar nach Art. 154 ff. DGB errichtet worden, so kann der Erbschaftsverwalter darauf abstellen (gl.M. HUX, 131);
– Pflicht, die für die Durchführung der Aufgabe **nötige Infrastruktur** zu schaffen (Sekretariat, Aktenablage etc.) sowie bei Bedarf die erforderlichen Fachleute beizuziehen. Die Anlage einer *eigentlichen Buchhaltung* über den Nachlass ist analog zur Willensvollstreckung nur in besonderen Fällen nötig, vgl. Art. 518 N 16 (ZR 1992/93, 234, 246);
– Pflicht, alle erforderlichen **Sofortmassnahmen oder sichernden Massnahmen** zu ergreifen, vgl. Art. 518 N 28 (gl.M. ZK-ESCHER, 15; BRÜGGER, 57);
– Pflicht zur **Rücksichtnahme auf Interessen und Wünsche** der Erben (BGE 79 II 113, 117; gl.M. YUNG, SemJud 1947, 470);

Art. 554 ZGB

- Pflicht zur **Gleichbehandlung aller Erben** und zur Einhaltung der Neutralität bei Interessengegensätzen (BGE 85 II 597, 602);
- Pflicht zur **Auskunftserteilung an Erben**, zur Information der Erben und zur Gewährung von Akteneinsicht an die Erben analog zum Willensvollstrecker, Art. 518 N 17;
- Pflicht zur **periodischen Berichterstattung** und Rechenschaftsablegung gegenüber der Behörde und den Erben, Art. 400 OR, bei länger dauernder Erbschaftsverwaltung jährlich (ZR 1982, 213, 214; gl.M. HUX, 149);
- **Keine** Pflicht, unbekannte Erben zu ermitteln und/oder das Verschollenheitsverfahren einzuleiten. Dies sind Aufgaben der Behörde, die allerdings den Erbschaftsverwalter mit einem Spezialauftrag dafür beiziehen kann, vgl. Art. 557 N 7 (gl.M. STIERLIN, 93 f.; a.M. BRÜGGER, 56 f.). Sofern alle Erben bekannt sind, kann der Erbschaftsverwalter die Ausstellung der *Erbbescheinigung* verlangen, welche allerdings das aufgrund der Erbschaftsverwaltung beschränkte Verfügungsrecht der Erben erwähnen muss, vgl. Art. 559 N 22 (gl.M. ORTENBURGER, 56 ff.);
- **Keine** Pflicht, Schenkungen und Erbvorbezüge zu Lebzeiten des Erblassers abzuklären, weil die Vorbereitung der Erbteilung nicht Sache des Erbschaftsverwalters ist (DRUEY, Erbrecht, § 14 N 57).

Die **Auskunftsansprüche** des Erbschaftsverwalters gegenüber Erben und Dritten sind gleich wie beim Sicherungsinventar, vgl. 553 N 14 (gl.M. OSWALD, 9, 94; KLEINER/LUTZ, Art. 47 N 32; AUBERT/KERNEN/SCHÖNLE, 318). 41

Für seine Aufgabe benötigt der Erbschaftsverwalter **Besitz an den Erbschaftssachen** und hat *Anspruch auf Besitznahme*, den er nötigenfalls auf dem *Klagewege erzwingen* kann. Seine Rechte sind analog zu jenen des Willensvollstreckers, vgl. Art. 518 N 22-26 (gl.M. BRÜGGER, 58; YUNG, SemJud 1947, 459 f.; PIOTET, SPR IV/2, 707; HUX, 132 f.; DRUEY, Erbrecht, § 14 N 38). Zur Erbschaftsklage vgl. N 55. 42

Die **Verwaltungstätigkeit des Erbschaftsverwalters** ist *praktisch identisch* mit jener des Willensvollstreckers; es wird vollumfänglich verwiesen auf Art. 518 N 27-33 (gl.M. ZK-ESCHER, N 15; BRÜGGER, 55-58; YUNG, SemJud 1947, 456 ff.; STIERLIN, 94 f.; PIOTET, SPR IV/2, 708; HUX, 131). Zur Vermögensverwaltung gehört auch in angemessenem Umfang die Auszahlung laufender Erträge pro rata an die bekannten Erben (Extraits 1967, 16). 43

Der Erbschaftsverwalter kann **neue Verpflichtungsgeschäfte** eingehen, soweit diese im Rahmen seiner konservatorischen Aufgabe liegen und für Erhaltung und Sicherung des Nachlasses erforderlich sind. So kann er z.B. zur Geldbeschaffung eine Bankschuld begründen bzw. erhöhen, um ein zum Nachlass gehörendes Geschäft vorübergehend weiterzuführen oder um ein Erbschaftsaktivum nicht verkaufen zu müssen, sondern es den Erben *in natura* übergeben zu können. In diesem Rahmen muss in Ausnahmefällen auch die hypothekarische Belastung einer zum Nachlass gehörenden Liegenschaft zulässig sein, vgl. N 47. Die im Rahmen der ordnungsgemässen Erbschaftsverwaltung eingegangenen Verbindlichkeiten sind *Erbschaftsschulden*, für welche nicht der Erbschaftsverwalter persönlich, sondern der Nachlass und damit die Erben haften, vgl. Art. 518 N 35. 44

Der Erbschaftsverwalter hat *die laufenden* **Erbschafts- und Erbgangsschulden** zu bezahlen, wenn und soweit diese feststehen und fällig sind. Dazu gehören auch offene 45

Steuerschulden des Erblassers, aber Erbschaftssteuern nur in Ausnahmefällen, vgl. Art. 518 N 33. Die Aufgaben des Erbschaftsverwalters sind analog zu jenen des Willensvollstreckers, vgl. Art. 518 N 36 f. (gl.M. BRÜGGER, 58; YUNG, SemJud 1947, 458; STIERLIN, 95; PIOTET, SPR IV/2, 708; HUX, 134; DRUEY, Erbrecht, § 14 N 57).

46 Der Erbschaftsverwalter hat eine **wesentliche eingeschränkte Verfügungskompetenz** über Erbschaftssachen. Ihr *Inhalt* schliesst den Abschluss des obligatorischen Grundgeschäftes sowie den Vollzug aller Erfüllungshandlungen mit ein, aber das *Ausmass* der Verfügungsmacht ist beschränkt und richtet sich nach dem Zweck der Erbschaftsverwaltung, vgl. N 2, 39. Der Erbschaftsverwalter darf deshalb Verfügungshandlungen nur *im Rahmen seiner konservatorischen Aufgabe* vornehmen. Darunter fallen z.B. der Verkauf von Aktiven bei drohendem Wertverlust oder zur Mittelbeschaffung für die Bezahlung laufender Schulden, der Notverkauf verderblicher Waren oder die Liquidation einer Kollektivgesellschaft, die durch den Tod des Erblassers aufgelöst wurde (BGE 95 I 392, 395 = Pra 1970, 170; gl.M. BRÜGGER, 58; YUNG, SemJud 1947, 467; STIERLIN, 92; PIOTET, SPR IV/2, 708; HUX, 131, 134; DRUEY, Erbrecht, § 14 N 58). In der Wahl der *Veräusserungsart* ist der Erbschaftsverwalter grundsätzlich frei; er ist wie der Willensvollstrecker nicht an Art. 596 Abs. 2 gebunden, vgl. Art. 518 N 40 (BGE 74 I 423, 425 und wohl auch 101 II 47, 56 = Pra 1975, 501).

47 Zu **Verfügungen über Liegenschaften**, insb. Verkauf oder Tausch sowie Errichtung von Dienstbarkeiten oder Pfandrechten ist der Erbschaftsverwalter *i.d.R. nicht berechtigt*, da solche Verfügungen selten konservatorischen Charakter haben. Ein Liegenschaftenverkauf ist nur unter besonderen Umständen zulässig, z.B. wenn er zur Erhaltung der Erbschaft bestimmt ist (BGE 95 I 392, 395 = Pra 1970, 170; ZR 1995, 27, 28; gl.M. YUNG, SemJud 1947, 468; PIOTET, SPR IV/2, 708; HUX, 134). Der Erbschaftsverwalter ist aber berechtigt, für den Vollzug eines durch den *Erblasser zu Lebzeiten abgeschlossenen* Liegenschaftenverkaufes die Grundbuchanmeldung abzugeben, hat aber evtl. eine Pflicht zur Verweigerung derselben, wenn unklare Verhältnisse vorliegen (RVJ 1992, 328, 331). Im Gegensatz zur Willensvollstreckung, Art. 518 N 45, hat der *Grundbuchführer das Recht zur Prüfung*, ob ein vom Erbschaftsverwalter vorgenommener Grundstücksverkauf innerhalb seiner Befugnisse lag (BGE 95 I 392, 397 = Pra 1970, 170).

48 Im Hinblick auf den Sicherungszweck hat der Erbschaftsverwalter **keine Kompetenz** zur
 – Ausrichtung von **Vermächtnissen**, da dies keine konservatorische Tätigkeit darstellt (gl.M. ZK-ESCHER, N 17; BRÜGGER, 59; HUX, 131);
 – Vornahme von **Abschlagszahlungen** an einzelne Erben auf Rechnung deren Erbteil (gl.M. ZK-ESCHER, N 17), unter Vorbehalt der Auszahlung laufender Erträge, vgl. N 43;
 – Vornahme **unentgeltlicher Verfügungen**, soweit diese nicht üblich sind, vgl. Art. 518 N 47 (gl.M. BRÜGGER, 59; YUNG, SemJud 1947, 464);
 – **Doppelvertretung und Selbstkontrahieren**, vgl. Art. 518 N 48 (gl.M. YUNG, SemJud 1947, 466; HUX, 135);
 – **Ansetzung von Klagefristen** an Erben und/oder Dritte zur gerichtlichen Geltendmachung ihrer Rechte (**a.M.** BRÜGGER, 60 f.).

49 Bezüglich der Auswirkungen von Verpflichtungs- und Verfügungshandlungen gegenüber Erben oder Dritten ist zwischen den **internen und externen Befugnissen** des Erb-

schaftsverwalters zu unterscheiden. Die *internen* Befugnisse sind vom Zweck der Erbschaftsverwaltung her *relativ stark beschränkt*, vgl. N 39, 46. Die gesetzlichen Befugnisse können zudem durch die Behörde noch weiter eingeschränkt werden, vgl. N 36. Bei schuldhafter Überschreitung der internen Befugnisse wird der Erbschaftsverwalter den Erben gegenüber schadenersatzpflichtig, vgl. N 67. Die *externen* Befugnisse sind jedoch grundsätzlich *unbeschränkt*. Die Rechtsgeschäfte des Erbschaftsverwalters mit *gutgläubigen* Dritten sind für und gegen die Erben gültig, auch wenn er ohne Kenntnis des Dritten den Rahmen seiner Kompetenzen überschritten hat, so z.B. wenn ein Verfügungsgeschäft nicht der Erhaltung des Nachlasses dient. Dritte, mit denen der Erbschaftsverwalter ein Rechtsgeschäft abschliesst, haben weder die Pflicht noch die Möglichkeit zur Überprüfung, ob dieser innerhalb seiner Kompetenzen handelt. Der gutgläubige Dritte ist somit im Rechtserwerb geschützt, sofern er die Kompetenzüberschreitung des Erbschaftsverwalters nicht gekannt hat oder hätte erkennen müssen, vgl. Art. 518 N 49 (gl.M. YUNG, SemJud 1947, 468; PIOTET, SPR IV/2, 707).

IX. Prozessuale Stellung des Erbschaftsverwalters

Das Gesetz regelt die **prozessuale Rechtsstellung des Erbschaftsverwalters** nicht. In Analogie zu Art. 596 Abs. 1 hat jedoch auch der Erbschaftsverwalter *die Rechte und Pflichten des Erblassers, soweit nötig, gerichtlich festzustellen*. Damit sind vorab die Aktiv- und Passivprozesse des Erblassers, d.h. des Nachlasses gemeint, währenddem die erbrechtlichen Klagen davon nicht angesprochen werden. Lehre und Praxis anerkennen deshalb einhellig, dass der Erbschaftsverwalter zur Prozessführung für den Nachlass *aktiv- und passivlegitimiert* ist (BGE 54 II 197, 200; ZR 1987, 82, 83; PKG 1974, 25; gl.M. ZK- ESCHER, N 16; BK-TUOR/PICENONI, N 20; BRÜGGER, 62; YUNG, SemJud 1947, 469; STIERLIN, 93; PIOTET, SPR IV/2, 708; HUX, 136). Im Rahmen seiner Kompetenz ist der Erbschaftsverwalter zur Erteilung von Prozessvollmachten an Dritte berechtigt (BGE 54 II 197, 200). 50

Der Erbschaftsverwalter hat die **ausschliessliche Prozessführungsbefugnis** im *beschränkten Rahmen* seiner Besitz- und Verwaltungsrechte, allenfalls auch eingeschränkt durch den Ernennungsakt der Behörde, vgl. N 36. Soweit seine Prozessführungsbefugnis reicht, ist jene der Erben ausgeschlossen. Fehlt dem Erbschaftsverwalter die Verwaltungsbefugnis für einzelne Bereiche oder Gegenstände, so fehlt auch die Prozesslegitimation. Die Prozesslegitimation des Erbschaftsverwalters bezieht sich nicht nur auf Prozesse, die nach dem Tod des Erblassers angehoben werden, sondern auch auf die *noch hängigen, unerledigten Prozesse des Erblassers selbst* (gl.M. YUNG, SemJud 1947, 469). Soweit keine anderweitigen Anordnungen des Erblassers bestehen, erlöscht mit dem Tod des Erblassers das Mandat eines von ihm eingesetzten Prozessvertreters; der Prozess ist vom Erbschaftsverwalter weiterzuführen (ZR 1977, 167, 169). 51

Der Erbschaftsverwalter **tritt selbständig und in eigenem Namen auf**, handelt aber auf Rechnung der Erbschaft und hat dabei seine Funktion anzugeben. Er führt den Prozess selbständig und benötigt dazu keine Zustimmung der Behörde und/oder der bekannten Erben, vgl. Art. 518 N 70 (BGE 54 II 197, 200; 79 II 113, 116; PKG 1974, 25; gl.M. BRÜGGER, 62; YUNG, SemJud 1947, 469; HUX, 136). 52

Art. 554 ZGB

53 Der Erbschaftsverwalter ist zu allen **nichterbrechtlichen Klagen** aktiv- und passivlegitimiert, die der Sicherung oder Erhaltung des Nachlassbestandes dienen. Die Aktivlegitimation ist exklusiv, die Passivlegitimation wegen der persönlichen und solidarischen Haftung des Erben jedoch nicht; der Erbschaftsgläubiger hat das Recht, sofort und direkt auf den solidarisch haftenden Erben und dessen Privatvermögen zu greifen, vgl. Art. 518 N 76 f. Zu den nichterbrechtlichen Klagen kann z.B. die Anfechtung eines Generalversammlungs-Beschlusses einer zum Nachlass gehörenden Aktiengesellschaft dienen (ZR 1987, 82). Der Erbschaftsverwalter kann eingeklagt werden für Verpflichtungen, die er zu Lasten des Nachlasses eingegangen ist, vgl. N 44, nicht aber auf Ausrichtung eines Vermächtnisses, da dies nicht zu seinen Aufgaben gehört, vgl. N 48 (gl.M. YUNG, SemJud 1947, 469).

54 Der Erbschaftsverwalter ist für **Zwangsvollstreckungsmassnahmen, insb. Betreibungen** für und gegen den Nachlass *ausschliesslich* aktiv- und passivlegitimiert. So ist er allein zur Einleitung und Durchführung von Betreibungen befugt (BGE 54 II 197, 200; gl.M. ZK-ESCHER, N 16; BK-TUOR/PICENONI, 20; YUNG, SemJud 1947, 470; PIOTET, SPR IV/2, 708; HUX, 136). Als Vertreter der Erbschaft hat er aufgrund von Art. 64 Abs. 3 SchKG den Zahlungsbefehl für die Betreibung gegen die unverteilte Erbschaft entgegenzunehmen (BGE 71 III 161, 163; 116 III 4, 7; gl.M. YUNG, SemJud 1947, 470; PIOTET, SPR IV/2, 708; HUX, 136 f.). Im übrigen wird auf die analoge Situation bei der Willensvollstreckung verwiesen, Art. 518 N 79.

55 Aufgrund seiner Aufgabe ist der Erbschaftsverwalter **nicht zur Führung erbrechtlicher Prozesse** aktiv- oder passivlegitimiert, insb. nicht zur Ungültigkeits-, Herabsetzungs- und Teilungsklage (gl.M. BRÜGGER, 63; STIERLIN, 96; HUX, 135 f.). Bez. Aktiv- und Passivlegitimation zur Erbschaftsklage ist die Situation gleich wie bei der Willensvollstreckung, vgl. Art. 518 N 83 (gl.M. BRÜGGER, 63; HUX, 136; zur Passivlegitimation vgl. auch JdT 1963 III 34, 41). Im Hinblick auf seine Aufgabe erscheint als fraglich, ob der Erbschaftsverwalter zur Durchsetzung einer testamentarisch verfügten Auflage berechtigt ist (a.M. PKG 1985, 157, 160).

56 Die **formellen Rechtswirkungen des Urteils bzw. der Zwangsvollstreckungsmassnahmen** gehen zugunsten und zu Lasten des Nachlasses und nicht des Erbschaftsverwalters, da er die Verfahren für fremde Rechnung geführt hat. Der Erbschaftsverwalter haftet deshalb nicht persönlich, sondern nur mit dem durch ihn verwalteten Nachlassvermögen, vgl. Art. 518 N 78.

57 Zu **Umfang der Prozessführungsbefugnis, Gerichtsstand, Prozesskosten, übrige prozessuale Rechte und Streit um persönliche Rechte** gelten die Ausführungen zum Willensvollstrecker analog, vgl. Art. 518 N 71-74, 87.

X. Rechte der Erben

58 Die Erbschaftsverwaltung ist ein **starker Eingriff in die Stellung der Erben**. Soweit und solange der Erbschaftsverwalter Besitz-, Verwaltungs- und Verfügungsrechte hat, sind diese den Erben vollständig entzogen, vgl. N 37. Die Erben können während der Dauer der Erbschaftsverwaltung nur jene Recht ausüben, über welche der Erbschaftsverwalter nicht verfügt, aber in der Praxis dürfte bei abwesenden, ungenügend ausgewiesenen oder unbekannten Erben ein gesamthandschaftliches Handeln aller Erben

Art. 554 ZGB

ohnehin faktisch unmöglich sein. Die Erben haben auch kein Recht, den Erbschaftsverwalter abzusetzen, vgl. N 4. Als *Korrelat* zu den einschneidenden Kompetenzen des Erbschaftsverwalters haben die Erben gewisse *Mitsprache- und Kontrollrechte*, N 59, das *Beschwerderecht* an die Aufsichtsbehörde, N 63, sowie *Schadenersatzansprüche* bei fehlerhaftem Verhalten des Erbschaftsverwalters, N 67.

Jeder einzelne Erbe hat Mitsprache- und Kontrollrechte. Diese gelten auch für den provisorischen Erben vor Ablauf der Ausschlagungsfrist, den ungenügend ausgewiesenen oder den bestrittenen Erben (DRUEY, Erbrecht, § 15 N 91) sowie für den durch Testament ausgeschlossenen Pflichtteils- oder sonstigen gesetzlichen Erben (zum *virtuellen* Erben vgl. ZR 1996, 103), z.B.: 59

– Recht auf **Einhaltung der allgemeinen Pflichten** des Erbschaftsverwalters, vgl. N 40;
– Recht auf **Gleichbehandlung und Äusserung von Wünschen**, soweit von der Sache her nötig/möglich, vgl. N 40;
– Recht auf **Auskunft**, Information, Akteneinsicht und periodische Berichterstattung, vgl. N 40;
– Recht auf **Geltendmachung und Durchsetzung** sämtlicher Mitsprache- und Kontrollrechte gegenüber dem Erbschaftsverwalter analog zum Willensvollstrecker, vgl. Art. 518 N 89.

Die **erbrechtlichen Grundsatzentscheidungen der Erben** werden durch die Erbschaftsverwaltung *nicht eingeschränkt*, insb.: 60

– die Beantragung von **Sicherungsmassregeln** wie Siegelung Art. 552 und Sicherungsinventar Art. 553 (ZR 1984, 46, 48; gl.M. WETZEL, N 170) sowie öffentliches Inventar Art. 580 ff. und amtliche Liquidation Art. 593 ff.;
– das Recht auf **Annahme oder auf Ausschlagung** der Erbschaft (ZR 1984, 46, 48);
– das Recht zur Erhebung der **Ungültigkeits- und Herabsetzungsklage**, wegen des ausschliesslichen Besitzanspruchs des Erbschaftsverwalters *aber nicht* der Erbschaftsklage, vgl. N 56;
– das Recht zur **freien Verfügung über den Erbanteil**, Art. 635. Diese erfordert keine Zustimmung des Erbschaftsverwalters, vgl. Art. 518 N 90.

XI. Behördenaufsicht

Lehre und Praxis anerkennen einhellig, dass der Erbschaftsverwalter in Analogie zum Willensvollstrecker einer **Behördenaufsicht analog zu Art. 595 Abs. 3** untersteht (BGE 54 II 197, 200; RVJ 1994, 328, 329; gl.M. ZK-ESCHER, N 18; BK-TUOR/PICENONI, N 21; BRÜGGER, 68; YUNG, SemJud 1947, 475; PIOTET, SPR IV/2, 705; LEIMGRUBER, 19; WETZEL, N 162; HUX, 138; DRUEY, Erbrecht, § 14 N 45). Die Behördenaufsicht ist *zwingendes Recht* und kann durch den Erblasser in der Verfügung von Todes wegen nicht wegbedungen oder eingeschränkt werden. Befugnisse und Sanktionen der Aufsichtsbehörde bestimmen sich *nach Bundesrecht* (BGE 66 II 148, 150). Neben der Behördenaufsicht nach Art. 595 Abs. 3 kann der Erbschaftsverwalter auch der separaten Aufsicht/ Disziplinargewalt seiner Berufsorganisation unterstehen, z.B. der Anwaltskammer (LGVE 1971, 75; 1994 I 37). 61

Art. 554 ZGB

62 Zum **Zweck der Behördenaufsicht, zur Kognitionsbefugnis der Aufsichtsbehörde, zur Tätigkeit der Behörde auf Beschwerde bzw. von Amtes wegen und zur Rechtsfolge der Beschwerde** i.S.v. Art. 571 Abs. 2 wird auf Art. 595 N 21-24 verwiesen, die auch für die Erbschaftsverwaltung gelten. Das bei der Willensvollstreckung teilweise umstrittene Eingreifen der Behörde *von Amtes wegen* ist bei der Erbschaftsverwaltung als Sicherungsmassregel für abwesende, nicht genügend ausgewiesene oder unbekannte Erben auf jeden Fall zulässig (gl.M. YUNG, SemJud 1947, 475; HUX, 138).

63 Zur **Beschwerde aktivlegitimiert** sind nach Art. 595 Abs. 3 vorab *die Erben*. Nach den von der Praxis entwickelten Grundsätzen ist der Kreis jedoch weiter zu ziehen und umfasst alle *materiell an der Erbschaft Beteiligten* (BGE 90 II 376, 383). Jeder Berechtigte ist *einzeln* aktivlegitimiert, nämlich:
– der **gesetzliche oder eingesetzte Erbe** (BGE 54 II 197, 200; 66 II 148, 150). Aktivlegitimiert ist auch der provisorische *Erbe* vor Ablauf der Ausschlagungsfrist (ZR 1992/93, 234, 236), der bestrittene Erbe (DRUEY, Erbrecht, § 15 N 91) sowie der durch Testament ausgeschlossene Pflichtteils- oder sonstige gesetzliche Erbe (ZR 1986, 25, 26; zum *virtuellen* Erben vgl. ZR 1996, 103);
– der **Vermächtnisnehmer** (RVJ 1992, 328, 329; gl.M. HUX, 138; a.M. BRÜGGER, 68; YUNG, SemJud 1947, 476; PIOTET, SPR IV/2, 705);
– der **Erbschaftsgläubiger** (BGE 47 III 10, 13; gl.M. DERRER, 29; a.M. BRÜGGER, 68; YUNG, SemJud 1947, 476; PIOTET, SPR IV/2, 705; HUX, 138), sowie der **Erbgangsgläubiger**.

64 **Passivlegitimiert** ist in jedem Falle der Erbschaftsverwalter selbst und nicht die Ernennungsbehörde, da sich die Beschwerde gegen seine Tätigkeit und damit gegen ihn persönlich richtet. Die Passivlegitimation besteht aber nur solange, als der Erbschaftsverwalter im Amt ist; scheidet er aus irgendeinem Grunde aus, so kann – im Gegensatz zur Verantwortlichkeitsklage – keine Aufsichtsbeschwerde mehr gegen ihn erhoben oder weitergeführt werden (BGE 98 Ia 129, 134; gl.M. DERRER, 101).

65 Der Erbschaftsverwalter selbst ist zu einer **Anfrage bei der Aufsichtsbehörde** aktivlegitimiert, um Rat oder Weisung einzuholen bzw. ein von ihm beabsichtigtes Geschäft genehmigen zu lassen. Die Aufsichtsbehörde sollte aber Weisungen nur in Ausnahmefällen erteilen, vgl. Art. 595 N 27. Zu Unzulässigkeit einer Fristansetzung gegenüber den Erben zur eigenen Beschwerdeeinreichung (sog. «Beschwerdeprovokation») vgl. Art. 595 N 34.

66 Zu den **Aufsichtsmitteln der Behörde, präventiven und disziplinarischen Massregeln, Absetzung des Erbschaftsverwalters, örtlicher Zuständigkeit der Behörde, Behördenorganisation, Verfahren, Beschwerdefrist, Erledigung des Beschwerdeverfahrens, Rechtsmittel und Kosten** wird auf die Ausführungen zur amtlichen Liquidation, Art. 595 N 28-37 verwiesen, die auch für die Erbschaftsverwaltung gelten.

Die Absetzung des Erbschaftsverwalters ist – im Gegensatz zur Willensvollstreckung – einfacher begründbar, weil der Erbschaftsverwalter durch eine Behörde eingesetzt wurde und nach Abberufung durch die Aufsichtsbehörde bzw. Entlassung durch die Ernennungsbehörde durch eine andere Person ersetzt werden kann, ohne dass dies zum Wegfall der Erbschaftsverwaltung als solcher führt. Zu den Absetzungsgründen vgl. Art. 518,

N 103 ff. Zu den Interessenkollisionen des Erbschaftsverwalters vgl. ZR 1994, 70 und RVJ 1992, 328, 330.

XII. Verantwortlichkeit

Zur **zivilrechtlichen, strafrechtlichen und beamtenrechtlichen Verantwortlichkeit, zum Ausmass der Haftung und zum Gerichtsstand** wird auf Art. 595 N 38-41, 43 verwiesen, die auch für die Erbschaftsverwaltung gelten. 67

Zu den *anspruchsberechtigten Personen* aus der vertragsähnlichen Verschuldenshaftung gehören bei der Erbschaftsverwaltung aber lediglich die *Erben und Vermächtnisnehmer* analog zur Willensvollstreckung vgl. Art. 518 N 113 (gl.M. Hux, 147; **a.M.** Brügger, 65, welcher nur die Erben als anspruchsberechtigt betrachtet).

Art. 555 ZGB

II. Bei unbekannten Erben

¹ Ist die Behörde im ungewissen, ob der Erblasser Erben hinterlassen hat oder nicht, oder ob ihr alle Erben bekannt sind, so sind die Berechtigten in angemessener Weise öffentlich aufzufordern, sich binnen Jahresfrist zum Erbgange zu melden.

² Erfolgt während dieser Frist keine Anmeldung und sind der Behörde keine Erben bekannt, so fällt die Erbschaft unter Vorbehalt der Erbschaftsklage an das erbberechtigte Gemeinwesen.

II. Quand les héritiers sont inconnus
¹ Lorsque l'autorité ignore si le défunt a laissé des héritiers ou lorsqu'elle n'a pas la certitude de les connaître tous, elle invite les ayants droit, par sommation dûment publiée, à faire leur déclaration d'héritier dans l'année.

² La succession passe au canton ou à la commune, si l'autorité ne reçoit aucune déclaration dans ce délai et s'il n'y a pas d'héritiers connus d'elle; l'action en pétition d'hérédité demeure réservée.

II. Eredi ignoti
¹ Quando l'autorità sia in dubbio se il defunto abbia o non abbia lasciato eredi, o se tutti gli eredi le sieno conosciuti, essa deve, mediante sufficienti pubblicazioni, diffidare gli interessati ad annunciarsi entro il termine di un anno.

² Se entro questo termine nessun erede si annuncia e l'autorità non ne conosce alcuno, l'eredità decade a favore dell'ente pubblico chiamato alla successione, riservata la petizione d'eredità.

Literatur

Vgl. die Literaturhinweise zu den Vorbem. zu Art. 551–559 ZGB.

I. Zweck und Voraussetzungen

Zweck des Erbenrufes ist die *Ermittlung von unbekannten Erben* in den Fällen von Art. 554 Abs. 1 Ziff. 2, 3. Der Erbenruf gehört systematisch zur Erbschaftsverwaltung und ist *keine selbständige* Sicherungsmassregel, sondern bezweckt die Beseitigung dieser Unsicherheiten, welche die Anordnung der Erbschaftsverwaltung erforderlich machten. Der Erlass eines Erbenrufs ohne vorgängige Anordnung der Erbschaftsverwaltung ist grundsätzlich nicht angängig (Rep 1975, 92, 93). 1

2 Der Erbenruf ist anzuordnen, wenn bei der Behörde Ungewissheit über die Erbberechtigten herrscht. Gemeint ist damit, dass bei der Behörde (und nicht bei einzelnen Erben) Zweifel über das Vorhandensein bzw. über Anzahl/Identität von Erben vorhanden sein müssen. Hegt die Behörde keinerlei Zweifel, z.B. weil ihr die familiären Verhältnisse des Erblassers hinlänglich bekannt sind, hat sie keinen Erbenruf durchzuführen, sondern die Erbschaftsverwaltung zu beenden und die Erbschaft dem oder den bekannten Erben bzw. dem Gemeinwesen auszuhändigen. Die Ungewissheit der Behörde kann sich darauf beziehen,
   – ob der Erblasser Erben hinterlassen hat oder nicht. Gemeint sind hier gesetzliche und eingesetzte Erben, deren Existenz sich i.d.R. aus den Zivilstands- und Familienregistern, anderen Urkunden sowie eingereichten Testamenten bzw. Erbverträgen ergibt. Liegt die Einsetzung eines oder mehrerer eingesetzter Erben auf den Gesamtnachlass vor, genügen Zweifel der Behörden an der Gültigkeit bzw. Anfechtbarkeit dieser Einsetzung nicht, ebensowenig die Tatsache, dass die Einsetzung tatsächlich von anderen Erben angefochten worden ist, wohl aber die Unsicherheit, ob der oder die eingesetzte(n) Erbe(n) am Leben ist/sind oder nicht (gl.M. PIOTET, SPR IV/2, 712 f.);
   – ob ihr alle Erben bekannt sind. Gemeint ist damit, ob der oder die der Behörde bekannten Erben noch leben sowie ob neben dem oder den der Behörde bekannten noch andere Erben existieren, z.B. Nachkommen von verstorbenen Verwandten. Dies gilt auch dann, wenn ein oder mehrere Erben auf dem Gesamtnachlass eingesetzt worden sind, aber ungewiss ist, ob der Erblasser daneben nicht auch noch (andere) gesetzliche Erben hinterlassen hat, vgl. Art. 554 N 13 (ZR 1955, 79; 1956, 191; AGVE 1979, 310, 314; **a.M.** PIOTET, SPR IV/2, 712 f.).

3 Die Ungewissheiten nach Art. 555 sind abzugrenzen von jenen bei **Verschollenheit eines Erben** nach Art. 548. Diese Abgrenzung ist deshalb von einiger praktischer Bedeutung, weil die Rechte des Verschollenen wesentlich besser geschützt sind als jene des «ungewissen» Erben i.S.v. Art. 555; vgl. dazu die eingehenden Erörterungen bei ZK-ESCHER, N 1, 2. Art. 548 betrifft den Fall, dass ein gesetzlicher oder eingesetzter Erbe *mit Sicherheit existiert hat* und zur Erbfolge berufen ist, sofern er noch am Leben ist. Sein Leben wird also vermutet und seine Rechte werden durch die gesetzlichen Bestimmungen von Art. 548 besonderes geschützt. Art. 555 hingegen regelt die Situation, dass *nicht mit Sicherheit feststeht*, ob als Erben in Frage kommende Personen je existiert haben bzw. gegenwärtig existieren (gl.M. PIOTET, SPR IV/2, 713). Durchaus möglich ist aber, dass *nach* Durchführung des Erbenrufs noch eine Verschollenerklärung i.S.v. Art. 548 durchgeführt werden muss, wenn durch den Erbenruf ein Erbe bekannt wird, der mit Sicherheit existiert hat, aber verschollen ist (OGer ZH SJZ 1957, 143).

II. Verfahren

4 Zu **örtlicher Zuständigkeit, Behördenorganisation, Verfahren, Rechtsmittel und Kosten** vgl. Vorbem. zu Art. 551-559 N 6-12.

5 Bundesrechtlich bestehen **vier Verfahrensgrundsätze**:
   – Der Erbenruf muss von der **Behörde durchgeführt** werden. Eine Delegation an Erben oder Dritte, einschliesslich den Willensvollstrecker, ist nicht zulässig;

– Die Aufforderung muss **angemessen** sein. Dies bedeutet, dass Art und Ort der Aufforderungen den der Behörde bekannten Umständen des einzelnen Falles angepasst sein müssen. I.d.R. haben zwei bis drei Publikationen in einer oder mehreren Zeitungen der Stadt bzw. Region zu erfolgen, wo der Gesuchte zuletzt gewohnt hat oder gesehen wurde; ein Anschlag an der Amtstafel des letztbekannten Wohnortes oder eine Publikation im lokalen Amtsblatt genügt nicht. Die Behörde hat auch von Drittpersonen eingehende Hinweise auszuwerten und allenfalls die schweizerischen Vertretungen im Ausland einzuschalten;
– Die Aufforderung hat **öffentlich** zu erfolgen. Dies bedeutet Publikation der Aufforderung in den geeigneten Medien. Nachforschungen der Behörden auf privater Basis oder unter Beizug von Auskunfteien wären somit nicht genügend;
– Die **Anmeldefrist** muss ein Jahr betragen. Diese Frist wird ab letzter Veröffentlichung gerechnet und ist darin ausdrücklich zu erwähnen (gl.M. BK-TUOR/PICENONI, N 9).

Im übrigen richten sich **Form und Inhalt** der Aufforderung nach kant. Recht. Dieses hat z.B. zu regeln, ob die Aufforderung auch eine Begründung der «Ungewissheit» der Behörde enthalten soll oder ob darin die Rechtsfolgen bei Nichtanmeldung aufzunehmen seien (a.M. BK-TUOR/PICENONI, N 9, der die Angabe der Rechtsfolgen offenbar als bundesrechtlich vorgeschrieben betrachtet).

III. Rechtsfolgen

Die einjährige Anmeldefrist ist eine **Ordnungsfrist**, deren Nichtbeachtung keinen materiellen Rechtsverlust für die am Nachlass Berechtigten nach sich zieht (BGE 56 II 254, 259). Die Behörde muss auch Personen berücksichtigen, die sich *nicht förmlich gemeldet* haben, der Behörde aber bekannt sind oder bekanntwerden, z.B. durch Hinweis von Drittpersonen. Ebenso hat die Behörde auch *nach Fristablauf* sich meldende oder ihr bekanntwerdende Personen zu berücksichtigen, sofern das Erbenruf-Verfahren nicht bereits abgeschlossen und die Erbschaft an andere Erben oder das Gemeinwesen ausgeliefert wurde (OGer ZH SJZ 1957, 143). Die Erbschaftsklage nach Art. 598 von später bekanntwerdenden Personen bleibt in jedem Falle vorbehalten.

Die Behörde hat die **Berechtigung** der angemeldeten bzw. ihr bekanntgewordenen Erben aufgrund der vorgelegten Ausweise **zu prüfen**. Sie hat im Rahmen dieser vorläufigen Untersuchung eine gewisse Kognitionsbefugnis, ob der Prätendent seine Erbberechtigung *glaubhaft* gemacht hat. Der Behördenentscheid hat *keine materielle Rechtskraft*; die Erbschaftsklage eines besser Berechtigten bleibt immer vorbehalten. Der provisorische Entscheid der Behörde, wer als Erbe betrachtet wird und wer nicht, hat aber eine gewisse Bedeutung für die Auslieferung der Erbschaft nach Art. 556 Abs. 3 und damit für die Parteirollenverteilung in einem künftigen Streit der Beteiligten um ihre materielle Berechtigung, vgl. Art. 559 N 45.

Erscheint der Behörde **nach Ablauf der Jahresfrist** das Erbrecht des oder der angemeldeten bzw. bekannten Erben als glaubhaft, so hat sie die Erbschaftsverwaltung aufzuheben und die *ganze* Erbschaft unter Vorbehalt der Erbschaftsklage dem oder den präsumtiven Erben auszuhändigen. Sind der Behörde Erben bekanntgeworden, deren Erbrecht

Art. 556 ZGB

indessen nicht glaubhaft erscheint, hat die Behörde die Erbschaftsverwaltung *aufrechtzuerhalten*. Der oder die Erbprätendenten haben in der Folge gegen den Erbschaftsverwalter die Erbschaftsklage zu erheben. Ist keine Anmeldung eingegangen, ist der Behörde auch sonst kein Erbe bekannt oder haben der oder die Erbprätendenten die Frist von Art. 600 unbenutzt verstreichen lassen, hat die Behörde die Erbschaftsverwaltung aufzuheben und die *ganze* Erbschaft unter Vorbehalt der Erbschaftsklage dem berechtigten Gemeinwesen auszuhändigen.

10 Die **Rechtswirkung** des Erbenrufs ist vor allem die *Hemmung der Frist* von Art. 559 zur Ausstellung der Erbbescheinigung. Diese darf nicht ausgestellt werden, solange die einjährige Frist des Erbenrufs noch läuft (Rep 1975, 92, 94). Umgekehrt kann die Ausstellung der Erbbescheinigung an eingesetzte Erben nicht verweigert werden, wenn der Erbenruf ordnungsgemäss durchgeführt und die einjährige Frist von Art. 555 abgelaufen ist (Rep 1987, 201, 203).

Art. 556 ZGB

E. Eröffnung der letztwilligen Verfügung
I. Pflicht zur Einlieferung

[1] Findet sich beim Tode des Erblassers eine letztwillige Verfügung vor, so ist sie der Behörde unverweilt einzuliefern, und zwar auch dann, wenn sie als ungültig erachtet wird.

[2] Der Beamte, bei dem die Verfügung protokolliert oder hinterlegt ist, sowie jedermann, der eine Verfügung in Verwahrung genommen oder unter den Sachen des Erblassers vorgefunden hat, ist bei persönlicher Verantwortlichkeit verbunden, dieser Pflicht nachzukommen, sobald er vom Tode des Erblassers Kenntnis erhalten hat.

[3] Nach der Einlieferung hat die Behörde, soweit tunlich nach Anhörung der Beteiligten, entweder die Erbschaft einstweilen den gesetzlichen Erben zu überlassen oder die Erbschaftsverwaltung anzuordnen.

E. Ouverture des testaments
I. Obligation de les communiquer

[1] Le testament découvert lors du décès est remis sans délai à l'autorité compétente, même s'il paraît entaché de nullité.

[2] Sont tenus, dès qu'ils ont connaissance du décès, de satisfaire à cette obligation, sous leur responsabilité personnelle: l'officier public qui a dressé acte ou reçu dépôt d'un testament et quiconque en a accepté la garde ou en a trové un parmi les effets du testateur.

[3] Après la remise du testament, l'autorité envoie les héritiers légaux en possession provisoire des biens ou ordonne l'administration d'office; si possible, les intéressés seront entendus.

E. Pubblicazione delle disposizioni d'ultima volontà
I. Obbligo di consegnarle

[1] Se alla morte di una persona si rinviene un testamento, questo deve sollecitamente essere consegnato all'autorità competente, ancorché si considerasse nullo.

[2] Il funzionario che ha rogato il testamento o presso il quale è deposto, ed ognuno che l'abbia ricevuto in custodia o che l'abbia trovato tra le cose del defunto, è tenuto ad adempiere questo obbligo, sotto sua personale responsabilità, appena gli sia nota la morte del testatore.

[3] Dopo la consegna, l'autorità deve, uditi se possibile gli interessati, lasciare l'eredità nel possesso provvisorio degli eredi legittimi o nominare un amministratore.

Inhaltsübersicht

I.	Zweck und Voraussetzungen	1
II.	Einzuliefernde Verfügungen	5
	1. Letztwillige Verfügungen	5
	2. Erbverträge	10
	3. Eheverträge	15
III.	Einlieferungspflichtige Personen	16
IV.	Verfahren	19
V.	Provisorische Massnahmen nach Abs. 3	25

Literatur

Vgl. die Literaturhinweise zu den Vorbem. zu Art. 551–559 ZGB.

I. Zweck und Voraussetzungen

Zweck der Einlieferung ist, die ordnungsgemässe Abwicklung des Erbganges vorzubereiten, insb. dafür zu sorgen, dass die letztwilligen Verfügungen des Erblassers erhalten bleiben (BGE 98 II 148). Das Gesetz statuiert eine *absolute Einlieferungspflicht*, welcher die betroffenen Personen *spontan* nachzukommen haben, d.h. ohne Ermessensspielraum und ohne Aufforderung oder Einverständniserklärung durch Erben oder Dritte insb. Erben (gl.M. HERZER, 56). Die Einlieferung ist eine *öffentlich-rechtliche Pflicht* für Beamte, vgl. N 16, bzw. eine *allgemeine Bürgerpflicht*, vgl. N 18.   1

Die Einlieferungspflicht wird durch den **Tod des Erblassers ausgelöst** und kann deshalb nicht durch vorzeitige Einlieferung *vor dem Tod* des Erblassers erfüllt werden. Für die sichere Aufbewahrung letztwilliger Verfügungen zu Lebzeiten des Erblassers haben die Kantone nach Art. 504, 505 Abs. 2 separate *Aufbewahrungsstellen* zu bezeichnen (zur Aufbewahrung letztwilliger Verfügungen von Auslandschweizern bei der Heimatgemeinde vgl. VPB 1987, 151). Nach Vertragsrecht, insb. nach Art. 472 ff. OR bestimmt sich, ob ein Anwalt ein zur Aufbewahrung deponiertes Testament eines möglicherweise noch lebenden Klienten mit unbekanntem Aufenthalt vorsorglicherweise bei einer Amtsstelle hinterlegen kann (ZR 1991, 251).   2

Die Einlieferung ist **unverweilt** vorzunehmen, sobald der Aufbewahrer *vom Tode des Erblassers Kenntnis erhalten hat*. Dies bedeutet, dass die Verfügung *so bald als möglich* nach dem Tode des Erblassers und nach ihrer Auffindung einzureichen ist. Eine Frist, insb. eine Maximalfrist für die Einreichung gibt es nicht (BGE 53 II 210), so dass eine Verfügung auch noch Jahre oder Jahrzehnte nach dem Tode des Erblassers eingereicht werden muss, wenn sie erst dann aufgefunden wird (gl.M. HERZER, 56 f.). Die Einreichung durch den Aufbewahrer einer bei ihm hinterlegten Verfügung erst zweieinhalb Monate nach dem Tod des Erblassers gilt als verspätet (BGE 90 II 376, 390).   3

Die Einlieferungspflicht ist eine **Ordnungsvorschrift**, vgl. Art. 557 N 5. Ihre Verletzung oder Nichtbeachtung führt nicht zur Ungültigkeit der letztwilligen Verfügung (BGE 53 II 210, 211; 90 II 376, 391; gl.M. HERZER, 57; DRUEY, Erbrecht, § 15 N 6).   4

Art. 556 ZGB

II. Einzuliefernde Verfügungen

1. Letztwillige Verfügungen

5   Einlieferungspflichtig sind **letztwillige Verfügungen i.S.v. Art. 498-511**, d.h. die verschiedenen Arten von Testamenten. Einzuliefern sind auch ausländischem Recht unterstellte oder im Ausland errichtete Verfügungen, sofern der Erblasser seinen letzten Wohnsitz in der Schweiz hat (Art. 90 Abs. 2, Art. 93 IPRG). Liegen *mehrere Verfügungen* vor, sind gemäss Art. 557 Abs. 3 *alle* einzuliefern, also auch jene, die durch eine spätere Verfügung aufgehoben worden sind.

6   Die Verfügung ist im **Original** einzuliefern, bei mehreren Originalen in allen Exemplaren. Das kant. Recht kann allerdings öffentlichen Urkundspersonen gestatten oder die Pflicht auferlegen, das Original der Verfügung bei sich aufzubewahren und lediglich eine beglaubigte Kopie einzuliefern (BGE 54 I 119, 122; VPB 1978, 54). Kann das Original nicht eingeliefert werden, so ist eine *Kopie*, wenn möglich eine beglaubigte Kopie oder Abschrift, einzureichen, auch wenn diese formal ungültig ist bzw. betrachtet wird, z.B.:
– die Fotokopie eines in Frankreich errichteten und dort registrierten Testamentes (Rep 1968, 62);
– die Fotokopie eines Testamentes, das angeblich beim Friedensrichter zur Aufbewahrung hinterlegt worden war und verloren ging (JdT 1976 III 4);
– die beglaubigte Abschrift einer öffentlichen Verfügung, deren Original angeblich vom Erblasser zerrissen wurde (ZR 1995, 45).

7   Einlieferungspflichtig sind **alle Dokumente, die nach ihrem Inhalt als letztwillige Verfügungen erscheinen**. Bezeichnung oder Form sind nicht entscheidend, sondern vielmehr der Inhalt als *Willenserklärung des Erblassers*, durch welche er für den Fall seines Todes Vermögensverfügungen trifft (ZR 1967, 186, 187; 1978, 295; PKG 1990, 176, 177; gl.M. Piotet, SPR IV/2, 715). Art, Form oder Darstellung spielen keine Rolle, solange es sich um eine Willenserklärung handelt. Eine solche kann z.B. auch in einem Brief an einen Dritten oder in Tagebuchaufzeichnungen ausgedrückt werden, nicht aber in reinen Vermögensaufstellungen, Notizen oder offensichtlich von einer Drittperson erstellten Entwürfen. Im Zweifelsfalle ist die *Einlieferungspflicht weit zu fassen* und sind alle Willenserklärungen einzureichen (BGE 91 II 327, 332 = Pra 1966, 237; gl.M. Riggenbach, ZSR 1946, 18; Piotet, SPR IV/2, 715).

8   Verfügungen sind auch dann einzureichen, wenn sie **als formungültig oder nichtig erachtet** werden. Der Einlieferungspflichtige (auch eine Amtsperson) hat kein Recht, die Gültigkeit bzw. Anfechtbarkeit der aufbewahrten bzw. aufgefundenen Verfügung(en) zu beurteilen. Auch eine ungültige bzw. anfechtbare Verfügung ist rechtswirksam, wenn sie nicht angefochten wird (gl.M. Schnyder, 106; Druey, Erbrecht, § 15 N 8); darüber hat der ordentliche Richter zu entscheiden. Somit sind auch einzuliefern:
– Verfügungen, die an einem **Formmangel** leiden (ZR 1967, 186, 187);
– Verfügungen, die **durch spätere Verfügungen aufgehoben** bzw. widerrufen wurden (BGE 91 II 327, 332 = Pra 1966, 237);

- Verfügungen, die sich **inhaltlich widersprechen**, offensichtlich gegenstandslos geworden sind, möglicherweise unecht sind oder von einem Erblasser stammen, dessen Urteilsfähigkeit zweifelhaft ist (ZR 1968, 363);
- ein ungültig erscheinendes **Nottestament** (ZR 1978, 295, 296);
- **gemeinschaftliche, gegenseitige Testamente**, die zwar zivilrechtlich als unzulässig betrachtet werden, aber trotzdem formal und inhaltlich Willenserklärungen auf den Tod hin enthalten (BezGer ZH SJZ 1965, 357; gl.M. ZK-Escher, N 4; Herzer, 64 f.; **a.M.** ZR 1963, 27, wonach gemeinschaftliche Testamente nichtig sind und deshalb nicht eröffnet werden können);
- **Kopien** von Verfügungen, deren Originale nicht beigebracht werden können oder nicht auffindbar sind, vgl. N 6.

Die Kantone haben die Einlieferungspflicht zu regeln für letztwillige Verfügungen, die sich **schon lange Zeit in amtlicher Verwahrung** befinden, ohne dass man weiss, ob der Verfasser noch lebt (gl.M. Riggenbach, ZSR 1946, 16 f.). Zur Aufbewahrung/Einlieferung bei einer kant. Amtsstelle hinterlegter, aber *offensichtlich gegenstandslos gewordener Verfügungen*, vgl. Art. 557 N 12, haben einzelne Kantone spez. Richtlinien erlassen. So gilt als Bsp. im Kanton ZH die Regelung, dass beim Notariat hinterlegte, offenbar gegenstandslos gewordene letztwillige Verfügungen nach Einholung einer Ermächtigung des Notariatsinspektors in der Testamentskontrolle und in der Testamentskartei unter Angabe dieses Umstandes abzuschreiben und zu den Akten der Testamentskontrolle abzulegen sind (§ 130 der Notariatsverordnung vom 23.11.1960). Vgl. dazu im übrigen ZR 1968, 363, 364.

2. Erbverträge

Nach dem Text von Art. 556 ist nur die **Einlieferung der letztwilligen Verfügungen, nicht aber aller Verfügungen von Todes wegen** vorgeschrieben. Daraus wird abgeleitet, dass keine Einlieferungspflicht für Erbverträge bestehe (BGE 90 II 376, 391). Unter Bezugnahme auf die Entstehungsgeschichte des ZGB wird in der Literatur darauf hingewiesen, dass der Gesetzgeber diese Einlieferungspflicht *bewusst nicht* vorgesehen habe, weil beim Erb*vertrag* die Gegenpartei schon aus eigenem Interesse dafür sorgen werde, dass die Verfügung bekannt und durchgeführt werde; deshalb sei davon auszugehen, dass die Nichterwähnung der Erbverträge nicht bloss auf einem redaktionellen Versehen beruhe (vgl. ZK-Escher, N 2; BK-Tuor/Picenoni, N 2; Riggenbach, ZSR 1946, 25 f.; Picenoni, ZBGR 1967, 264; Piotet, SPR IV/2, 717; Herzer, 28 f.; Schnyder, 121).

Der Gesetzestext schreibt die Einlieferung von Erbverträgen zwar nicht vor, *schliesst sie aber auch nicht aus*. Nach h.L. haben die Kantone deshalb das Recht, die **freiwillige Einlieferung/Eröffnung von Erbverträgen** zuzulassen (vgl. ZK-Escher, N 2; BK-Tuor/Picenoni, N 2; Beck, 132; Herzer, 68; Druey, Erbrecht, § 15 N 9). Nachdem früher einzelne Kantone die Eröffnung von Erbverträgen ausdrücklich als unzulässig bezeichnet hatten, sehen heute offenbar *alle Kantone* die Möglichkeit der Einlieferung/Eröffnung vor, sei es aufgrund kant. Gesetzesbestimmung oder auch nur der Praxis (vgl. Piotet, SPR IV/2, 717). Zur Situation in den einzelnen Kantonen wird verwiesen auf Riggenbach, 29 f.; Picenoni, 265 f. und Herzer, 68 f.. Wird ein Erbvertrag unter diesem System der Freiwilligkeit nicht eingeliefert/eröffnet, so müssten sich die Erben

Art. 556 ZGB

mit der gegenseitigen Auskunftspflicht nach Art. 610 behelfen, unter welcher die Vorlegung eines Erbvertrages erzwungen werden könnte (gl.M. HERZER, 69).

12 Die **Nichterwähnung der Erbverträge** im Gesetz ist weitestgehend kritisiert und u.a. als «legislatorischen Missgriff» bezeichnet worden (vgl. BRÜGGER, 86 ff.; RIGGENBACH, ZSR 1946, 27 ff.; PICENONI, ZBGR 1967, 263 f.; HERZER, 29, 82 f.; DRUEY, Erbrecht, § 15 N 9; SCHNYDER, 122). In der Praxis ergibt sich folgende *Problematik*:
   – Mit dem Tod einer Vertragspartei entfaltet der **Erbvertrag die gleichen Wirkungen** wie ein Testament bez. Erbeinsetzungen, Vermächtnisse, Erbverzichte, Teilungsvorschriften, alles wie beim Testament unter Vorbehalt der Ungültigkeits- und Herabsetzungsansprüche;
   – Die **überlebende Vertragspartei hat zwar Kenntnis** vom Inhalt der Verfügungen und üblicherweise auch ein Originalexemplar des Vertrages, kann aber ihre Rechte nicht ohne weiteres geltend machen, wenn der Vertrag nicht eingereicht und eröffnet wird. So kann sie ohne Eröffnung keine Erbbescheinigung nach Art. 559 erhältlich machen und damit keinen Legitimationsausweis für die Inbesitznahme der Nachlassgüter, insb. der Liegenschaften im Hinblick auf Art. 18 GBV. Der Erbvertrag stellt lediglich das obligatorische Grundgeschäft dar, aufgrund dessen der eingesetzte Vertragserbe die Zustimmung aller gesetzlichen Erben zur Inbesitznahme der Nachlassgegenstände einholen muss, bei fehlender Zustimmung auf dem Prozesswege;
   – Erheblich gefährdet sind die **Rechte eines aus Erbvertrag begünstigten Dritten** (eingesetzter Erbe oder Vermächtnisnehmer), der *nicht Vertragspartei ist*. Ohne Einlieferung/Eröffnung des Erbvertrages erfährt er u.U. nie etwas von seiner Begünstigung und geht seiner Rechte vollständig verlustig, wenn die überlebende Vertragspartei ihn nicht direkt orientiert und den Vertrag vernichtet;
   – Die gleiche Überlegung gilt bez. eines im **Erbvertrag ernannten Willensvollstreckers**. Wird der Vertrag nicht eingeliefert/eröffnet, kann der Willensvollstrecker u.U. die ihm von der verstorbenen Vertragspartei zugedachte Funktion nie erfüllen;
   – Die **Rechte der gesetzlichen Erben sind stark eingeschränkt**, indem ihnen bei nicht vorgenommener Einlieferung/Eröffnung des Erbvertrages die einfache und wirksame Einsprachemöglichkeit nach Art. 559 genommen wird. Für die gesetzlichen Erben kann es keine Rolle spielen, ob eine Erbeinsetzung durch Testament oder Erbvertrag vorgenommen wird; die Rechtswirkungen sind die gleichen. Ungleich aber ist die Rechtsstellung der gesetzlichen Erben, weil das Einspracheverfahren nach Art. 559 nur gegeben ist, wenn die eine Erbeinsetzung enthaltende Verfügung eröffnet worden ist.

13 Die Systemwidrigkeit der unterschiedlichen Behandlung von Testamenten und Erbverträgen sowie die sich daraus ergebenden rechtlichen und praktischen Probleme für gesetzliche Erben, eingesetzte Erben und Vermächtnisnehmer führen zum Schluss, dass **bez. Erbverträgen eine Gesetzeslücke vorliegt** (gl.M. PICENONI, ZBGR 1967, 264; HERZER, 28, 68). Zum *Inhalt* dieser Lückenfüllung bestehen unterschiedliche Auffassungen:
   – **Nach überwiegender Lehre** gelten Erbverträge dann bundesrechtlich als einlieferungs-/ eröffnungspflichtig, wenn sie testamentarische, d.h. einseitig widerrufbare Verfügungen der verstorbenen Vertragspartei enthalten, einschliesslich Ernennung eines Willensvollstreckers (vgl. ZK-ESCHER, N 2; RIGGENBACH, ZSR 1946, 26, 28; PIOTET, SPR IV/2, 717 f.; HERZER 67, 80; SCHNYDER, 122). Zudem werden als einlieferungspflichtig jene

Erbverträge betrachtet, in denen die Einlieferung/Eröffnung ausdrücklich vertraglich vereinbart wurde (BK-Tuor/Picenoni, N 2; Herzer, 84-88);
– **Piotet** geht mit eingehender Begründung davon aus, dass eine bundesrechtliche Einlieferungspflicht auch besteht für Erbverträge, die eine Verfügung *zugunsten eines Dritten* enthalten (z.B. Erbeinsetzung oder Vermächtnis), d.h. zugunsten einer Partei, die *am Vertrag selbst nicht beteiligt* war und möglicherweise davon gar keine Kenntnis hat (Piotet, SPR IV/2, 718; Schnyder, 122; wohl auch Riggenbach, ZSR 1946, 29). Diese Argumentation ist überzeugend, aber nicht vollständig, da sie sich mit den *Interessen und Rechten der gesetzlichen Erben* nicht auseinandersetzt. Entsprechend dem Sicherungszweck des Einlieferungs-/Eröffnungsverfahrens müssen bei der Lückenfüllung die Rechte und Interessen *aller am Erbgang Beteiligten* in Betracht gezogen werden, einschliesslich der gesetzlichen Erben. Zudem ist in verfahrensmässiger Hinsicht (Einspracheverfahren, Ausstellung von Erbbescheinigungen, Fristbeginn für erbrechtliche Klagen etc.) eine *einheitliche Lösung* zu suchen, die bei *allen Verfügungen von Todes wegen* gleich sein muss;
– **Nach der hier vertretenen Auffassung** ist die Gesetzeslücke so auszufüllen, dass alle Erbverträge von Bundesrechts wegen einlieferungs- und eröffnungspflichtig sind. Bei dieser Auffassung gilt notwendigerweise als unzulässig, dass die Parteien eines Erbvertrages die Einlieferung/Eröffnung vertraglich ausdrücklich ausschliessen können (**a.M. Herzer**, 84; Schnyder, 123). Die Ausführungen in N 6 ff. zur Einlieferung von letztwilligen Verfügungen gelten auch für Erbverträge, soweit sie auf diese anwendbar sind.

Es ist schon verschiedentlich eine **Gesetzesänderung** zur Beseitigung der praktischen Unzukömmlichkeiten bez. Erbverträge angeregt worden (z.B. Riggenbach, ZSR 1946, 30; Herzer, 158). Das EJPD hat 1993 einen Gesetzesentwurf zur Unterstellung von Erbverträgen und Eheverträgen unter die Einlieferungs-/Eröffnungspflicht vorbereitet und ein Vernehmlassungsverfahren durchgeführt (BBl 1993 II 831). Dieses ist abgeschlossen, aber eine Botschaft an das Parlament liegt gegenwärtig noch nicht vor. 14

3. Eheverträge

Die Einlieferung von **Eheverträgen ist bundesrechtlich nicht vorgeschrieben** (ZR 1981, 111; gl.M. Herzer, 70), dürfte aber bundesrechtlich auch *nicht unzulässig* sein. Eheverträge sind u.U. von erheblicher Bedeutung für den Erbgang, z.B. wenn sie Zuteilungsvorschriften auf Anrechnung an die güterrechtlichen Ansprüche des überlebenden Ehegatten beinhalten. Rechtlich und systematisch ist aber die güterrechtliche Auseinandersetzung vom Erbgang und insb. von der Erbteilung zu trennen. Vom Zweck der Sicherungsmassregeln her erscheint die Einlieferung/Eröffnung von Eheverträgen – im Gegensatz zu Erbverträgen – zum *Schutz des Erbgangs* nicht zwingend erforderlich. Die Erben können berechtigte Interessen auf Einsichtnahme in einen Ehevertrag nach Art. 610 durchsetzen, nötigenfalls auf dem Prozessweg (gl.M. Herzer, 71). In den Kantonen werden gelegentlich auch Eheverträge des Erblassers (mit-) eröffnet, insb. wenn in einer letztwilligen Verfügung oder einem Erbvertrag auf sie verwiesen wird (Druey, Erbrecht, § 15 N 10). Eine kant. *Pflicht* zur Einlieferung/Eröffnung von Eheverträgen würde aber wohl gegen Bundesrecht verstossen (gl.M. Herzer, 71). 15

Art. 556 ZGB

III. Einlieferungspflichtige Personen

16 Einlieferungspflichtig ist der **Beamte**,
– der eine öffentliche letztwillige Verfügung **protokolliert, d.h. beurkundet** hat, sofern er nach kant. Recht nicht nur als Urkundsperson, sondern auch als Hinterlegungsstelle gem. Art. 504 amtiert;

– bei dem eine letztwillige Verfügung **hinterlegt ist**. Gemeint sind damit die *kantonalen Hinterlegungsstellen* für öffentliche Verfügungen gem. Art. 504, für eigenhändige Verfügungen gem. Art. 505 Abs. 2 und für mündliche Verfügungen gem. Art. 507. Ist nach kant. Recht die Hinterlegungsstelle mit der Eröffnungsbehörde identisch, so entfällt die Einlieferungspflicht (PKG 1990, 176, 177; HERZER, 61 FN 42).

17 Einlieferungspflichtig ist sodann der **Aufbewahrer einer Verfügung**. Im Gegensatz zum Beamten ist hier eine *Privatperson* gemeint, der der Erblasser die Verfügung zur Verwahrung übergeben hat, z.B. ein Erbe oder sonstiger Angehöriger, ein Freund, ein Anwalt oder der Willensvollstrecker (BGE 90 II 376, 390; gl.M. PIOTET, SPR IV/2, 714; HERZER, 60). Einlieferungspflichtig sind insb. auch Banken; das Bankgeheimnis steht dem nicht entgegen (gl.M. AUBERT/KERNEN/SCHÖNLE, 325 f.).

18 Einlieferungspflichtig ist auch, wer die Verfügung **unter den Sachen des Erblassers vorgefunden** hat. Die Einschränkung *unter den Sachen des Erblassers* deckt sich zwar mit dem it. und frz. Gesetzestext, ist aber in dieser Form zu eng. Es kann sich daraus die Frage stellen, ob mit den *Sachen des Erblassers* eine Abgrenzung von *Sachen anderer Personen* gemeint sei oder eine Abgrenzung von Verfügungen, die von einem Dritten *in Verwahrung genommen* wurden, womit zumindest im *Familien-/Wohn- oder Einflussbereich des Erblassers* aufgefunde Verfügungen erfasst wären. Solche Abgrenzungen sind abzulehnen, denn der Text von Abs. 1 «*findet sich ... eine letztwillige Verfügung vor*» enthält *keine Einschränkung*, von wem und wo die Verfügung gefunden wurde. Zudem ist die Einlieferungspflicht vom Sicherungszweck her gesehen *weit* auszulegen. Damit ist *jeder Finder* einer Verfügung unbekümmert um die Umstände und den Fundort einlieferungspflichtig, so dass die Einlieferung eine *allgemeine Bürgerpflicht* darstellt (gl.M. BK-TUOR/PICENONI, N 7; RIGGENBACH, ZSR 1946, 14 f.; HERZER, 58; PIOTET, SPR IV/2, 714; unklar SCHNYDER, 108; a.M. ZK-ESCHER, N 7). Aufgrund dieser weiten Auslegung ist grundsätzlich *auch eine Behörde* zur Einlieferung verpflichtet, so z.B. die Steuerbehörde, welche eine Verfügung bei der Steuerinventarisation vorfindet (**a.M.** ZR 1963, 66, 69: keine Einlieferung gegen den Willen der Erben; unklar ZK-ESCHER, N 8) oder die Polizeibehörde, welcher ein «echter Finder» eine letztwillige Verfügung nach Art. 720 abliefert (gl.M. PIOTET, SPR IV/2, 714 FN 3).

IV. Verfahren

19 Zu **örtlicher Zuständigkeit, Behörde, Verfahren, Rechtsmittel und Kosten** vgl. Vorbem. zu Art. 551-559 N 6-12.

Zuständig für die Entgegennahme der Verfügung ist üblicherweise die Eröffnungsbehörde nach Art. 557. Bei Einlieferung an eine örtlich oder sachlich unzuständige Behörde hat diese die Verfügung an die zuständige weiterzuleiten. Unkenntnis über den richtigen Einlieferungsort stellt aber keinen Entschuldigungsgrund für eine verspätete Einlieferung dar (BGE 90 II 376, 391).

Die **Art der Einlieferung** ist nicht geregelt. *Bundesrechtlich* genügt somit jede sachgerechte Tätigkeit des Pflichtigen zur Übermittlung der Verfügung an die zuständige Behörde, insb. die Einsendung per Post. Die Verfügung hat grundsätzlich in dem Zustand eingeliefert zu werden, *wie sie vorgefunden wurde*, nämlich offen oder in einem verschlossenen bzw. versiegelten Umschlag (gl.M. HERZER, 56). Die Einlieferung ist zumindest zu *protokollieren*, d.h. die wichtigsten Daten der Verfügung sowie Person des Einlieferers und Datum der Einlieferung sind protokollarisch festzuhalten (gl.M. PIOTET, SPR IV/2, 715).

20

Die **Einlieferungspflicht kann prozessual erzwungen** werden im Verfahren gem. kant. Prozessrecht. Zur *Klage auf Einlieferung* ist legitimiert, wer ein rechtliches Interesse an der Eröffnung der Verfügung hat, v.a. die aus der Verfügung Bedachten (Erben und Vermächtnisnehmer) sowie der Willensvollstrecker (BGE 98 II 148; gl.M. ZK-ESCHER, N 8; BK- TUOR/PICENONI, N 8; PIOTET, SPR IV/2, 715; HERZER, 58; SCHNYDER, 108). Diese Klage fällt in den Bereich der nichtstreitigen Gerichtsbarkeit und unterliegt den kant. Rechtsmitteln. Sie gilt aber nicht als Zivilrechtsstreitigkeit i.S.v. Art. 44, 46 OG, so dass gegen den letztinstanzlichen kant. Entscheid keine Berufung an das Berufungsgericht möglich ist (BGE 98 II 148). Umstritten ist, ob die *Behörde von Amtes wegen* die Einlieferung erzwingen kann, wenn sie z.B. durch Anzeige eines Dritten von Existenz und Aufbewahrer einer Verfügung erfahren hat. Aufgrund des Sicherungszwecks von Art. 556 und im Lichte von BGE 98 II 148 ist dies zu bejahen (gl.M. RIGGENBACH, ZSR 1946, 15; **a.M.** OGer ZH SJZ 1941/42, 166; BK-TUOR/PICENONI, N 8; unklar HERZER, 59).

21

Den Aufbewahrer bzw. Finder trifft eine **persönliche Verantwortlichkeit** zivilrechtlicher, strafrechtlicher und allenfalls beamtenrechtlicher Natur.

22

a) Die **zivilrechtliche Verantwortlichkeit** bedeutet, dass
– die **Einlieferung prozessual erzwungen** werden kann, vgl. N 21;
– die **verspätete Einlieferung** bzw. Nichteinlieferung *Schadenersatz* nach sich ziehen kann aus Art. 41 bzw. 97 ff. OR, wenn die Aufbewahrung der Verfügung durch Auftrag oder Hinterlegungsvertrag geregelt war. Aktivlegitimiert sind alle Beteiligten, die ein rechtlich geschütztes Interesse haben, vorab die aus der Verfügung Bedachten (Erben und Vermächtnisnehmer). Die Geltendmachung von Schadenersatzansprüchen dürfte allerdings wegen der Schadenberechnung sowie Beweisproblemen schwierig sein. Die Haftung von Privatpersonen richtet sich nach Bundeszivilrecht, jene von Amtspersonen nach kant. öffentlichen Recht (gl.M. RIGGENBACH, ZSR 1946, 15 f., PIOTET, SPR IV/2, 715; HERZER, 62 f.; SCHNYDER, 108; DRUEY, Erbrecht, § 15 N 5);
– die Nichteinlieferung **Eintritt von Erbunwürdigkeit** nach Art. 540 Abs. 1 Ziff. 4 bewirken kann.

b) Die Nichteinlieferung einer letztwilligen Verfügung erfüllt allenfalls den Tatbestand der **Fundunterschlagung** nach Art. 141 StGB bzw. der **Urkundenunterdrückung** gemäss Art. 254 StGB (JdT 1982 III 23). Soweit die Behörde die Einlieferung durch Befehl erzwingt, vgl. N 21, käme auch Art. 292 StGB in Frage.

23

24 c) Trifft die verspätete bzw. die Nichteinlieferung einen Beamten oder eine Behörde, so zieht dies allenfalls **Disziplinarmassnahmen** nach Beamtenrecht und/oder eine Staatshaftung nach sich (gl.M. HERZER, 62; SCHNYDER, 108).

V. Provisorische Massnahmen nach Abs. 3

25 Nach Einlieferung einer Verfügung *muss* sich die Behörde für eine der in Abs. 3 erwähnten **zwei Alternativen provisorischer Massnahmen** entscheiden. Die Behörde hat *soweit tunlich* die Beteiligten anzuhören, kann aber ihre Massnahme auch ohne eine solche Anhörung erlassen (PKG 1985, 157, 159). Die Behörde hat ein Ermessen, welche von beiden Varianten sie anwenden will, ist aber *nicht berechtigt, eine andere Variante zu wählen*. Vom Sicherungszweck her gesehen muss die Massnahme *unverzüglich* angeordnet werden, sobald eine Verfügung eingeliefert worden ist und die Behörde die ersten Abklärungen hat machen können.

26 Die Behörde hat ihren Entscheid möglicherweise in **vorläufiger Unkenntnis wichtiger Elemente** zu treffen, so z.B. ohne Anhörung landesabwesender Beteiligter, ohne Kenntnis des Inhalts einer verschlossen eingereichten Verfügung oder ohne Kenntnis der noch nicht ermittelten Erben. Wurde die Verfügung offen eingereicht, so kann die Behörde wenigstens von den Anordnungen des Erblassers Kenntnis nehmen, was ihren Entscheid erleichtern dürfte. Die Behörde hat eine vorläufige, *unpräjudizielle Prüfungspflicht und Auslegungsbefugnis* bez. des Inhalts der letztwilligen Verfügung, nicht aber eine materielle Entscheidungsbefugnis (ZR 1967, 190; 1967, 192; 1972, 281; 1983, 170; 1985, 223, 224; gl.M. HERZER, 76).

27 Die Behörde **kann die Erbschaft den gesetzlichen Erben überlassen**. Überlassen bedeutet *Weiterausübenlassen* der tatsächlichen Gewalt über den Nachlass und nicht Besitzeinweisung in den Nachlass; der frz. Gesetzestext ist ungenau. Die tatsächliche Gewalt steht den gesetzlichen Erben durch den Tod den Erblassers automatisch zu, so dass sie ihnen nicht förmlich übertragen werden muss. Diese «Überlassung» der Erbschaft ist nur gegenüber den *gesetzlichen Erben* zulässig; die Behörde darf den Besitz an der Erbschaft *nicht den eingesetzten Erben* übertragen, auch wenn diese gemäss letztwilliger Verfügung alleinberechtigt sein sollten (OGer ZH SJZ 1953, 377; gl.M. ORTENBURGER, 21; PIOTET, SPR IV/2, 735; SCHNYDER, 109 FN 10). Zum Verhältnis des einstweilig überlassenen Besitzes i.S.v. Art. 556 Abs. 3 zum erworbenen Besitz i.S.v. Art. 560 Abs. 2, vgl. PIOTET, SPR IV/2, 737 ff. Trifft die Behörde *keinen förmlichen Entscheid* nach Abs. 3, so bleibt es bei der gesetzlichen Regelung von Art. 560, d.h. beim Weiterandauern der tatsächlichen Gewalt der gesetzlichen Erben über die Erbschaftssachen.

28 Die Behörde **kann die Erbschaftsverwaltung anordnen**. Diese Erbschaftsverwaltung gilt als Anwendungsfall von Art. 554 Abs. 1 Ziff. 4 und unterliegt nicht den Voraussetzungen von Art. 554 Abs. 1 Ziff. 1-3 (ZR 1948, 124; PKG 1985, 157, 159; gl.M. ZK-ESCHER, N 14; BRÜGGER, 93; PIOTET, SPR IV/2, 735). Die nach Art. 556 Abs. 3 angeordnete Erbschaftsverwaltung kann deshalb u.U. *auf einen Teil des Nachlasses* beschränkt werden, vgl. Art. 554 N 36 (BJM 1959, 320; 1963, 206, 207). Die Anordnung der Erbschaftsverwaltung ist vorab dann angezeigt, wenn die gesetzlichen

Erben noch nicht bekannt bzw. abwesend sind oder wenn eingesetzte Erben vorhanden sind und deshalb einstweilen Unsicherheit besteht, wem an der Erbschaft das bessere Recht zukommt (ZR 1963, 203, 206; gl.M. BK-TUOR/PICENONI, N 10). Die Behörde hat sich dabei am *Sicherungsbedürfnis* der eingesetzten Erben zu orientieren, welches z.B. dann nicht vorliegt, wenn die formale Ungültigkeit der Erbeinsetzung schon im Eröffnungsverfahren offensichtlich ist (ZR 1967, 186, 188). Liegt der potentielle Interessenkonflikt zwischen gesetzlichen und eingesetzten Erben vor und/oder ist gegen die Ausstellung der Erbbescheinigung an die eingesetzten Erben durch die gesetzlichen Erben Einsprache nach Art. 559 erhoben worden, so sollte im *Zweifelsfalle* die Erbschaftsverwaltung angeordnet werden (ZR 1963, 203, 206; BJM 1963, 206, 207). Abzulehnen ist aber, dass bei Erbeinsetzung *immer und zwingend* die Erbschaftsverwaltung anzuordnen sei (**a.M.** ZR 1967, 186, 188; PIOTET, SPR IV/2, 736 f.; BECK, 132). Ist ein Willensvollstrecker eingesetzt, der das Amt angenommen hat, so erübrigt sich i.d.R. die Anordnung der Erbschaftsverwaltung nach Art. 556 Abs. 3 (gl.M. WETZEL, N 178).

Die von der Behörde gewählte Massnahme hat **provisorischen Charakter** und ist deshalb *abänderbar*. Dies ist z.B. dann der Fall, wenn die Behörde bei der Eröffnung Kenntnis einer bisher verschlossenen Verfügung erhält oder wenn zu einem späteren Zeitpunkt eine weitere Verfügung eingereicht wird. So kann die Behörde insb. die Erbschaftsverwaltung noch *nachträglich anordnen* oder auch eine bereits angeordnete *wieder aufheben*, wenn ihr die Voraussetzungen nicht mehr gegeben erscheinen (OGer ZH SJZ 1953, 377; gl.M. PIOTET, SPR IV/2, 706; SCHNYDER, 109). 29

Die **zeitliche Dauer der provisorischen Regelung** endet *nicht* mit der Testamentseröffnung, sondern *frühestens* mit dem Ablauf der in Art. 559 genannten Einsprachefrist. Die Regelung darf *nicht aufgehoben werden*, solange eine Einsprache nach Art. 559 besteht und die Erbbescheinigung zugunsten des eingesetzten Erben nicht ausgestellt werden kann (OGer ZH SJZ 1953, 377, Änderung einer langjährigen Praxis im Kanton ZH). Umgekehrt muss aber die nach Art. 556 Abs. 3 angeordnete Erbschaftsverwaltung nach unbenutztem Ablauf der Bestreitungsfrist von Art. 559 aufgehoben werden, soweit kein Grund nach Art. 554 zur Weiterführung besteht (PKG 1985, 157, 159). 30

Art. 557 ZGB

II. Eröffnung
¹ **Die Verfügung des Erblassers muss binnen Monatsfrist nach der Einlieferung von der zuständigen Behörde eröffnet werden.**
² **Zu der Eröffnung werden die Erben, soweit sie den Behörden bekannt sind, vorgeladen.**
³ **Hinterlässt der Erblasser mehr als eine Verfügung, so sind sie alle der Behörde einzuliefern und von ihr zu eröffnen.**

II. Ouverture
¹ Le testament est ouvert par l'autorité compétente dans le mois qui suit la remise de l'acte.
² Les héritiers connus de l'autorité sont appelés à l'ouverture.
³ Si le défunt a laissé plusieurs testaments, ils sont tous déposés entre les mains de l'autorité et celle-ci procède à leur ouverture.

Art. 557 ZGB

II. Pubblicazione

¹ Il testamento dev'essere pubblicato dall'autorità competente entro il termine di un mese dall' avvenuta comunicazione.

² Gli eredi sono invitati ad assistervi in quanto siano conosciuti dall'autorità.

³ Ove il defunto abbia lasciato più di un testamento, tutti devono essere presentati all'autorità e dalla medesima pubblicati.

Literatur

Vgl. die Literaturhinweise zu den Vorbem. zu Art. 551–559 ZGB.

I. Begriff und Zweck

1 Der **Begriff Eröffnung** bedeutet, dass die *Behörde* die Umhüllung einer verschlossen eingelieferten Verfügung aufbricht, vom Inhalt der Verfügung selbst Kenntnis nimmt, den Inhalt den Anwesenden zur Kenntnis gibt und die Verfügung den Anwesenden auf Verlangen zur Einsichtnahme vorlegt. Der dt. und frz. Begriff *eröffnet* bzw. *ouvert* unterscheidet sich vom it. *dev'essere publicato* und knüpft an die verschlossen eingelieferte Verfügung an, deren Siegel entfernt bzw. Umschlag aufgeschnitten werden müssen. Bei der offen eingelieferten Verfügung geht es lediglich um die Bekanntgabe im it. Wortsinn. Die Eröffnung ist somit ein *Behördenakt* in Gegenwart der gemäss Abs. 2 vorzuladenden Personen (gl.M. RIGGENBACH, ZSR 1946, 21; PIOTET, SPR IV/2, 716; HERZER, 26; SCHNYDER, 111).

2 **Zweck der Eröffnung** ist die Bekanntgabe des Verfügungsinhaltes und die Einräumung einer Kontrollmöglichkeit an die anwesenden Personen, sich vom Inhalt und Zustand der Urkunde selbst ein Bild machen zu können, z.B. zur Prüfung von Streichungen oder Einschiebungen, der Echtheit des Dokumentes oder der Erfüllung der gesetzlichen Formerfordernisse (gl.M. RIGGENBACH, ZSR 1946, 19; HERZER, 25). Zudem gibt die Eröffnung der Behörde allenfalls Gelegenheit, provisorische Massnahmen nach Art. 556 Abs. 3 anzuordnen oder abzuändern. Die Eröffnung bezweckt jedoch *keine Homologation* i.S. eines Gültigkeitserfordernisses für die Verfügung; im Gegenteil ist die Verfügung auch ohne Eröffnung i.S.v. Art. 557 gültig, vgl. N 5 (gl.M. RIGGENBACH, ZSR 1946, 20; BECK, 133).

3 Die **vorzeitige Öffnung** einer verschlossen eingelieferten Verfügung durch die Behörde ist umstritten, weil Abs. 2 vorzuschreiben scheint, dass die Eröffnung in Gegenwart der vorzuladenden Erben vorgenommen werden muss (so z.B. BK-TUOR/PICENONI, N 2; BRÜGGER, 99; RIGGENBACH, 20; BECK, 133). Andere Autoren lassen eine vorzeitige Öffnung in *besonderen Verhältnissen* zu (z.B. ZK-ESCHER, N 4; HERZER, 106 ff.). Eine vorzeitige Öffnung einer verschlossenen Verfügung durch die Behörde kann verschiedene Vorteile haben, denen vom Sicherungszweck her kaum Nachteile gegenüberstehen. Ein absolutes Verbot der vorzeitigen Öffnung ist deshalb abzulehnen; es wird auch in der Praxis nur beschränkt beachtet (vgl. dazu die Übersicht der kant. Praxis bei HERZER, 108 ff.).

4 Die Eröffnung als Sicherungsmassregel ist **zwingender Natur**. Sie ist *von Amtes wegen* durchzuführen, ohne dass ein Antrag gestellt werden muss; die Einlieferung einer Verfügung ist nicht als solcher zu verstehen, sondern stellt die Erfüllung einer gesetzlichen Verpflichtung dar. Die Eröffnung kann vom Erblasser durch letztwillige Verfügung

nicht ausgeschlossen werden; ebensowenig können einzelne oder alle Erben darauf *verzichten*, vgl. Vorbem. zu Art. 551-559 N 3.

Die Vorschriften über die Eröffnung sind **Ordnungsvorschriften**, vgl. Art. 556 N 4. Von 5
ihrer Einhaltung hängt weder die Gültigkeit des Eröffnungsaktes als solchem oder der
eröffneten Verfügung (BGE 53 II 210, 211; 90 II 376, 391) noch die Zulässigkeit der
Ungültigkeitsklage ab (BGE 99 II 246, 259; gl.M. HERZER, 103).

II. Zeitpunkt und vorzuladende Personen

Die Eröffnung (und nicht nur der Erlass der Vorladungen dazu) muss **binnen Monatsfrist** 6
nach der Einlieferung vorgenommen werden. Zweckmässigerweise sollte sie schon früher,
d.h. möglichst bald nach der Einlieferung stattfinden wegen der Bedeutung, welche der
Inhalt der Verfügung sowohl für die Behörde (z.B. Anordnung der Erbschaftsverwaltung
nach Art. 556 Abs. 3) wie auch für die Erben haben kann (ZR 1974, 7; gl.M. RIGGENBACH,
ZSR 1946, 21). Die Frist ist zwar *Ordnungsvorschrift*, vgl. N 5, aber für die Behörde *zwingend*. Da gem. Abs. 2 nur die *der Behörde bekannten* Erben vorzuladen sind, hat die
Behörde *kein Ermessen*, die Eröffnung erst anzusetzen, wenn ihr *alle* Erben bzw. deren
Adressen bekannt sind (ZR 1959, 115; 1974, 7; gl.M. RIGGENBACH, ZSR 1946, 20;
HERZER, 103). Eine Überschreitung der Frist ist nur dann zulässig, wenn der Behörde Name
und Adresse überhaupt keines Erben bekannt ist und sie den Erbenruf nach Art. 555 anordnen muss oder wenn der Tod des Erblassers nicht nachgewiesen ist (gl.M. HERZER, 103).

Die Behörde hat eine **Pflicht zur Erbenermittlung** durch die ihr zur Verfügung stehen- 7
den Mittel, so auch durch Beizug des Willensvollstreckers (ZR 1990, 7, 10), des
Erbschaftsverwalters oder des Erbschaftsliquidators. Diese Erbenermittlung hat ggf.
nach dem anwendbaren ausländischen Recht zu erfolgen (Rep 1974, 75). Üblich ist
Einsichtnahme in bzw. Beschaffung von Auszügen aus amtlichen Registern sowie
Nachfrage beim Einlieferer der Verfügung, bei Erben oder bei Angehörigen,
Hausgenossen oder Arbeitnehmern des Erblassers (vgl. dazu SPIRIG, Erbenermittlung,
Zürich 1971). Im Hinblick auf die einmonatige Frist hat die Behörde diese Ermittlungen
sofort nach Einlieferung der Verfügung aufzunehmen (gl.M. HERZER, 95-98).

Der **Kreis der vorzuladenden Personen** beschränkt sich auf jene, die bis zum Erlass der 8
Vorladung der Behörde bekanntgeworden sind. Der Text von Abs. 2 ist in zweifacher Hinsicht ungenau: Gemeint sind nicht die Behörden, sondern gem. dem frz. und it. Text, die
Behörde, d.h. die Eröffnungsbehörde. Zudem sind nicht nur die Erben vorzuladen, sondern:
– alle **Erben**, d.h. gesetzliche Erben, durch letztwillige Verfügung oder Erbvertrag bedingt oder unbedingt eingesetzte Erben, Ersatzerben und Nacherben (gl.M. HERZER,
  98 f.; SCHNYDER, 111; DRUEY, Erbrecht, § 15 N 14). Dies gilt auch für die provisorischen Erben vor Ablauf der Ausschlagungsfrist und die bestrittenen Erben (DRUEY,
  Erbrecht, § 15 N 91) sowie für die durch letztwillige Verfügung ausgeschlossenen gesetzlichen Erben (zum *virtuellen* Erben vgl. ZR 1996, 103);
– der nach Art. 473 **nutzniessungsberechtigte Ehegatte** mit testamentarischer Nutzniessung, aber ohne Erbenstellung, vgl. Art. 558 N 2 und Art. 559 N 8;
– der **Willensvollstrecker** (PKG 1979, 126, 127; gl.M. HERZER, 117);
– **nicht** die **Vermächtnisnehmer** (gl.M. HERZER, 98; SCHNYDER, 111).

Art. 557 ZGB

9   Sollte eine der Behörde **bekannte Person nicht vorgeladen** werden, so ist die Eröffnung *trotzdem gültig* (gl.M. HERZER, 98). Umgekehrt erwächst einer nicht vorgeladenen oder einer vorgeladenen, aber nicht an der Verhandlung teilnehmenden Person *kein Rechtsnachteil* (ZR 1959, 115, 116; gl.M. BK-TUOR/PICENONI, N 2). Eine *Pflicht zur Teilnahme* an der Verhandlung besteht für die Vorgeladenen nicht; sie können sich aber vertreten lassen (gl.M. HERZER, 99).

III. Zu eröffnende Verfügungen

1. Letztwillige Verfügungen

10   Zu **eröffnen sind grundsätzlich alle der Einlieferungspflicht unterliegenden Verfügungen**, nach ausdrücklicher Gesetzesvorschrift (Art. 556 Abs. 1 i.V.m. Art. 557 Abs. 3) auch jene, die von der Behörde als *formungültig oder nichtig* betrachtet werden, vgl. Art. 556 N 6 ff. (ZR 1978, 295). Ist nach kant. Recht die Hinterlegungsstelle mit der Eröffnungsbehörde identisch, so gilt die Verfügung als eingeliefert und ist zu eröffnen (PKG 1990, 176; gl.M. HERZER, 61 FN 42). Sind *mehrere Verfügungen* eingeliefert worden, sind gem. Abs. 3 *alle* zu eröffnen.

11   Die Behörde hat eine **Prüfungspflicht**, ob alle eingelieferten Dokumente nach ihrem *Inhalt* (und nicht nach ihrer Bezeichnung oder Form) als eröffnungsfähige Willenserklärungen des Erblassers von Todes wegen erscheinen und wer prima facie als Berechtigter daraus hervorgeht. Dabei handelt es sich um eine vorläufige, unpräjudizielle Prüfung *ohne materiell-rechtliche Wirkung* (ZR 1967, 192; 1969, 326, 328; 1972, 281; 1983, 170; 1985, 223; OGer ZH SJZ 1991, 10; gl.M. HERZER, 45; SCHNYDER, 110; DRUEY, Erbrecht, § 15 N 15). Im Zweifelsfalle ist die Eröffnung vorzunehmen, damit die am Nachlass Beteiligten die Möglichkeit haben, ihre Rechte vor dem ordentlichen Richter geltend zu machen; zudem trägt die Behörde die Verantwortung für ein von ihr verschuldetes Nichtbekanntwerden einer letztwilligen Verfügung (gl.M. BRÜGGER, 84; HERZER, 76).

12   Nicht ganz geklärt ist die Frage, ob auch **offensichtlich gegenstandslose Verfügungen** zu eröffnen sind. Gegenstandslos sind z.B. Verfügungen mit Bedingungen, die nicht mehr eintreten können, oder mit einem einzigen eingesetzten Erben, der zweifelsfrei nicht mehr existiert, z.B. eine vorverstorbene Person oder eine aufgelöste Gesellschaft/ wohltätige Institution. Zur Einlieferungspflicht gegenstandsloser Verfügungen vgl. Art. 556 N 9. Zur Vermeidung «sinnloser Staatsakte» hat sich in der Praxis einzelner Kantone die sog. *kalte Liquidation* gegenstandsloser Verfügungen eingebürgert, wonach diese nicht eröffnet werden (vgl. HERZER, 73, 92). Eine solche Lösung mag zwar praktisch sein, ist aber bundesrechtlich nicht unbedenklich. In Zweifelsfällen ist deshalb die Eröffnung vorzunehmen.

2. Erbverträge

13   Nach der hier vertretenen Auffassung sind **alle Erbverträge von Bundesrechts wegen einzuliefern und amtlich zu eröffnen**, vgl. Art. 556 N 13. Der Eröffnungspflicht unterliegen auch *Erbverzichtsverträge*, durch welche gesetzliche Pflichtteilserben auf ihr Erbrecht vollständig verzichten. Die übrigen Erben müssen davon genauso Kenntnis erhalten wie von anderen Verfügungen; zudem sind Erbverzichtsverträge für die

Ausstellung der Erbbescheinigung von Bedeutung (**a.M.** PICENONI, ZBGR 1967, 267). Ein vertraglicher Verzicht der Parteien auf Eröffnung des Erbvertrages ist ungültig und nicht zu beachten, vgl. Art. 556 N 13.

Im Gegensatz zum Testament ist beim **Erbvertrag nicht der gesamte Text** zu eröffnen, sondern nur *jene Bestimmungen, die durch den Tod des Erblassers in Kraft gesetzt werden*. Die Bestimmungen hingegen, die erst beim *Versterben des zweiten Vertragspartners* zur Ausführung kommen, sind nicht zu eröffnen und bei der Herausgabe von Fotokopien abzudecken. Dieses Vorgehen wird als *partielle bzw. differenzierte Eröffnung* bezeichnet (gl.M. PICENONI, ZBGR 1967, 266; HERZER, 113-116; SCHNYDER, 123). 14

Von der Lehre wird mehrheitlich die Frage bejaht, ob die **Rechtswirkungen** einer kantonalrechtlichen, freiwilligen Eröffnung eines Erbvertrages gleichzusetzen seien wie die *bundesrechtliche* Eröffnung von Testamenten (so z.B. BK-TUOR/PICENONI, Art. 556 N 2; PICENONI, ZBGR 1967, 266; HERZER, 31; SCHNYDER, 124; fraglich ZK-ESCHER, Art. 556 N 2). Nach der hier vertretenen Auffassung über die *bundesrechtliche* Einlieferungs-/Eröffnungspflicht für Erbverträge stellt sich diese Frage nicht; die Rechtswirkungen der Eröffnung eines Erbvertrages sind zwangsläufig die gleichen wie beim Testament. 15

3. Eheverträge

Eheverträge sind nicht amtlich zu eröffnen, da sie von Bundesrechts wegen nicht einlieferungspflichtig sind, vgl. Art. 556 N 15. Soweit sie von einzelnen Kantonen freiwillig eröffnet oder zusammen mit einem Testament bzw. Erbvertrag miteröffnet werden, sind die *Rechtswirkungen* gleich wie jene der Eröffnung von Testamenten, soweit die Eröffnung eines Ehevertrages überhaupt zivilrechtliche Wirkungen zu entfalten vermag (Analogie zur kantonal-rechtlichen, freiwilligen Eröffnung von Erbverträgen, vgl. N 15). 16

IV. Verfahren

Zu **örtlicher Zuständigkeit, Behörde, Verfahren und Rechtsmittel** vgl. Vorbem. zu Art. 551-559 N 6-11. 17

Ein Rekurs gegen die Testamentseröffnungsverfügung setzt ein rechtliches Interesse des Rekurrenten voraus. Bez. der vorläufigen Auslegung einer letztwilligen Verfügung durch die Behörde ist dies nicht ohne weiteres gegeben, da diese Auslegung keine materielle Rechtskraft entfaltet, vgl. N 11 (ZR 1969, 326, 328).

Die **Kosten** der Eröffnung stellen eine *Erbgangsschuld* dar, vgl. Vorbem. zu Art. 551-559 N 12. Gebühren zu Lasten der Erbschaft können auch bei Nichteröffnung einer Verfügung anfallen (ZR 1963, 56, 59) oder bei Eröffnung bei einer materiell unwirksamen Verfügung (ZR 1968, 363, 365). Zur subsidiären Haftung der Erben bez. Eröffnungskosten vgl. ZR 1963, 66, 69. Die *Höhe der Gebühren* richtet sich nach kant. Recht, muss sich aber in Massen halten, damit das bundesrechtliche Institut der Testamentserrichtung nicht verunmöglicht oder übermässig erschwert wird (BGE 72 I 6 = Pra 1946, 210; BGE 73 I 376 = Pra 1948, 182; gl.M. HERZER, 105). 18

Aus der Vorladungspflicht gem. Abs. 2 ergibt sich eine bundesrechtliche Pflicht zur Durchführung einer **Eröffnungsverhandlung**. Deren Ablauf ist kant. geregelt; die Praxis sieht 19

Art. 557 ZGB

üblicherweise Protokollierung vor (HERZER, 100 ff.). In Abweichung von der bundesrechtlichen Pflicht wird in der kant. Praxis allerdings gelegentlich auf eine förmliche Eröffnungsverhandlung verzichtet und durch eine *schriftliche Eröffnung* ersetzt, die mit Art. 558 zusammenfällt (vgl. HERZER, 112; SCHNYDER, 111 f.). Wird während laufender Vorladungsfrist oder nach durchgeführter Eröffnung eine *weitere Verfügung* eingereicht, so ist eine weitere Eröffnungsverhandlung durchzuführen. Dazu sind die schon bekannten sowie die neu bekanntgewordenen Erben vorzuladen (gl.M. PICENONI, ZBGR 1967, 716; HERZER, 99).

20 **Aufbewahrung und Archivierung der Testamente** erfolgt durch die Eröffnungsbehörde; die Dokumente werden nicht als «Familienschriften» den Erben zurückgegeben (ZR 1913, 337; 1990, 7, 11; gl.M. HERZER, 135). Nach Art. 558 erhalten die an der Erbschaft Beteiligten *Abschriften bzw. Kopien* der eröffneten Verfügung(en). Im übrigen haben die interessierten Personen, einschliesslich Behörden, das Recht, gem. den kant. Verfahrensbestimmungen in die archivierten Dokumente Einsicht zu nehmen bzw. sich Abschriften oder Kopien anfertigen zu lassen (gl.M. PIOTET, SPR IV/2, 715; HERZER, 137). Zum Einsichtsrecht eines nicht erbberechtigten Stiefsohnes vgl. ZR 1973, 4.

21 Im Gegensatz zu Testamenten werden die **Originale von Erbverträgen** normalerweise nicht bei der Eröffnungsbehörde archiviert, sondern dem Einlieferer zurückgegeben. Dieses Original wird normalerweise beim Tod der zweiten Vertragspartei wieder gebraucht und ist möglicherweise bei der Behörde eines anderen Ortes einzureichen. Die Eröffnungsbehörde hat deshalb lediglich eine abgedeckte Fotokopie mit dem eröffneten Teil des Erbvertrages zu archivieren (gl.M. PICENONI, ZBGR 1967, 266; HERZER, 116).

22 Die Eröffnung hat folgende **Rechtswirkungen**:
– Sie ist **Voraussetzung für die Ausstellung der Erbbescheinigung** an eingesetzte Erben;
– Sie ist **Voraussetzung zur Mitteilung des Willensvollstreckermandates**, vgl. Art. 517 N 11 (gl.M. HERZER, 41 f.);
– Sie verpflichtet die Behörde zur **Prüfung, ob vorsorgliche Massnahmen** nach Art. 556 Abs. 3 aufgrund des *jetzigen Kenntnisstandes* anzuordnen oder zu ändern sind, vgl. N 2 (ZR 1948, 124; gl.M. HERZER, 122);
– Sie löst den **Beginn der absoluten, zehnjährigen Verjährungsfrist** aus für die Ungültigkeitsklage nach Art. 521 (bzw. Verwirkungsfrist, vgl. BGE 98 II 176; 102 II 193), die Herabsetzungsklage nach Art. 533 und die Erbschaftsklage nach Art. 600, soweit diese bei der Erbschaftsklage nicht mit dem Tode des Erblassers begonnen hat. Diese Fristen beginnen mit der Eröffnung i.S.v. Art. 557 und *nicht* mit dem Zugang der Mitteilung nach Art. 558 (BGE 78 II 11, 12; 99 II 246, 259; gl.M. PIOTET, SPR IV/2, 719; HERZER, 34 f.; BÜHLER, Wann beginnt das Jahr, nach dessen Ablauf die erbrechtliche Vergültigkeits- bzw. Herabsetzungsklage verjährt?, SJZ 1973, 21 ff.; a.M. BECK, 133 sowie PKG 1976, 20, 22 bez. der Herabsetzungsklage). Liegt *keine ordnungsgemässe* Eröffnung vor, kann eine an sie geknüpfte Verjährungsfrist nicht zu laufen beginnen (BGE 69 II 356, 364), ebensowenig bei Testamentseröffnung an einen urteilsunfähigen Erben ohne gesetzlichen Vertreter (BGE 75 II 190, 192). Andere Fristen werden durch die Mitteilung nach Art. 558 ausgelöst, vgl. Art. 558 N 11;
– Sie löst **auch bei Erbverträgen den Fristbeginn der Ungültigkeitsklage** aus entsprechend der hier vertretenen Auffassung über die Einreichung/Eröffnung von Erbverträgen,

vgl. N 13. Ist der Erbvertrag nicht eröffnet worden, beginnt die Frist mit der Eröffnung des Erbganges (gl.M. HERZER, 36; PIOTET, SPR IV/2, 717; SCHNYDER, 124). Die Frist für die *Herabsetzungsklage* beginnt jedoch kraft ausdrücklicher Vorschrift von Art. 533 Abs. 1 beim Erbvertrag als einer «anderen Zuwendung» mit dem Tode des Erblassers (BGE 78 II 11, 13), und zwar auch dann, wenn der Erbvertrag eröffnet worden ist. Dasselbe gilt beim Erbvertrag für die Verjährung der *Erbschaftsklage* (gl.M. HERZER, 38).

– Sie löst **nicht die Fristen** für die *Vermächtnisklage* oder die *Ausschlagung* aus, welche nach ausdrücklicher Bestimmung in Art. 562 Abs. 2 bzw. Art. 567 Abs. 2 einen anderen Fristbeginn haben.

Art. 558 ZGB

III. Mitteilung an die Beteiligten
¹ Alle an der Erbschaft Beteiligten erhalten auf Kosten der Erbschaft eine Abschrift der eröffneten Verfügung, soweit diese sie angeht.
² An Bedachte unbekannten Aufenthalts erfolgt die Mitteilung durch eine angemessene öffentliche Auskündung.

III. Communication aux ayants droit
¹ Tous ceux qui ont des droits dans la succession reçoivent, aux frais de celle-ci, copie des clauses testamentaires qui les concernent.
² Ceux qui n'ont pas de domicile connu sont prévenus par sommation dûment publiée.

III. Comunicazione ai beneficati
¹ Tutti i partecipanti all'eredità ricevono, a spese della medesima, una copia della disposizione pubblicata, in quanto essa li concerne.
² Ai beneficati di ignota dimora la comunicazione è fatta mediante pubblicazione.

Literatur

Vgl. die Literaturhinweise zu den Vorbem. zu Art. 551–559 ZGB.

I. Zweck und Empfänger der Mitteilung

Zweck der Mitteilung ist eine förmliche, zeitlich definierbare Information der Beteiligten über das *Vorhandensein* der Verfügung(en) sowie deren *Inhalt*. Damit werden alle an der Erbschaft Beteiligten in die Lage versetzt, ihre Rechte wahren zu können, auch wenn sie an der Eröffnungsverhandlung nicht teilgenommen haben. Eingesetzte Erben sowie Vermächtnisnehmer können ihre Besitz- und Eigentumsansprüche geltend machen, die gesetzlichen Erben gegen allfällige Verletzungen ihrer gesetzlichen Rechte vorgehen. 1

Empfänger der Mitteilung sind die *an der Erbschaft Beteiligten*. Der Empfängerkreis richtet sich nach *objektiven Kriterien* und ist nicht davon abhängig, ob die fraglichen Personen an der Eröffnung nach Art. 557 teilgenommen haben (gl.M. HERZER, 126). Er umfasst *alle Personen, die in den Fall kommen können, aus der Erbschaft etwas zu erhalten* (BJM 1955, 114). Dazu gehören u.a.: 2

– die **gesetzlichen Erben**, auch die nicht pflichtteilsgeschützten, gleichgültig ob ihr Erbrecht uneingeschränkt oder durch die Verfügung eingeschränkt bzw. vollständig entzogen ist (ZR 1955, 78; BJM 1955, 114; gl.M. HERZER, 130). Berechtigter

Art. 558 ZGB

Empfänger kann auch der Bruder einer Erblasserin sein, die zwei erbberechtigte Adoptivkinder hinterliess (ARGVP 1961, 242);
– die **eingesetzten Erben**, auch wenn sie bestritten sind oder ihre Einsetzung von einer *Bedingung abhängig* (gl.M. RIGGENBACH, ZSR 1946, 35; HERZER, 130) oder bloss *möglich* ist (PKG 1970, 126, 127);
– die **Nacherben und Ersatzerben**. Diese sind bereits beim Tod des Erblassers zu orientieren, obwohl ihr Rechtsanspruch bedingt ist, dass sie den für die Auslieferung der Vorerbschaft bestimmten Zeitpunkt erleben. Der Anspruch der Nacherben leitet sich aber aus der Verfügung des Erblassers ab, so dass ihnen von *dieser* Mitteilung zu machen ist (BezGer ZH SJZ 1946, 170; gl.M. RIGGENBACH, ZSR 1946, 36 f.; HERZER, 130 f.);
– die **Vermächtnisnehmer** und Nachvermächtnis-Nehmer (gl.M. RIGGENBACH, ZSR 1946, 36 f.; HERZER, 131);
– die **Auflageberechtigten** (gl.M. HERZER, 131);
– der nach Art. 473 **nutzniessungsberechtigte Ehegatte**, vgl. Art. 557 N 8 und Art. 559 N 8;
– die **aus einer früheren Verfügung Begünstigten**, deren Ansprüche von einer späteren Verfügung berührt oder ausgeschlossen werden (gl.M. RIGGENBACH, ZSR 1946, 31);
– **nicht** die durch **Erbverzicht** abgefundenen und ausgeschiedenen gesetzlichen Erben (gl.M. ZK-ESCHER, N 1; HERZER, 130; a.M. PIOTET, SPR IV/2, 716 FN 5).

3 Zum Kreis der an der Erbschaft Beteiligten können auch **weitere Personen** gehören, die aus der Erbschaft nichts zu erhalten haben, z.B.:
– der **Willensvollstrecker**, der Erbschaftsverwalter nach Art. 554 oder der Erbschaftsliquidator nach Art. 595;
– der **gesetzliche Vertreter** eines Begünstigten (Vormund, Beistand, Eltern);
– die **Vormundschaftsbehörde** in besonderen Fällen, z.B. bei Nacherbschaft;
– **nicht** das **Steueramt** (gl.M. HERZER, 132).

4 Die Behörde hat eine **gesetzliche Nachforschungspflicht** zur *gründlichen* Ermittlung der an der Erbschaft Beteiligten, vgl. Art. 557 N 7, ggf. nach ausländischem Recht (Rep 1974, 75). Aufgrund der Nachforschungen hat die Behörde eine gewisse *Kognitionsbefugnis* bez. des Kreises der Beteiligten und muss sich durch Interpretation der Verfügung(en) sowie der vorgelegten Ausweise/Unterlagen ein Bild machen, wer in welchem Ausmass Beteiligter ist und was ihm aus der Verfügung mitgeteilt werden muss. Diese Kognition hat indessen *keine materielle Bedeutung* für die Rechte der Beteiligten (ZR 1967, 190, 191; gl.M. RIGGENBACH, ZSR 1946, 31 f.; HERZER, 129 f.). Im Interesse der Beteiligten hat die Behörde deren Kreis im Zweifelsfalle *weit* auszulegen (PKG 1970, 126, 127; gl.M. RIGGENBACH, ZSR 1946, 32; HERZER, 129).

II. Verfahren

5 Zu **örtlicher Zuständigkeit, Behörde, Verfahren und Rechtsmittel** vgl. Vorbem. zu Art. 551-559 N 6-11.

Die **Kosten** von Mitteilung bzw. öffentlicher Auskündigung sind gem. Abs. 1 von der Erbschaft zu tragen und stellen eine *Erbgangsschuld* dar (gl.M. PIOTET, SPR IV/2, 716; **a.M.** ZR 1963, 66). Zur *Höhe* der kant. Gebühren vgl. Art. 557 N 18.

Art. 558 ZGB

Der **Zeitpunkt der Mitteilung** ist bundesrechtlich nicht geregelt. Vom Zweck als Sicherungsmassregel her gesehen ist die Mitteilung *baldmöglichst* nach erfolgter Eröffnung zu erlassen, zumindest einmal an die dannzumal bekannten Beteiligten. Den übrigen Beteiligten ist Mitteilung zu machen, sobald sie bekannt sind (ZR 1974, 7, 8; gl.M. PIOTET, SPR IV/2, 716; HERZER, 126; SCHNYDER, 112). 6

Objekt der Mitteilung sind *alle eröffneten Verfügungen*, nicht nur *die* eröffnete Verfügung, wie der unpräzise dt. und it. Gesetzestext anzudeuten scheinen. Eine vorläufige Kognitionsbefugnis betr. Inhalt steht der Behörde nur beim Eröffnungsverfahren zu, vgl. Art. 557 N 11, *nicht aber* bei der Mitteilung nach Art. 558; *mitzuteilen ist alles, was eröffnet wurde* (gl.M. RIGGENBACH, ZSR 1946, 35; HERZER, 133 ff.). Die Behörde hat die Mitteilung *selbst* vorzunehmen und kann deren Vollzug nicht an Dritte, z.B. an Erben oder den Willensvollstrecker delegieren (gl.M. RIGGENBACH, ZSR 1946, 31). 7

Der **Inhalt der Mitteilung an bekannte Beteiligte** umfasst die eröffnete(n) Verfügung(en), *soweit diese den oder die Beteiligten angeht*. Der *gesamte Text* ist mitzuteilen den gesetzlichen und eingesetzten Erben sowie dem Willensvollstrecker und dem Erbschaftsverwalter (gl.M. RIGGENBACH, ZSR 1946, 33 f.; PIOTET, SPR IV/2, 716; HERZER, 125). Auch bei bedingten Erbeinsetzungen bzw. Vermächtnissen ist den Erben der gesamte Text einschliesslich Bedingung mitzuteilen (**a.M.** RIGGENBACH, ZSR 1946, 35 f.). Ein *Auszug* aus der Verfügung, d.h. nur die sie betreffende Detailverfügung ist mitzuteilen an die Vermächtnisnehmer und Auflageberechtigten (gl.M. RIGGENBACH, ZSR 1946, 33; PIOTET, 716; HERZER, 125) sowie an den nach Art. 473 nutzniessungsberechtigten Ehegatten. 8

Die **Form der Mitteilung an bekannte Beteiligte** erfordert nach *Bundesrecht Abschrift* der Verfügung(en). Wichtig ist, dass der *Originaltext* mitgeteilt wird mit allen Schreib- und Orthographiefehlern, Streichungen, Einschiebungen, Anmerkungen, Fussnoten etc., da nur so die Beteiligten ihre Rechte vollständig wahren können. Zweckmässig ist deshalb Mitteilung durch Fotokopie, welche dem Empfänger auch die Handschrift sowie Unterschrift zeigt und so Rückschlüsse auf die Urteilsfähigkeit des Testators bzw. die Echtheit der Urkunde zulässt. Bei der Mitteilung eines *Auszugs* kommt eine abgedeckte Fotokopie der Verfügung oder eine maschinengeschriebene Abschrift der entspreched Passage in Frage (gl.M. RIGGENBACH, ZSR 1946, 37; HERZER, 126 f.). Nach *kantonalem Recht* enthält die behördliche Mitteilung meist noch *zusätzliche Angaben*, wie z.B. Datum der Eröffnung, anwesende Beteiligte, Person des Einlieferers, Art der Einlieferung (offen bzw. verschlossen), allfällig getroffene Sicherungsmassregeln, Hinweis auf Einsprachemöglichkeit und -frist nach Art. 559, Hinweis auf Ungültigkeits- und Herabsetzungsklage, Angabe über Verwahrungsort der Originaldokumente sowie Rechtsbelehrung i.e.S. (gl.M. RIGGENBACH, ZSR 1946, 37 f.; HERZER, 127 f.; SCHNYDER, 111). 9

Die **Art der Mitteilung an unbekannte Beteiligte** erfolgt durch *öffentliche Auskündigung*. Der dt. und it. Gesetzestext ist bez. des Adressatenkreises unpräzis: Es sind nicht nur *Bedachte* gemeint, sondern alle *Beteiligten*, also z.B. auch ein Willensvollstrecker mit unbekanntem Aufenthalt. Art, Ort und Zahl der Auskündigungen muss von Bundesrechts wegen *öffentlich* und *angemessen* sein, d.h. den Verhältnissen des konkreten Falles entsprechen, vgl. Art. 555 N 5. Form und Inhalt der Auskündigung sind *bundesrechtlich* nicht vorgeschrieben, insb. nicht eine Publikation des gesamten Verfügungstextes. Nach *kantonaler Praxis* wird üblicherweise nur der Tod des Erblassers sowie die Tatsache publiziert, dass bei 10

Art. 559 ZGB

der Behörde die Verfügung(en) des Erblassers durch die Beteiligten eingesehen werden können(n) (gl.M. RIGGENBACH, ZSR 1946, 39 f.; HERZER, 128 f.). Die öffentliche Auskündigung nach Art. 558 Abs. 2 ersetzt *nicht* den Erbenruf nach Art. 555, sondern ist vielmehr eine Mitteilung an Beteiligte, deren *Existenz* durch die in der Zwischenzeit erfolgten Nachforschungen bekannt ist, der gegenwärtige *Aufenthaltsort* jedoch nicht (gl.M. HERZER, 129).

11 Die Mitteilung hat folgende **Rechtswirkungen**:
 – Sie ist **Voraussetzung für die Ausstellung der Erbbescheinigung** an eingesetzte Erben;
 – Sie löst den **Beginn der Einsprachefrist** nach Art. 559, der Ausschlagungsfrist für eingesetzte Erben nach Art. 567 Abs. 2 sowie der Verjährungsfrist der Vermächtnisklage nach Art. 601 aus. Andere Fristen werden durch die Eröffnung ausgelöst, vgl. Art. 557 N 23.

Art. 559 ZGB

IV. Auslieferung der Erbschaft

¹ Nach Ablauf eines Monats seit der Mitteilung an die Beteiligten wird den eingesetzten Erben, wenn die gesetzlichen Erben oder die aus einer früheren Verfügung Bedachten nicht ausdrücklich deren Berechtigung bestritten haben, auf ihr Verlangen von der Behörde eine Bescheinigung darüber ausgestellt, dass sie unter Vorbehalt der Ungültigkeitsklage und der Erbschaftsklage als Erben anerkannt seien.

² Zugleich wird gegebenen Falles der Erbschaftsverwalter angewiesen, ihnen die Erbschaft auszuliefern.

IV. Délivrance des biens

¹ Après l'expiration du mois qui suit la communication aux intéressés, les héritiers institués dont les droits n'ont pas été expressément contestés par les héritiers légaux ou par les personnes gratifiées dans une disposition plus ancienne peuvent réclamer de l'autorité une attestation de leur qualité d'héritiers; toutes actions en nullité et en pétition d'hérédité demeurent réservées.

² Le cas échéant, l'administrateur de la succession sera chargé en même temps de leur délivrer celle-ci.

IV. Consegna dell'eredità

¹ Trascorso un mese dalla comunicazione, gli eredi istituiti, i cui diritti non sieno espressamente contestati dagli eredi legittimi o dai beneficati di una disposizione anteriore, possono ottenere una dichiarazione dell'autorità, nel senso che essi sono riconosciuti eredi, riservate le azioni di nullità e di petizione di eredità.

² Nello stesso tempo l'autorità invita, ove occorra, l'amministratore dell'eredità a farne loro la consegna.

Inhaltsübersicht

I.	Begriff und Zweck der Erbbescheinigung	1
II.	Berechtigte Personen	5
III.	Bestreitungsverfahren	10
IV.	Form und Inhalt der Erbbescheinigung	17
V.	Verfahren	31
VI.	Rechtswirkungen	44
VII.	Auslieferung der Erbschaft	51

Literatur

Vgl. die Literaturhinweise zu den Vorbem. zu Art. 551–559.

I. Begriff und Zweck der Erbbescheinigung

Die **Terminologie** für die nach Art. 559 auszustellende Bescheinigung ist nicht einheitlich (vgl. ORTENBURGER, 44-47). Neben *Erbbescheinigung* und weiteren, weniger geläufigen Begriffen wird v.a. auch der aus dem dt. Recht stammende Begriff *Erbschein* verwendet, so z.B. im Kanton ZH gem. § 215 Ziff. 20 ZPO ZH. In Anlehnung an den Gesetzestext wird nachfolgend der Begriff *Erbbescheinigung* verwendet, der auch in der Literatur am häufigsten vorkommt.

Der **Begriff Erbbescheinigung** bedeutet die von der zuständigen Behörde ausgestellte Bestätigung, welche Person oder Personen die *alleinigen Erben* eines bestimmten Erblassers sind und somit das ausschliessliche Recht haben, den Nachlass in Besitz zu nehmen und darüber zu verfügen. Die Erbbescheinigung wird gem. gesetzlicher Vorschrift ausdrücklich *unter Vorbehalt* der Ungültigkeit/und der Erbschaftsklage ausgestellt; sie ist deshalb stets nur ein *provisorischer Ausweis* und hat keine materiellrechtliche Bedeutung für die Erbenstellung der darin erwähnten Personen. Die Ausstellungsbehörde kann diese Fragen nicht definitiv entscheiden, sondern nur der ordentliche Richter (BGE 95 II 109, 118; LGVE 1974, 209; gl.M. ORTENBURGER, 24 ff.; PIOTET, SPR IV/2, 719). Die Voraussetzungen für die Ausstellung der Erbbescheinigung sind *bundesrechtlich* geregelt, so dass kant. öffentliches Recht keine weitergehenden Voraussetzungen aufstellen kann (SemJud 1971, 449, 452). Die Erbbescheinigung ist bei Vorliegen der formellen Voraussetzungen auch dann auszustellen, wenn die Behörde die materielle Berechtigung der Erben bezweifelt (gl.M. ZK-ESCHER, N 9a). Die Erbbescheinigung ist abzugrenzen von *anderen Legitimationsausweisen* in Nachlassfällen, insb. vom Willensvollstreckerzeugnis sowie der Ernennungsurkunde des Erbschaftsverwalters, des Erbschaftsliquidators und des Erbenvertreters.

Zweck der Erbbescheinigung ist, den als *prima facie* berechtigt erscheinenden Erben einen *provisorischen Ausweis* über ihre Stellung zu geben und ihnen die gemeinschaftliche Inbesitznahme der Erbschaftsgegenstände und Verfügungsmöglichkeit darüber zu ermöglichen. Die Erbbescheinigung ist im Ablauf des Erbganges von grosser praktischer Bedeutung als *Legitimationsausweis* gegenüber dem Grundbuchamt gem. Art. 18 GBV, Handelsregisterämtern oder weiteren Amtsstellen und Behörden, Gesellschaften (z.B. zur Übertragung von Namenaktien) sowie Vertragspartnern des Erblassers wie Banken, Gläubiger, Schuldner und andere (gl.M. ORTENBURGER, 28-43; PIOTET, SPR IV/2, 720; LEIMGRUBER, 19).

Die Erbbescheinigung erstreckt sich i.d.R. auf den **gesamten Nachlass**, einschliesslich die im Ausland liegenden Nachlassteile. Dies ergibt sich aus der Grundregel von Art. 538 Abs. 1, wonach der Nachlass integral und einheitlich am letzten Wohnsitz des Erblassers zu eröffnen ist. Bei *internationalen Nachlässen* kann sich allerdings eine Ausnahme ergeben, insb. wenn eine beschränkte Zuständigkeit der schweizerischen Behörden am Ort der gelegenen Sache aufgrund von Art. 88 Abs. 1 IPRG gegeben ist, vgl. Vorbem. zu Art. 551-559 N 16. In solchen Fällen wäre zulässig, den Wirkungskreis der schweizerischen Erbbescheinigung nach den gegebenen Umständen geographisch einzuschränken (ZR 1991, 289, 290).

II. Berechtigte Personen

5 Gemäss Gesetzestext haben die **eingesetzten Erben** Anspruch auf eine Erbbescheinigung, gleichgültig ob die Einsetzung durch Testament oder Erbvertrag erfolgte. Eingesetzte Erben können auch juristische Personen sein, einschliesslich einer Stiftung, die vom Erblasser durch Verfügung von Todes wegen geschaffen wurde. Dem eingesetzten Erben gleichzustellen ist der *Ersatzerbe* i.S.v. Art. 487, sofern der ihm vorangestellte Haupterbe wegfällt.

6 Die Berechtigung von **gesetzlichen Erben** war früher umstritten, und es ist noch heute nicht wirklich klar, weshalb der historische Gesetzgeber nur das Recht der eingesetzten Erben ausdrücklich regelte. Bei Grundstücken ergibt sich aber aus Art. 18 GBV für *gesetzliche und eingesetzte* Erben die Notwendigkeit zur Vorlage einer nicht näher spezifizierten Bescheinigung, womit nur die *Erbbescheinigung* i.S.v. Art. 559 gemeint sein kann. Aber auch aus anderen Gründen benötigen gesetzliche Erben in der Erbschaftsabwicklung eine Erbbescheinigung, vgl. N 3, so dass ihr *bundesrechtlicher* Anspruch heute von Praxis und Lehre einhellig anerkannt wird (BGE 41 II 202, 213; 57 II 396, 401; 73 I 273, 275; 82 I 188, 192; ZR 1984, 52; 1995, 13; RJN 1984, 47, 48; gl.M. ZK-ESCHER, N 18; BK-TUOR/ PICENONI, N 14; BRÜGGER, 118; ORTENBURGER, 50-54; PIOTET, SPR IV/2, 731 f.; LEIMGRUBER, 19; SCHNYDER, 118; DRUEY, Erbrecht, § 15 N 17). Anspruch auf eine Erbbescheinigung hat auch das *Gemeinwesen* als *subsidiärer Erbe* i.S.v. Art. 466, das sich ebenfalls gegenüber Grundbuch, Banken, Gesellschaften etc. wie ein eingesetzter oder gesetzlicher Erbe legitimieren muss (gl.M. ORTENBURGER, 60 ff.).

7 **Willensvollstrecker** (Art. 517), **Erbschaftsverwalter** (Art. 554) und **Erbschaftsliquidator** (Art. 595) benötigen für ihre Tätigkeit i.d.R. keine Erbbescheinigung, da sich ihre Kompetenzen aus *eigenem Recht* und nicht aus der Stellung der Erben herleiten. Zur Verfügung über Liegenschaften ist aber aufgrund von Art. 18 GBV in jedem Falle eine Erbbescheinigung nötig, welche ggf. *provisorisch* sein kann, vgl. N 37. Willensvollstrecker, Erbschaftsverwalter und Erbschaftsliquidator sind *selbständig* zum Erhalt einer Erbbescheinigung berechtigt, um beim Grundbuchamt (oder auch anderswo) die Identität der Erben nachzuweisen, für welche sie handeln (gl.M. ORTENBURGER, 54-58, wohl auch PIOTET, SPR IV/2, 727). Während der Willensvollstreckung, Erbschaftsverwaltung oder amtlichen Liquidation haben die Erben wegen fehlender Verwaltungs- und Verfügungskompetenz i.d.R. *keinen praktischen Bedarf* auf Erhalt einer Erbbescheinigung, aber ihr *Recht* darauf ist unbenommen. Zum Inhalt der Erbbescheinigung bei Willensvollstreckung etc. vgl. N 24.

8 Der nach Art. 473 **nutzniessungsberechtigte Ehegatte** ist zwar nicht Erbe, aber es steht ihm Besitz, Genussberechtigung und Verwaltung der Nutzniessungsgüter zu. Auch als Nutzniesser muss er sich gegenüber Dritten zur Inbesitznahme der fraglichen Erbschaftssachen legitimieren können. Somit hat er Anspruch auf Ausstellung einer Erbbescheinigung, welche die Erben als Eigentümer und ihn als Nutzniesser ausweist (analog zum früheren *gesetzlichen* Nutzniesser ZK-ESCHER, N 19; PIOTET, SPR IV/2, 732; a.M. ORTENBURGER, 67 ff.).

9 **Keinen Anspruch auf eine Erbbescheinigung** haben:
– der **ausgeschiedene Erbe**, der einen Erbverzicht abgeschlossen (ZR 1965, 194; gl.M. ORTENBURGER, 72 ff.) oder die Erbschaft ausgeschlagen hat (ZR 1986, 132, 133; gl.M. PIOTET, SPR IV /2, 728; ORTENBURGER, 73 f.);

- der durch Verfügung von Todes wegen ausdrücklich **Enterbte**, d.h. im Gegensatz zum stillschweigend übergangenen Pflichtteilserben (gl.M. ORTENBURGER, 70 ff.);
- der **Nacherbe**, vgl. N 23 (gl.M. ORTENBURGER, 75);
- die Erben eines **ausgeschlagenen Nachlasses**, bei dem das Konkursverfahren mangels Aktiven wieder eingestellt wurde, da daran keine «Erben», sondern nur noch Berechtigte bestehen (ZR 1986, 132, 134);
- der **Vermächtnisnehmer und der Auflagebedachte** (gl.M. ORTENBURGER, 69 f.). Nach Art. 18 GBV benötigt der Vermächtnisnehmer zur Grundbucheintragung keine Erbbescheinigung, sondern lediglich eine Abschrift der letztwilligen Verfügung.
- an der Erbschaft **nicht beteiligte Drittpersonen**. Die Behörde kann ihnen jedoch *Kopien* von Erbbescheinigungen aushändigen, sofern sie ein rechtsgenügendes Interesse nachweisen (JdT 1982 III 17).

III. Bestreitungsverfahren

Das Recht der eingesetzten Erben auf Erhalt der Erbbescheinigung kann *bestritten werden*. Dieses **Bestreitungsverfahren** bezieht sich lediglich auf die *Ausstellung der Erbbescheinigung* und nicht auf das Verfahren der Ausstellungsbehörde als solches; letzteres unterliegt den ordentlichen Rechtsmitteln. Zur Bestreitung *legitimiert* sind die folgenden Berechtigten *je einzeln*; bei mehreren Berechtigten ist gemeinsames Vorgehen nicht erforderlich (ZR 1958 268, 269; gl.M. ORTENBURGER, 78; PIOTET, SPR IV /2, 725): 10

- der **gesetzliche Erbe**, auch der provisorische Erbe vor Ablauf der Ausschlagungsfrist (ZR 1992/93, 234, 236) oder der bestrittene Erbe (DRUEY, Erbrecht, § 15 N 91) sowie der durch Testament ausgeschlossene Pflichtteils- oder andere gesetzliche Erbe (ZR 1986, 25, 26; zum *virtuellen* Erben vgl. ZR 1996, 103);
- die **aus einer früheren Verfügung Bedachten**. Damit sind eingesetzte Erben, nicht aber Vermächtnisnehmer und Auflagebedachte gemeint, die durch eine eröffnete Verfügung älteren Datums eingesetzt wurden, welche durch eine ebenfalls eröffnete Verfügung jüngeren Datums aufgehoben wurde (gl.M. ORTENBURGER, 78 f.; PIOTET, SPR IV/2, 725);
- die **eingesetzten Erben** gegenüber einem durch die gleiche Verfügung eingesetzten Miterben (gl.M. BECK, 134; unklar ORTENBURGER, 79);
- **nicht** die **Vermächtnisnehmer** sowie der nach Art. 473 **nutzniessungsberechtigte Ehegatte**;
- **nicht** die **Gläubiger des Pflichtteilserben** oder der Erwerber eines Erbanteils, sofern er nicht zugleich Miterbe ist (gl.M. ORTENBURGER, 79 f.);
- **nicht** der **Willensvollstrecker** oder der Erbenvertreter.

Eine **Bestreitungsfrist** als solche ist gesetzlich *nicht festgelegt*, sondern nur der *früheste Ausstellungstermin* für die Erbbescheinigung, nämlich ein Monat seit Mitteilung i.S.v. Art. 558. Somit beträgt die Bestreitungsfrist *mindestens* einen Monat und endet mangels anderweitiger gesetzlicher Bestimmung mit der tatsächlichen Ausstellung der Erbbescheinigung; bis dahin muss die Behörde rechtsgenügende Bestreitungserklärungen entgegennehmen (**a.M.** BK-TUOR/PICENONI, N 6 und DRUEY, Erbrecht, § 15 N 16, die jedem Berechtigten eine genau einmonatige Frist zuzugestehen scheinen). Die Monatsfrist kann frühestens beginnen, wenn die einjährige Frist des Erbenrufs nach Art. 555 abgelaufen ist (Rep 1975, 92) bzw. wenn *alle* gesetzlichen Erben davon Kenntnis erhalten 11 haben, dass den eingesetzten Erben eine Abschrift der letztwilligen Verfügung zugestellt worden ist (PKG 1970, 126, 128). Im übrigen richtet sich der Fristbeginn nach den Grundsätzen des OR mit dem *Empfang* der Mitteilung nach Art. 558 Abs. 1, womit für jeden Empfänger eine *separate Frist* ab *seinem* Empfang läuft. Bei öffentlicher Auskündigung i.S.v. Art. 558 Abs. 2 beginnt die Frist mit dem Datum der letzten Veröffentlichung. Die Erbbescheinigung darf erst ausgestellt werden, wenn bei *allen* Empfängern die Monatsfrist verstrichen ist (gl.M. ORTENBURGER, 81 f.).

12 **Adressat, Form und Inhalt der Bestreitung** sind bundesrechtlich nicht vorgeschrieben. Zweckmässigerweise erfolgt die Bestreitung gegenüber der Behörde, welche die Mitteilung nach Art. 558 erlassen hat bzw. die Erbbescheinigung ausstellen muss. Sie kann rechtsgenügend aber auch an den bestrittenen Erben (= Gegenpartei) erfolgen, entweder durch förmliche Bestreitungserklärung (Rep 1983, 56) oder durch sofortige Erhebung der Ungültigkeits-, Herabsetzungs- oder Erbschaftsklage während der Bestreitungsfrist (OGer VD SJZ 1946, 154). Die Bestreitung kann schriftlich oder mündlich erfolgen, muss ausdrücklich sein, braucht aber nicht begründet zu werden (ZR 1979, 52; 1986, 25, 26; Rep 1983, 56; gl.M. DRUEY, Erbrecht, § 15 N 16). Die Bestreitung ist auch rechtsgenügend, wenn sie sich nur gegen *einen* von mehreren eingesetzten Erben richtet.

13 Die **Rechtswirkungen der Bestreitung** sind die folgenden:
– Die **Erbbescheinigung kann nicht ausgestellt** werden, auch wenn die Rechte eines oder mehrerer eingesetzter Erben unangefochten bleiben; dies deshalb, weil die Erbbescheinigung einen Ausweis über die Zusammensetzung der *ganzen* gesamthänderischen Erbengemeinschaft bildet, vgl. N 21 (gl.M. PIOTET, SPR IV/2, 725; ORTENBURGER, 139). Ebenso darf sie nicht ausgestellt werden, wenn durch den eingesetzten Erben der dem Einsprecher im Falle der Ungültigkeit des Testamentes zufallende Anteil hinterlegt wird (ZR 1958, 268, 270; gl.M. PIOTET, SPR IV/2, 726; unklar ZK-ESCHER, N 5; BK-TUOR/PICENONI, N 10);
– Die gemäss Art. 556 Abs. 3 angeordnete **Besitzregelung** bzw. Erbschaftsverwaltung dauert weiterhin an (OGer ZH SJZ 1953, 377);
– Die Behörde muss nötigenfalls die **Erbschaftsverwaltung** noch anordnen, vgl. N 51;
– Die Behörde darf dem **Bestreitenden keine Frist ansetzen** zur Einleitung einer erbrechtlichen Klage (gl.M. BK-TUOR/PICENONI, N 10). Umgekehrt aber muss der eingesetzte Erbe, dessen Erbberechtigung bestritten ist, nicht auf eine erbrechtliche Klage des Bestreitenden warten, sondern kann diese selbst einleiten (BJM 1975, 126, 129).

14 Die **Anerkennung der fraglichen Verfügung** durch die zur Bestreitung legitimierten Personen bedeutet Anerkennung der Rechte *aller* eingesetzten Erben; die Erbbescheinigung ist auszustellen und die Anerkennenden sind von der Erhebung erbrechtlicher Klagen ausgeschlossen. Wird jedoch nur der Anspruch *eines von mehreren* eingesetzten Erben anerkannt, kann die Erbbescheinigung nicht ausgestellt werden. Ob die Anerkennung durch konkludentes Handeln, z.B. durch Teilnahme an Teilungshandlungen, erfolgen kann, ist Tatfrage. Eine rechtliche Bindung tritt nicht ein bei Vorliegen und rechtzeitiger Geltendmachung eines Willensmangels der Anerkennungserklärung (ZR 1988, 73, 74; gl.M. PIOTET, SPR IV/2, 725).

15 **Stillschweigen** der legitimierten Personen bedeutet weder Bestreitung noch Anerkennung. Die Erbbescheinigung kann nach Ablauf der Monatsfrist ausgestellt und ggf.

die Besitzregelung nach Abs. 2 vorgenommen werden. Wegen des Vorbehalts der Ungültigkeits- und der Erbschaftsklage bedeutet Stillschweigen für die legitimierten Personen *keinen Rechtsverlust*, wohl aber den mit Ausstellung einer Erbbescheinigung verbundenen Parteirollentausch bei später einzuleitenden erbrechtlichen Klagen, vgl. N 45.

Unklar ist, ob auch **bei gesetzlichen Erben eine Bestreitung** der Erbberechtigung einzelner von ihnen zulässig ist (zustimmend LEIMGRUBER, 20; abl. ZK-ESCHER, N 17 f.; BK-TUOR/ PICENONI, N 15; offengelassen in ZR 1995, 13, 16 und von PIOTET, SPR IV/2, 731 f.). Da bei gesetzlichen Erben mit der Ausstellung der Erbbescheinigung keine Änderung der Besitzverhältnisse bewirkt wird, erscheint ein eigentliches Bestreitungsverfahren i.S.v. Art. 559 nicht erforderlich und ist *abzulehnen*. Ist ein gesetzlicher Erbe mit der Berechtigung eines oder mehrerer anderer Erben nicht einverstanden, so ist ihm unbenommen, bei der zuständigen Behörde die entsprechenden Einwände vorzubringen. Erscheinen diese der Behörde im Rahmen ihrer vorläufigen Kognitionsbefugnis als fundiert, so kann die Behörde aufgrund von Art. 554 Abs. 1 Ziff. 2 oder Art. 556 Abs. 3 die Erbschaftsverwaltung anordnen, die Ausstellung der Erbbescheinigung verweigern und es dem betreffenden Erben überlassen, eine erbrechtliche Klage vor dem ordentlichen Richter einzuleiten. Stellt jedoch die Behörde die Erbbescheinigung trotz der Bestreitung aus, so ist die erbrechtliche Klage davon nicht betroffen und kann immer noch eingeleitet werden. 16

IV. Form und Inhalt der Erbbescheinigung

Die **Form der Erbbescheinigung** ist bundesrechtlich nicht geregelt, sondern dem kant. Recht überlassen. Aus dem Begriff *Bescheinigung* ergibt sich lediglich, dass es sich um ein schriftliches Dokument der zuständigen Behörde handeln muss. In der Praxis besteht eine grosse Vielfalt und Uneinheitlichkeit unter (und teilweise auch innerhalb) den Kantonen; einzelne von ihnen verwenden Formulare (vgl. dazu ORTENBURGER, 146-157). 17

Zum **notwendigen Inhalt der Erbbescheinigung** für gesetzliche und eingesetzte Erben gehört nach *Bundesrecht* folgendes: 18

a) Genaue **Bezeichnung des Erblassers** und dessen Todestages;

b) Genaue Bezeichnung **aller der Erbengemeinschaft angehörigen Erben** und des nach Art. 473 **nutzniessungsberechtigten Ehegatten** mit Namen und Adressen. Zur Möglichkeit der Ausstellung einer *provisorischen Erbbescheinigung*, vgl. N 37. Die Behörde hat aufgrund ihrer Kognitionsbefugnis und ggf. unter Anwendung ausländischen Rechts, vgl. Art. 558 N 4 (Rep 1974, 75) einen vorläufigen Entscheid zu treffen, wer ihrer Meinung nach zur Gemeinschaft gehört und wer nicht; diese kann aus eingesetzten *und* gesetzlichen Erben bestehen (vgl. Rep 1981, 124 bez. eines offensichtlich anfechtbaren Testamentes und damit Unklarheit über die Gültigkeit einer Erbeneinsetzung). Bei allg. Gütergemeinschaft mit vollständiger Zuweisung des Gesamtgutes an den überlebenden Ehegatten ist in der Erbbescheinigung nicht dieser allein, sondern sind *alle* der Erbengemeinschaft angehörenden Erben aufzuführen, auch wenn wegen des Ehevertrages der Nachlass faktisch inexistent ist (Rep 1975, 244). 19

c) Bestätigung, dass die aufgeführten Personen die **einzigen Erben** des Erblassers sind. Dies ergibt sich aus Art. 18 GBV und gilt gleichermassen für eingesetzte und gesetzliche 20

Erben (BGE 82 I 188, 193; ZBGR 1966, 81; PKG 1971, 39; AGVE 1984, 673, 675; gl.M. ORTENBURGER, 125).

21   d) Bestehen Vor- und Nacherben, so ist **nur der Vorerbe** aufzuführen, denn *er* wird nach Art. 491 Abs. 2 Eigentümer der Erbschaft; der Nacherbe erwirbt nur bedingte Rechte und muss diese durch geeignete Sicherungsmittel nach Art. 490 schützen (BGE 82 I 188, 194; gl.M. ORTENBURGER, 74; PIOTET, SPR IV/2, 729). Die Ausstellung einer Erbbescheinigung an den Vorerben bzw. eine Grundstückübertragung an den Vorerben darf nicht davon abhängig gemacht werden, dass die Sicherstellung gemäss Art. 490 Abs. 2 tatsächlich geleistet bzw. im Grundbuch vorgemerkt wird (BGE 82 I 188, 195; **a.M.** JdT 1977 III 4, 7).

22   e) Hinweis auf einen allfälligen **Willensvollstrecker**, Erbschaftsverwalter, Erbschaftsliquidator oder Erbenvertreter und die damit verbundene Einschränkung der Verwaltungs- und Verfügungsbefugnisse der Erben. Ist umgekehrt die Verwaltungs- und Verfügungsbefugnis des Verwaltungsberechtigten (Willensvollstrecker etc.) eingeschränkt, so muss auch diese Einschränkung in der Erbbescheinigung aufgeführt werden (gl.M. WETZEL, N 187 ff.; PIOTET, SPR IV/2, 727).

23   f) **Vorbehalt der erbrechtlichen Klagen**. Der frz. Wortlaut ist in dieser Hinsicht unpräzis. Das Gesetz erwähnt nur die Ungültigkeits- und die Erbschaftsklage, aber richtigerweise sind auch die Herabsetzungsklage sowie allfällige Feststellungsklagen vorbehalten. Dieser *bundesrechtliche* Vorbehalt gilt *immer*, und zwar auch dann, wenn er aus Versehen nicht in der Erbbescheinigung erwähnt sein sollte (gl.M. ORTENBURGER, 132 f.; PIOTET, SPR IV/2, 729 f.).

24   g) Das allenfalls auf den Nachlass anwendbare **materielle ausländische Recht**, vgl. Vorbem. zu Art. 551-559 N 18. Zur Klarstellung der Verhältnisse ist erforderlich, dass dieses in der von einer schweizerischen Behörde ausgestellten und deshalb formell schweizerischem Recht unterstehenden Erbbescheinigung ausdrücklich erwähnt wird.

25   **Nicht notwendiger Inhalt** der Erbbescheinigung für gesetzliche oder eingesetzte Erben ist nach *Bundesrecht*:

a) Die Erwähnung der durch Verfügung von Todes wegen **ausgeschlossenen pflichtteilsgeschützten Erben**; diese sind nicht in die Erbbescheinigung aufzunehmen (BGE 98 Ib 92, 98 = Pra 1972, 518; JdT 1977 III 4, 7; ZR 1984, 52; gl.M. PIOTET, SPR IV/2, 728; unklar ORTENBURGER, 125 ff.). Ein kant. Grundbuchgesetz, wonach die Erbbescheinigung die allfälligen Pflichtteilserben erwähnen muss, geht über die Anforderungen des Bundesrechtes hinaus; dieses Erfordernis kann aber dann gerechtfertigt sein, wenn keine Erbeinsetzung auf den ganzen Nachlass vorliegt (BGE 98 Ib 92, 98 = Pra 1972, 518).

26   b) Die Erwähnung der **ausgeschiedenen Erben**, z.B. der Erbe, der mit dem Erblasser einen *Erbverzichtsvertrag* abgeschlossen oder die Erbschaft ausgeschlagen hat (ZR 1986, 132, 133; gl.M. ZK-ESCHER, N 19) sowie der durch Verfügung von Todes wegen *Enterbte* (gl.M. ORTENBURGER, 70-74, 131).

27   c) Die **Erbquoten** der einzelnen Erben, da diese für die Legitimationsfunktion der Erbbescheinigung nicht von Bedeutung sind. Nach Art. 33 Abs. 3 GBV ist im *Grundbuch* eine Quotenangabe nicht erforderlich und wohl auch nicht zulässig (BGE 118 II 108, 112 = Pra 1993, 723; AGVE 1984, 673, 676; gl.M. ORTENBURGER, 141; PIOTET, SPR IV/2, 729; **a.M.** ZK-ESCHER, N 19).

d) Der **Verwandtschaftsgrad** zum Erblasser, auch nicht in der Erbbescheinigung für 28
gesetzliche Erben (**a.M.** ZK-Escher, N 18).

e) Ein Hinweis, dass **keine letztwillige Verfügung zur Eröffnung eingereicht bzw.** 29
keine Erbausschlagung vorgenommen wurde. Die Behörde hat zwar beide Fragen *vor*
Ausstellung der Erbbescheinigung zu überprüfen, vgl. N 36, braucht aber das Resultat *in*
der Bescheinigung nicht zu erwähnen.

f) Die Aufnahme einer **Rechtsbelehrung i.e.S.** im Gegensatz zum Vorbehalt der erb- 30
rechtlichen Klagen, vgl. N 25. Die Aufnahme einer Rechtsbelehrung kann aber nach
kantonalem Recht vorgeschrieben sein.

V. Verfahren

Zu **örtlicher Zuständigkeit, Behörde, Verfahren und Rechtsmittel** vgl. Vorbem. zu 31
Art. 551-559 N 6-11.

Die **Kosten** der Ausstellung einer Erbbescheinigung stellen keine Erbgangsschuld dar,
sondern gehen zu *Lasten des antragstellenden Erben*. Dies steht im Gegensatz zu den
übrigen Sicherungsmassregeln nach Art. 551-558 und beruht darauf, dass die Erbbescheinigung nicht von Amtes wegen auszustellen ist und auch nicht in jedem Erbgang
bzw. von jedem Erben benötigt wird (gl.M. Ortenburger, 144). Die Kosten einer durch
Bestreitung erforderlichen Behördenverfügung sind vorbehaltlich der Entscheidung
durch den ordentlichen Richter dem Einsprecher aufzuerlegen (OGer ZH SJZ 1944, 121).

Der Behörde steht eine gewisse **Kognitionsbefugnis** zu, wem aufgrund der eröffneten 32
Verfügung(en) bez. der vorgelegten Ausweise eine Erbbescheinigung auszustellen und
wer darin als Erbe bzw. Nutzniesser aufzunehmen sei. Diese Kognition ist provisorisch
und hat *keine materielle Bedeutung* für die Rechte der in die Erbbescheinigung aufgenommenen oder nicht aufgenommenen Personen (JdT 1977 III 4, 6; ZR 1983, 170; gl.M.
Ortenburger, 118 ff.). Die Behörde darf aber die Ausstellung der Erbbescheinigung
nicht verweigern, wenn sie aufgrund ihrer vorläufigen Auslegung z.B. die letztwillige
Verfügung als ungültig oder anfechtbar und damit die materielle Berechtigung der eingesetzten Erben als nicht vorhanden betrachtet (gl.M. ZK-Escher, N 9a).

Die Erbbescheinigung wird **nur auf Antrag** ausgestellt, nicht von Amtes wegen. 33
Antragsberechtigt sind die berechtigten Personen gemäss N 5-8, und zwar jede einzelne
von ihnen und nicht nur alle gemeinsam (gl.M. Piotet, SPR IV/2, 724; Leimgruber, 20;
Ortenburger, 110). Die berechtigten Personen haben nach Art. 559 einen *unbedingten*
Anspruch auf Ausstellung der Erbbescheinigung, wenn die bundesrechtlichen Voraussetzungen erfüllt sind. Die Kantone können allenfalls gewisse das Bundeszivilrecht ein-
schränkende öffentlich-rechtliche Vorschriften einführen, nicht aber eine Verweigerung
der Erbbescheinigung als Druckmittel zur Durchsetzung kant. Steueransprüche (BGE 96
I 714, 717 = Pra 1971, 465; gl.M. Piotet, SPR IV/2, 726).

Die Behörde benötigt **folgende Belege für die Ausstellung** der Erbbescheinigung: 34

a) in jedem Falle:
– **Nachweis des Todes**, der Verschollenheit des Erblassers;

Art. 559 ZGB

– **Nichtausschlagung der Erbschaft**, nachzuweisen durch negative Bestätigung der zuständigen Behörde nach Art. 570. Da die Ausschlagungsfrist nach Art. 567 drei Monate beträgt, kann diese Bestätigung und damit auch die Erbbescheinigung erst nach Ablauf der Ausschlagungsfrist für alle Erben ausgestellt werden. Vorbehalten bleibt die Verwirkung der Ausschlagung durch ausdrückliche oder konkludente Annahme der Erbschaft (gl.M. ORTENBURGER, 115).

35 b) für eingesetzte Erben zusätzlich:
– **Testamentseröffnungsverfügung/Mitteilung** nach Art. 557/558; ohne Durchführung dieses Verfahrens kann die Erbbescheinigung nicht ausgestellt werden. Unerheblich ist, ob die Erbeinsetzung durch Testament oder Erbvertrag erfolgte; die Rechtsstellung des eingesetzten Erben ist in beiden Fällen gleich. Nach der hier vertretenen Auffassung ist die Einlieferung/Eröffnung von Erbverträgen *bundesrechtlich* vorgeschrieben, vgl. Art. 557 N 13, so dass der vertraglich eingesetzte Erbe, gleichgültig ob er Vertragspartei ist oder Dritter, unter den gleichen Voraussetzungen Anspruch hat auf Ausstellung einer Erbbescheinigung wie der testamentarisch eingesetzte (gl.M. PIOTET, SPR IV/2, 732 ff.).

36 c) für gesetzliche Erben zusätzlich:
– **Nachweis der Familienverhältnisse** und damit der Erbberechtigung der gesetzlichen Erben infolge Verheiratung, Verwandtschaft oder Adoption. Die entsprechenden Belege sind i.d.R. von der Behörde von Amtes wegen zu beschaffen, ggf. unter Anwendung ausländischen Rechts (Rep 1974, 75; ZR 1995, 13, 14; gl.M. ORTENBURGER, 114). Die Erbenstellung muss wegen der provisorischen Wirkung der Erbbescheinigung *nicht urkundlich nachgewiesen*, aber zumindest glaubhaft gemacht werden, wozu auch andere Mittel als Urkunden geeignet sein können. Die Beweislast trifft den potentiellen Erben; wer als gesetzlicher Erbe eine Erbbescheinigung verlangt, hat seine eigene Erbenqualität zumindest *glaubhaft* zu machen (KGer GR SJZ 1989, 175; ZR 1995, 13, 16; gl.M. ORTENBURGER, 114 f.). Zur Berücksichtigung eines fehlerhaften Adoptionsentscheides vgl. PKG 1974, 120;
– **Fehlen einer Verfügung von Todes wegen** mit Erbeinsetzung(en) bzw. Vorhandensein einer Verfügung, durch welche das Erbrecht einzelner gesetzlicher Erben eingeschränkt oder vollständig ausgeschlossen ist, z.B. zugunsten anderer gesetzlicher Erben oder Vermächtnisnehmer. Das Fehlen bzw. Vorhandensein einer Verfügung von Todes wegen ist nachzuweisen durch Bestätigung der Einlieferungs-/Eröffnungsbehörde.

37 Zum **Zeitpunkt der Ausstellung** gelten folgende Regeln:

a) Die Ausstellung kann i.d.R. erst erfolgen, wenn **alle Erben bekannt** sind und bei Vorliegen einer letztwilligen Verfügung das Eröffnungs- und Mitteilungsverfahren nach Art. 557/558 vollständig durchgeführt ist (Rep 1979, 71). Benötigt ein Erbe oder der Willensvollstrecker *schon vorher* einen Legitimationsausweis, so kann eine *provisorische Erbbescheinigung* ausgestellt werden mit der summarischen Bezeichnung «Erben von X» (BezGer ZH ZBGR 1986, 207 mit redaktioneller Bemerkung) und ggf. auch dem ausdrücklichen Vorbehalt, dass die Ausschlagungsfrist noch nicht abgelaufen ist, vgl. N 39 (gl.M. PIOTET, SPR IV/2, 728). In jedem Falle kann die Ausstellung nur erfolgen, wenn eine angeordnete Erbschaftsverwaltung aufgehoben worden ist (PKG 1985, 157).

b) Die Ausstellung an eingesetzte Erben kann **frühestens einen Monat nach Mitteilung** gem. Art. 558 erfolgen, d.h. also nach Ablauf der Einsprachefrist. Bei Erbenruf nach Art. 555 kann sie erst nach Ablauf der Jahresfrist erfolgen (Rep 1987, 201, 203). 38

c) Nach Art. 559 bestätigt die Erbbescheinigung, dass die darin aufgeführten Personen *als Erben anerkannt* seien. Sie kann somit nur ausgestellt werden an **endgültige Erben**, die nicht mehr ausschlagen können, und dies sowohl für gesetzliche *als auch* eingesetzte Erben. Die Ausstellung ist deshalb erst *nach Ablauf* der dreimonatigen Ausschlagungsfrist von Art. 567 zulässig, deren Beginn für die einzelnen Erben unterschiedlich sein kann. 39

d) Ist die Berechtigung von eingesetzten Erben nach Art. 559 **innert Monatsfrist bestritten** worden, so kann eine Erbbescheinigung vorläufig nicht ausgestellt werden, weder an die eingesetzten noch an die gesetzlichen Erben. Machen jedoch die gesetzlichen Erben von ihrem Recht keinen Gebrauch, innert Jahresfrist eine erbrechtliche Klage einzuleiten, so ist die Erbbescheinigung auf Verlangen der eingesetzten Erben an diese auszustellen, vgl. N 55 (ZR 1963, 203, 206; Rep 1987, 201; OGer VD SJZ 1986, 147; JdT 1982 III 66; gl.M. Piotet, SPR IV/2, 728; Ortenburger, 120 ff.). 40

e) Da die Erbbescheinigung nur an **alle und endgültigen Erben** ausgestellt werden kann, ist deren Ausstellung zu verweigern, wenn und solange (potentielle) gesetzliche Erben untereinander über ihre Erbenqualität im Streit liegen und deshalb unklar ist, wer die *alleinigen* Erben sind (ZR 1928, 42; 1995, 13, 16; **a.M.** BK-Tuor/Picenoni, N 15 und wohl auch ZK-Escher, N 17). 41

f) Bei **Unklarheiten in der gesetzlichen Erbfolge** hat die Behörde allenfalls eine *Verwaltungsbeistandschaft* anzuordnen und bis zur Klärung der Verhältnisse von der Ausstellung der Erbbescheinigung abzusehen (**a.M.** ZK-Escher, N 11; BK-Tuor/Picenoni, N 16; Ortenburger, 128, nach welchen eine solche Ungewissheit «in der Erbbescheinigung nötigenfalls vermerkt werden kann»). 42

g) Während der **Dauer der Willensvollstreckung**, Erbschaftsverwaltung, Erbschaftsliquidation oder Erbenvertretung muss die Erbbescheinigung auf diesen Umstand hinweisen und Namen und Adresse dieses Funktionärs enthalten, da sich sonst der Rechtsschein unbegrenzter Verwaltungs- und Verfügungsrechte der Erben ergeben würde, vgl. N 22 (gl.M. Piotet, SPR IV/2, 727). 43

VI. Rechtswirkungen

Die Erbbescheinigung hat von Bundesrechts wegen **interkantonale Gültigkeit**. Die von der zuständigen Behörde des letzten Wohnsitzes des Erblassers ausgestellte Bescheinigung muss deshalb auch in anderen Kantonen anerkannt werden, einschliesslich zur Vornahme von Eintragungen im Grundbuch (BGE 82 I 188, 192). Zur Praxis im Kanton BE vgl. auch Vorbem. zu Art. 551-559 N 6. 44

Die Erbbescheinigung ist ein **provisorischer Legitimationsausweis** für die darin genannten Personen zur Inbesitznahme des und Verfügung über den Nachlass. Sie hat *keine materiellrechtliche* Bedeutung für die Erbberechtigung der darin erwähnten Personen, sondern immer nur *provisorischen Charakter* und steht unter dem Vorbehalt der erbrechtlichen Klagen, selbst wenn diese nicht ausdrücklich in der Bescheinigung 45 erwähnt sein sollten (BGE 91 II 395, 397; 95 II 109, 118; 96 I 714, 716 = Pra 1971, 465; BGE 104 II 75, 82; ZR 1995, 13; PKG 1988, 189; RJN 1984, 47, 49; gl.M. PIOTET, SPR IV/2, 722; DRUEY, Erbrecht, § 15 N 18). Als behördlicher Legitimationsausweis ist sie aber bis zur Feststellung ihrer Unrichtigkeit, vgl. N 47, *verbindlich*, gibt den durch sie ausgewiesenen Erben einen Rechtsanspruch auf Besitzeinräumung und vertauscht dadurch im Falle von *eingesetzten Erben* die bisherigen Parteirollen für künftige erbrechtliche Prozesse, indem die gesetzlichen Erben aufgrund ihres Besitzesverlustes in die Klägerrolle versetzt werden.

46 Die Erbbescheinigung ist **für den Grundbuchführer verbindlich**. Trotz ihres provisorischen Charakters stellt die Erbbescheinigung den *nach Art. 18 GBV erforderlichen* und damit definitiven Ausweis für die Eintragung von Grundeigentum dar. Der Grundbuchführer hat ihre materielle Richtigkeit *nicht* zu prüfen, sondern – unter Vorbehalt offensichtlicher Fehler und Irrtümer – seine Prüfung darauf zu beschränken, ob die Erbbescheinigung von der zuständigen Behörde ausgestellt ist und alle gesetzlich erforderlichen Angaben enthält (BGE 79 I 260; 82 I 188, 193; 98 Ib 92, 95 = Pra 1972, 518; BGE 101 II 305, 311; Rep 1972, 264, 267; Grundbuchaufsicht FR ZBGR 1987, 364; gl.M. ORTENBURGER, 34-40; **a.M.** PIOTET, SPR IV/2, 720, nach welchem der Grundbuchführer die Erbbescheinigung auch bei offensichtlichem Irrtum nicht zurückweisen darf).

47 Als provisorische Legitimationsurkunde ist **die Erbbescheinigung abänderbar** durch:
– **die ausstellende Behörde**, wenn sich nachträglich die materielle Unrichtigkeit herausstellt, z.B. durch Einlieferung/Eröffnung einer bisher nicht bekannten Verfügung. Die Behörde hat die Erbbescheinigung *von Amtes wegen* zurückzuziehen und durch eine neue, korrigierte zu ersetzen (ZR 1991, 289, 290; gl.M. ORTENBURGER, 158 ff.; DRUEY, Erbrecht, § 15 N 21; SCHNYDER, 118; **a.M.** BGE 104 II 75, 82);
– **den ordentlichen Richter** im Rahmen einer erbrechtlichen Klage. Das Urteil macht die Erbbescheinigung *gegenstandslos* und gibt den materiell Berechtigten *direkt* einen gültigen Legitimationsausweis, vgl. Art. 18 Abs. 6 GBV (gl.M. ORTENBURGER, 160). Die aufgrund einer unrichtigen Erbbescheinigung erfolgte Grundbucheintragung kann durch Urteil *direkt* korrigiert werden, ohne dass vorerst die Erbbescheinigung nichtig erklärt werden müsste (BGE 104 II 75, 82).

48 Die Erbbescheinigung wird gelegentlich als **öffentliche Urkunde** mit Vermutung der Richtigkeit i.S.v. Art. 9 bezeichnet (z.B. BK-TUOR/PICENONI, N 24; BRÜGGER, 119 f.; ORTENBURGER, 40 ff.). Diese Auffassung überzeugt nicht. Die Erbbescheinigung ist von ihrer Natur her ein *behördliches* (wenn auch provisorisches) Legitimationspapier, erweckt als solches den *Rechtsschein* der materiellen Richtigkeit und gilt als richtig und im Rechtsverkehr verbindlich. Sie kann nur durch die *Behörde bzw. den Richter* abgeändert oder aufgehoben werden, vgl. N 47, nicht aber nach Art. 9 durch beliebige Gegenbeweismittel wie Zeugen, Urkunden etc. ausser Kraft gesetzt werden.

49 Nicht eindeutig geklärt ist die Frage nach dem **Gutglaubensschutz des Dritten**, der sich auf eine (materiell unrichtige) Erbbescheinigung verlassen hat. Aufgrund von Bedeutung und Rechtswirkungen als provisorischer Legitimationsausweis, welche die Erbbescheinigung für den Rechtsverkehr und insb. für das Grundbuch hat, muss der Schutz des gut-

gläubigen Dritten bejaht werden (gl.M. PIOTET, SPR IV/2, 720-724 mit eingehender Begründung und Verweisung auf weitere Literatur; BECK, 135; SCHNYDER, 120; wohl auch BGE 41 II 202, 213, und DRUEY, Erbrecht, § 15 N 20; unklar ZK-ESCHER, N 8, 9a; offengelassen in BGE 95 II 109, 118).

Umstritten ist, ob das Begehren auf Ausstellung einer Erbbescheinigung eine **Einmischung in Nachlassangelegenheiten i.S.v. Art. 571 Abs. 2** darstellt und somit die Ausschlagungsbefugnis verwirken lässt. Dies ist abzulehnen, zumindest sofern und solange der betreffende Erbe von der Erbbescheinigung keinen Gebrauch macht. Ein noch unentschlossener Erbe kann guten Grund haben, eine Erbbescheinigung und damit eine provisorische Interpretation der Behörde über seine potentielle Stellung zu verlangen; der Antrag auf Ausstellung bzw. die Entgegennahme einer Erbbescheinigung stellt grundsätzlich noch keine der in Art. 571 Abs. 2 anvisierten Handlungen dar (ZR 1988, 105; 1992/93, 234, 236; gl.M. LEIMGRUBER, 20 f.; DRUEY, Erbrecht, § 15 N 34; **a.M.** ZR 1965, 194, 195; ZK-ESCHER, N 19; ORTENBURGER, 81).

50

VII. Auslieferung der Erbschaft

Die **Anordnung der Erbschaftsverwaltung** ist zeitlich nicht nur im Stadium von Art. 554 oder 556 Abs. 3 möglich, sondern auch später, wenn die Umstände es erfordern, vgl. Art. 556 N 29. Dies kann z.B. der Fall sein, wenn die Erbschaft nach Art. 556 Abs. 3 einstweilen den gesetzlichen Erben überlassen wurde, diese dann im Verfahren nach Art. 559 Einsprache gegen den eingesetzten Erben erheben und damit mögliche Interessenkonflikte zum Ausdruck bringen, oder wenn bezüglich Person bzw. Berechtigung von Erben plötzlich Unklarheiten entstehen. In einem solchen Fall kann die Erbschaftsverwaltung auch noch im Stadium von Art. 559 angeordnet werden, d.h. wenn ein Erbe bereits die Ausstellung der Erbbescheinigung verlangt.

51

Hatte die Behörde nach Art. 556 Abs. 3 die Erbschaft einstweilen den gesetzlichen Erben überlassen, so wird diese provisorische Besitzesregelung durch die Ausstellung einer Erbbescheinigung an *eingesetzte Erben* nicht von Gesetzes wegen verändert. Die gesetzlichen Erben bleiben vorläufig im Besitz, und den eingesetzten Erben fällt die Klägerrolle bez. Besitzanspruch bzw. Erbschaftsklage zu. Wurde jedoch nach Art. 554 oder 556 Abs. 3 die Erbschaftsverwaltung angeordnet, so ist diese bei Ausstellung der Erbbescheinigung aufzuheben. Zugleich ist der Erbschaftsverwalter anzuweisen, die Erbschaft den gem. Erbbescheinigung ausgewiesenen eingesetzten *oder* gesetzlichen Erben auszuliefern (PKG 1985, 157, 159; gl.M. PIOTET, SPR IV/2, 740 f.).

52

Solange die Erbbescheinigung nicht ausgestellt wird bzw. werden kann, bleibt die **vorläufige Besitzregelung unverändert**; eine bestehende Erbschaftsverwaltung hat anzudauern (ZR 1995, 13, 17; ZK-ESCHER, N 22; BK-TUOR/PICENONI, N 26). Während der Erbschaftsverwaltung ist die Erhebung der Erbschaftsklage sowohl gegen die gesetzlichen als auch gegen die eingesetzten Erben möglich; obwohl ihnen der Besitz fehlt, können sie die materielle Erbberechtigung gerichtlich feststellen lassen (BGE 56 II 254, 258; kritisch ZK-ESCHER, N 24). Unklar ist aber, *wie lange* die bisherige Besitzregelung, insb. die angeordnete Erbschaftsverwaltung, weiterbestehen kann, d.h. wann die Erbbescheinigung *spätestens* ausgestellt werden muss:

53

121

54 a) Machen gesetzliche Erben vom **Bestreitungsrecht gegenüber eingesetzten Erben innert Frist keinen Gebrauch**, so ist auf Begehren des eingesetzten Erben nach Ausstellung einer Erbbescheinigung die Erbschaftsverwaltung aufzuheben und der Verwalter anzuweisen, die Erbschaft dem eingesetzten Erben auszuliefern, vgl. N 40. Besteht keine Erbschaftsverwaltung, so kann der eingesetzte Erbe selbst den einstweiligen Besitz der gesetzlichen Erben beenden und aufgrund der Erbbescheinigung von ihnen die Herausgabe der Erbschaft verlangen. Die Rechte der gesetzlichen Erben auf Einleitung der erbrechtlichen Klagen bleiben vorbehalten.

55 b) Haben die gesetzlichen Erben die Berechtigung des eingesetzten Erben innert der Monatsfrist bestritten, darf die Erbbescheinigung vorläufig nicht ausgestellt werden und bleibt die einstweilige Besitzesregelung bestehen. Leiten die gesetzlichen Erben eine erbrechtliche Klage innert Frist ein, so dauert die einstweilige Besitzesregelung bis zum rechtskräftigen Abschluss dieses Prozesses. Lassen aber die gesetzlichen Erben die **Frist zur Einleitung einer erbrechtlichen Klage ungenutzt verstreichen**, so verwirken sie ihre diesbez. Rechte, aber die rechtzeitig gemachte Einsprache nach Art. 559 ist davon nicht direkt berührt. In diesem Fall kann der eingesetzte Erbe *trotz erfolgter Einsprache* die Ausstellung der Erbbescheinigung dann verlangen, wenn die gesetzlichen Erben die Ungültigkeits- bzw. Herabsetzungsklage *nicht fristgerecht eingeleitet haben und ihre diesbezüglichen Rechte deshalb verwirkt sind* (gl.M. ZR 1963, 203, 207; BJM 1963, 208; PIOTET, SPR IV/2, 741 f.; WETZEL, N 182 ff.). Die zuständige Behörde kann ohne grossen Aufwand überprüfen, ob eine solche Klage fristgerecht eingeleitet worden ist oder nicht. Ist dies nicht der Fall, hat sie dem eingesetzten Erben auf sein Begehren die Erbbescheinigung auszustellen und eine allfällig bestehende Erbschaftsverwaltung aufzuheben.

56 c) Bei **gesetzlichen Erben stellt sich dieses Problem der Unsicherheit nicht**. Eine allfällig bestehende Erbschaftsverwaltung ist dann aufzuheben, wenn den gesetzlichen Erben die Erbbescheinigung ausgestellt werden kann.

57 Unterlassen die gesetzlichen Erben die Bestreitung gegenüber den eingesetzten Erben, so können sie **rechtliche Massnahmen auch noch nach Ausstellung der Erbbescheinigung** an die eingesetzten Erben einleiten. Sie können nicht nur erbrechtliche Klagen anheben, sondern auch unabhängig davon *vorsorgliche Massnahmen* verlangen, um die eingesetzten Erben trotz Erbbescheinigung an der Inbesitznahme der und Verfügung über die Erbschaftsgegenstände zu hindern. Dies können bundesrechtliche Sicherungsmassregeln nach Art. 551 ff. sein oder prozessuale Massnahmen nach kant. ZPO zur Aufrechterhaltung des tatsächlichen Zustandes vor Einleitung eines Prozesses, wie z.B. Herausgabeverbote gegenüber Dritten, Grundbuchsperre etc. (gl.M. ZK-ESCHER, N 24; BK-TUOR/ PICENONI, N 25).

Die amtliche Liquidation

Vorbemerkungen zu Art. 593–597 ZGB

Literatur

AUBERT/KERNEN/SCHÖNLE, Le secret bancaire suisse, 3. Aufl. Bern 1995; A. BECK, Grundriss des Schweizerischen Erbrechts, 2. Aufl. Bern 1976; BINET, La liquidation officielle des successions, SemJud 1935, 33-42, 65-78; K. BLOCH, Zur Frage der Zuständigkeit über die Entschädigungsansprüche eines Willensvollstreckers und eines amtlichen Erbschaftsverwalters, SJZ 1961, 245 ff.; H.J. BRACHER, Der Willensvollstrecker insbesondere im zürcherischen Zivilprozessrecht, Diss. Zürich 1965; CAPITAINE, La liquidation officielle d'une succession en droit suisse, Genf 1935; B. DERRER, Die Aufsicht der zuständigen Behörde über den Willensvollstrecker und den Erbschaftsliquidator, Diss. Zürich 1985; T. HUX, Die Anwendbarkeit des Auftragsrechts auf die Willensvollstreckung, die Erbschaftsverwaltung, die Erbschaftsliquidation und die Erbenvertretung, Diss. Zürich 1985; K. KAUFMANN, Die Errichtung des öffentlichen Inventars im Erbrecht, Diss. Bern 1959; KLEINER/LUTZ, Kommentar zum Bundesgesetz über die Banken und Sparkassen, 6. Nachlieferung Zürich 1993; LEIMGRUBER, Die Befugnisse des einzelnen Miterben beim Erbgang und bei der Nachlassverwaltung, Basler Studien zur Rechtswissenschaft Nr. 114, Basel 1978; A. OSWALD, Die Auskunftspflicht im Erbgang, Diss. Zürich 1976; PIOTET, Erbrecht, SPR IV/1 und 2, Basel 1978 und 1981; H. SPINNER, Die Rechtsstellung des Nachlasses in den Fällen seiner gesetzlichen Vertretung (ZGB 517, 554, 595, 602 III), Diss. Zürich 1966; K. STIERLIN, Der Willensvollstrecker als Erbschaftsverwalter, Erbschaftsliquidator und Erbenvertreter, Diss. Zürich 1972; YUNG, Les droits et les devoirs de l'administrateur officiel d'une succession, SemJud 1947, 449 ff.

I. Begriff und Zweck der amtlichen Liquidation

Terminologisch verwenden Art. 554 und Art. 595 Abs. 3 den Begriff *Erbschaftsverwalter* für zwei Funktionen, die zwar ähnlich, aber doch klar voneinander zu unterscheiden sind. In Übereinstimmung mit der neueren Literatur wird in der vorliegenden Kommentierung für den Funktionsträger nach Art. 595 Abs. 3 durchwegs der Begriff **Erbschaftsliquidator** verwendet (gl.M. BINET, SemJud 1935, 73; STIERLIN, 16; PIOTET, SPR IV/2, 816; DERRER, 3; HUX, 158). 1

Der **Begriff amtliche Liquidation** bedeutet *Einsetzung eines amtlich ernannten Liquidators* zur alleinigen Feststellung und Abwicklung des Nachlasses mit Bereinigung der Schulden und Zahlung der Vermächtnisse. Die Erben, welche üblicherweise diese Aufgaben zu erfüllen haben, sind davon ausgeschlossen; ihre diesbezüglichen Rechte sind während der Dauer der amtlichen Liquidation sistiert. Die amtliche Liquidation ist *abzugrenzen* von der Liquidation nach Art. 573 nach Ausschlagung der Erbschaft durch alle Erben, die als *Nachlasskonkurs* i.S.v. Art. 193 SchKG durchgeführt wird (gl.M. ZK-ESCHER, N 1; CAPITAINE, 58). Ebenso ist sie abzugrenzen von der Willensvollstreckung (Art. 517/518), der Erbschaftsverwaltung (Art. 554) und der Erbschaftsvertretung (Art. 602 Abs. 3). Diese Institute gleichen sich in verschiedenen Punkten, weisen aber auch deutliche Unterschiede auf, insb. bez. Art der Anordnung, Inhalt/Ausmass der Aufgabe, Stellung gegenüber den Erben sowie Rechtswirkungen. 2

3   **Zweck der amtlichen Liquidation** ist die Abwicklung der laufenden Geschäfte des Erblassers, die Feststellung der Aktiven, die Erfüllung der Erbschafts- und Erbgangsschulden sowie wenn möglich die Ausrichtung der Vermächtnisse. Nicht dazu gehört die Überführung des Nachlasses in einen teilungsfähigen Zustand oder die Durchführung der Erbteilung (BGE 52 II 194, 199), sondern der Erbschaftsliquidator hat die allfällig verbleibenden Aktiven möglichst in natura der Erbengemeinschaft auszuhändigen zur Teilung durch diese. Im Hinblick auf die Schuldenbereinigung findet eine *Trennung des Nachlassvermögens vom Erbenvermögen* statt zur Verhinderung der Beiseiteschaffung von Vermögenswerten bzw. der Nachlassteilung vor Befriedigung der Gläubiger und Ausrichtung der Vermächtnisse. Diese faktische Trennung von Nachlass und Erbenvermögen stellt eine (vorübergehende) Durchbrechung des Prinzips der Universalsukzession dar, indem der Nachlass zum Sondervermögen wird, nicht aber zu einem eigenen Rechtssubjekt, vgl. N 9, und die Gesamtnachfolge der Erben auf den Nettoaktivüberrest beschränkt ist. Diese Vermögenstrennung dient den Interessen der Erbschaftsgläubiger (im Fall von Art. 578 auch der Erbengläubiger) auf Befriedigung ihrer Forderungen sowie den Interessen der Erben auf Haftungsbeschränkung; der Erbschaftsliquidator hat die Interessen beider Gruppen zu berücksichtigen.

4   Die amtliche Liquidation **beschränkt die Haftung der Erben auf die Erbschaft** (Sachhaftung) unter *Ausschluss der persönlichen Haftung* für die Erbschafts- und Erbgangsschulden, vgl. Art. 593 N 9. Dieser Haftungsausschluss wird erkauft mit der Preisgabe der Erbschaftsobjekte in natura an den Erbschaftsliquidator, welcher diese ohne Einflussnahme durch die Erben versilbern kann und aus dem Erlös vorab die Gläubiger befriedigt. Die amtliche Liquidation führt zu folgender Rangfolge bei der Verteilung der Erbmasse: 1. Erbschafts- und Erbgangsgläubiger, 2. Vermächtnisnehmer, 3. Erben, vgl. Art. 596 N 33. Entsprechend dieser Rangfolge gehen die Erbschafts- und Erbgangsgläubiger sowie die Vermächtnisnehmer den Erbengläubigern vor. Wegen der Haftungsbeschränkung wird die amtliche Liquidation i.d.R. bei *unübersichtlichen* Vermögensverhältnissen des Erblassers verlangt, kann aber durch einen Erben *auch bei völlig solventer Erbschaft* beantragt werden (gl.M. BK-TUOR/PICENONI, N 13; BINET, SemJud 1935, 41 f.; PIOTET, SPR IV/2, 817), so z.B. wenn sich der Erbe nicht selbst um die Liquidation kümmern will, komplizierte Erbschaftsverhältnisse vorliegen, Erben zerstritten oder in der ganzen Welt verstreut sind.

5   Die amtliche Liquidation ist ein **einheitliches, in sich geschlossenes Institut**, für deren Anordnung und Vollzug *keine Vorbedingungen* bestehen, wie z.B. die Durchführung des öffentlichen Inventars. Systematisch steht sie zwischen Annahme und Ausschlagung der Erbschaft. Aus Sicht *der Erben ist sie eine spezielle Art der Annahme*. Der Erbe hat nach Art. 596 Abs. 3 während der Dauer der Liquidation Anspruch auf Erbschaftssachen in natura bzw. Geld, soweit diese für die Liquidation entbehrlich sind; zudem hat er Anspruch auf den sich bei Abschluss ergebenden Aktivsaldo. Im Gegensatz zur ausdrücklichen Ausschlagung behält der Erbe bei der amtlichen Liquidation seine Stellung als Erbe und seine erbrechtlichen Grundsatzentscheidungen, vgl. Art. 596 N 34-37. Aus Sicht der *Erbschaftsgläubiger kommt sie dagegen einer Ausschlagung gleich*. Der Erbe haftet nicht persönlich mit seinem eigenen Vermögen, sondern nur mit der Erbschaft (= Sachhaftung), bei später zutage tretenden Schulden

mit der allfällig noch vorhandenen Bereicherung aus dem Aktivsaldo der Erbschaft, vgl. Art. 593 N 9 f.

Die amtliche Liquidation ist **zwingender Natur** für die Behörden und betroffenen Privatpersonen. Dies bedeutet, dass die amtliche Liquidation 6
- vom **Erblasser** durch letztwillige Verfügung **nicht ausgeschlossen** oder durch Einsetzung eines Willensvollstreckers unterlaufen werden kann;
- **weder durch die Erben noch die Gläubiger** durch Verzichtserklärungen rechtsverbindlich ausgeschlossen werden kann;
- sich stets auf den **ganzen Nachlass in der Schweiz und im Ausland** bezieht und mit *Universalwirkung* den gesamten Nachlass liquidiert, nicht nur den Teil jenes Erben bzw. Gläubigers, der die Massregel beantragt hat bzw. in dessen Interesse sie durchgeführt wird, vgl. Art. 596 N 2.

Die amtliche Liquidation wird **durchgeführt auf Antrag** der Erben, Art. 593, bzw. der 7
Gläubiger, Art. 594, **sowie durch Urteil** im Fall von Art. 578 Abs. 2 nach gerichtlicher Anfechtung der Erbausschlagung durch einen überschuldeten Erben. Sie kann nicht stattfinden, wenn
- der Erblasser bereits **zu Lebzeiten in Konkurs** gefallen ist;
- alle nächsten gesetzlichen **Erben ausgeschlagen** haben und nach Art. 573 der Nachlasskonkurs eintritt;
- eine starke **Vermischung der Vermögen** des Erblassers und der Erben stattgefunden hat, so dass keine Vermögenstrennung möglich ist (gl.M. ZK-Escher, Art. 594 N 2; **a.M.** Capitaine, 111);
- die Erbschaft von **vornherein überschuldet** ist und Art. 597 in Kraft tritt.

II. Rechtliche Stellung von Nachlass und Erbschaftsliquidator

Die **materiellen Fragen der amtlichen Liquidation**, einschliesslich Rechtsnatur sowie 8
Ausmass von Rechten und Pflichten des Erbschaftsliquidators, sind durch **Bundeszivilrecht** geregelt. Das kant. Recht regelt lediglich Behördenorganisation und Verfahren, vgl. Art. 595 N 1.

Durch die amtliche Liquidation wird der Nachlass zu einem vom Vermögen der Erben 9
abgetrennten Sondervermögen mit einer ähnlichen Rechtsstellung wie das Massavermögen im Konkurs oder das Gesellschaftsvermögen bei der Liquidation einer Kollektivgesellschaft (gl.M. ZK-Escher, Art. 596 N 1; BK-Tuor/Piceononi, N 21; Capitaine, 111-114; Piotet, SPR IV/2, 816; Hux, 158; Druey, Erbrecht, § 15 N 81). Dieses Sondervermögen dient einem bestimmten Zweck und besteht solange, bis dieser Zweck erfüllt ist. Es kann i.d.R. *nicht betrieben* werden, vgl. Art. 596 N 13, ist *geschäftsfähig* und wird durch den Erbschaftsliquidator vertreten, hat aber *keine Rechtspersönlichkeit* (gl.M. ZK-Escher, Art. 596 N 2; Capitaine, 140 ff.; Piotet, SPR IV/2, 816; **a.M.** Spinner, 103 ff.). Im Gegensatz zum Konkurs besteht bei der amtlichen Liquidation kein Gläubigerausschuss, der auf die Liquidation Einfluss nehmen könnte; der Erbschaftsliquidator ist *allein* zur Ausübung seiner Pflichten berufen. Im Hinblick auf diese Vermögenstrennung werden üblicherweise Grundstücke grundbuchlich nicht auf die Erben als Gesamteigentümer übertragen, vgl. Art. 596 N 9. Obwohl das Sondervermögen

u.a. zum Schutz der Erbschaftsgläubiger gebildet wird, haben diese keinerlei *Pfandrecht* an den einzelnen Sachen und Rechten des Sondervermögens (gl.M. CAPITAINE, 114 f.).

10 Zur **Rechtsnatur der amtlichen Liquidation** lässt sich dem Gesetzestext nichts entnehmen. Der Erbschaftsliquidator wird zwar *durch die Behörde ernannt*, ist aber weder deren Beauftragter noch öffentlicher Funktionär noch Behördevertreter. Er hat keine öffentliche Aufgabe, sondern ausschliesslich private Funktionen. Die amtliche Liquidation ist wie die Erbschaftsverwaltung und die Willensvollstreckung ein rein privatrechtliches Institut, vgl. Art. 554 N 4.

11 Die amtliche Liquidation ist ein **Institut sui generis**. Der Erbschaftsliquidator hat die ihm behördlich verliehene, eigenständige erbrechtliche Aufgabe, im Interesse der Erbschaftsgläubiger und der Erben den Nachlass aus *eigenem Recht* und im *eigenen Namen* zu vertreten und zu liquidieren (BGE 54 II 197, 200; gl.M. CAPITAINE, 132 ff.; HUX, 164 f.). Dabei handelt er im Interesse aller Erbschaftsgläubiger und Erben, ist aber unabhängig von deren Willen, nimmt von ihnen keine Instruktionen entgegen und kann von ihnen auch nicht abgesetzt werden. Er hat wegen des Status des Nachlasses als Sondervermögen eine in vielen Punkten *ähnliche Aufgabe wie der Liquidator einer Kollektivgesellschaft*, so dass auf ihn analog die Bestimmungen von Art. 582 ff. OR zur Anwendung kommen. Daneben findet auf den Erbschaftsliquidator subsidiär das Recht des einfachen Auftrages nach Art. 394 ff. OR Anwendung, vgl. Art. 596 N 4.

III. IPR

12 Im **internationalen Verhältnis** richten sich Zuständigkeit, anwendbares Recht sowie die Anerkennung ausländischer Massnahmen in erster Linie nach den Bestimmungen des **IPRG**, das am 1.1.1989 in Kraft getreten ist. Das IPRG hat gegenüber dem früher geltenden BG betr. die zivilrechtlichen Verhältnisse der Niedergelassenen und Aufenthalter vom 25.6.1891, NAG (BS 2, 737) erhebliche Änderungen gebracht, so dass die vor 1989 ergangene Literatur und Judikatur zu IPRG-Fragen mit *Vorsicht* heranzuziehen ist. Das LugÜ ist gemäss seiner ausdrücklichen Bestimmung in Art. 1 Abs. 2 Ziff. 1 nicht anzuwenden auf das ganze Gebiet des Erbrechtes. Zu den in Art. 1 Abs. 2 IPRG vorbehaltenen **völkerrechtlichen Verträgen** wird auf die Vorbem. zu Art. 517/518 N 10 verwiesen.

13 Die **allgemeine Zuständigkeitsregel** ergibt sich aus Art. 86 Abs. 1 IPRG, wonach die schweizerischen Gerichte oder Behörden am *letzten Wohnsitz des Erblassers* zuständig sind. Dies gilt für einen schweizerischen oder ausländischen Erblasser mit letztem Wohnsitz in der Schweiz. Unter *Nachlassverfahren* wird die gesamte Abwicklung der Erbschaft sowie die Erbteilung selbst verstanden (gl.M. IPRG-SCHNYDER, Art. 86 N 8). Zum Nachlassverfahren gehören nicht nur die Sicherungsmassregeln (vgl. Vorbem. zu Art. 551-559 N 14), sondern auch die *behördlich organisierte Nachlassabwicklung* der amtlichen Liquidation nach Art. 593 ff. (gl.M. IPRG-SCHNYDER, Art. 96 N 13; IPRG-Kommentar-HEINI, Art. 86 N 3).

14 War der Erblasser **Schweizer Bürger mit letztem Wohnsitz im Ausland**, so sind die schweizerischen Gerichte oder Behörden am *Heimatort* zuständig, soweit sich die ausländische Behörde mit seinem Nachlass nicht befasst (Art. 87 Abs. 1 IPRG) oder wenn der Erblasser seinen Nachlass der schweizerischen Zuständigkeit oder dem schweizeri-

schen Recht unterstellt hat (Art. 87 Abs. 2 IPRG). Die Gerichte oder Behörden des Heimatortes können in diesen Fällen die amtliche Liquidation nach Art. 593-597 anordnen bzw. durchführen.

War der Erblasser **Ausländer mit letztem Wohnsitz im Ausland**, so sind die schweizerischen Gerichte oder Behörden *am Ort der gelegenen Sache* für den in der Schweiz gelegenen Nachlass zuständig, soweit sich die ausländischen Behörden damit nicht befassen (Art. 88 Abs. 1 IPRG). Diese Zuständigkeit ist zwar weit auszulegen (gl.M. IPRG- SCHNYDER, Art. 88 N 11), schliesst aber die Anordnung und Durchführung der amtlichen Liquidation nicht ein. Diese ist ein einheitliches, in sich geschlossenes Institut, vgl. N 5, und erstreckt sich auf den gesamten Nachlass, nicht nur auf Teile davon, vgl. N 6. Die in der Schweiz gelegenen Nachlassteile können deshalb nicht einer «Separatliquidation» nach Art. 593 ff. unterliegen, sondern lediglich den Sicherungsmassregeln von Art. 551-559 (vgl. Vorbem. zu Art. 551-559 N 16). 15

Wird der **Nachlass im Ausland eröffnet** und hinterlässt der (schweizerische oder ausländische) Erblasser mit letztem Wohnsitz im Ausland **Vermögen in der Schweiz**, so ordnen die schweizerischen Behörden *am Ort der gelegenen Sache* die zum einstweiligen Schutz der *Vermögenswerte* notwendigen Massnahmen an (Art. 89 IPRG). Diese Massnahmen zum *einstweiligen Schutz der Vermögenswerte* dienen ausschliesslich der *Erhaltung von Nachlassgegenständen* und nicht dem Schutz des Erbganges als solchem (gl.M. IPRG- SCHNYDER, Art. 89 N 2 f.; IPRG-Kommentar-HEINI, Art. 89 N 2). Damit kommt wie bei Art. 88 Abs. 1 IPRG die amtliche Liquidation nicht in Frage, vgl. N 15, sondern lediglich der Erlass von Sicherungsmassregeln nach Art. 551-554 (vgl. Vorbem. zu Art. 551-559 N 17). 16

Das **auf den Nachlass anwendbare Recht** (Erbstatut) ist für die amtliche Liquidation nach Art. 595 ff. nicht von Bedeutung. Gemäss Art. 92 Abs. 2 IPRG richtet sich die *Durchführung* der einzelnen Massnahmen, namentlich die *Nachlassabwicklung*, nach dem Recht am Ort der zuständigen Behörde, d.h. nach schweizerischem Recht. Die amtliche Liquidation untersteht also *vollständig dem Eröffnungsstatut* und nicht dem Erbstatut. 17

Die **Anerkennung ausländischer Entscheidungen, Massnahmen und Urkunden** richtet sich nach Art. 96 IPRG. Diese sehr weit gefasste Bestimmung betrifft *sämtliche Entscheidungen, Massnahmen und Urkunden, die den Nachlass betreffen*. Unter Massnahmen sind in erster Linie Anordnungen und Verfügungen der freiwilligen (= nichtstreitigen) Gerichtsbarkeit zu verstehen, darunter auch die Anordnung und Durchführung von Liquidationsmassnahmen des ausländischen Rechtes analog zur amtlichen Liquidation nach Art. 593 ff. (gl.M. IPRG-SCHNYDER, Art. 96 N 3; IPRG-Kommentar-HEINI, Art. 96 N 3). 18

Art. 593 ZGB

A. Voraussetzung
I. Begehren eines Erben

¹ Jeder Erbe ist befugt, anstatt die Erbschaft auszuschlagen oder unter öffentlichem Inventar anzunehmen, die amtliche Liquidation zu verlangen.

² Solange jedoch ein Miterbe die Annahme erklärt, kann dem Begehren keine Folge gegeben werden.

³ Im Falle der amtlichen Liquidation werden die Erben für die Schulden der Erbschaft nicht haftbar.

A. Conditions
I. A la requête d'un héritier

¹ L'héritier peut, au lieu de répudier ou d'accepter sous bénéfice d'inventaire, requérir la liquidation officielle de la succession.

² Il n'est pas fait droit à cette demande, si l'un des héritiers accepte purement et simplement.

³ En cas de liquidation officielle, les héritiers ne répondent pas des dettes de la succession.

A. Condizioni
I. A istanza di un coerede

¹ Ogni erede può chiedere la liquidazione d'officio, anzi che rinunciare all'eredità od accettarla con beneficio d'inventario.

² La domanda non è ammessa quando uno dei coeredi abbia dichiarato l'accettazione.

³ In caso di liquidazione d'officio, gli eredi non sono tenuti per i debiti della successione.

Literatur

Vgl. die Literaturhinweise zu den Vorbem. zu Art. 593–597 ZGB.

I. Berechtigte Personen

1 Zur **Stellung des Begehrens ist jeder Erbe einzeln** berechtigt; ein gemeinsames Vorgehen mehrerer oder aller Miterben ist nicht erforderlich. Berechtigt ist:
– der **gesetzliche oder eingesetzte Erbe**, aber nur der *tatsächliche* Erbe, welcher die Erbenstellung nicht durch Erbverzicht, Erbunwürdigkeit oder Ausschlagung verloren hat (Amtsbericht Rechtspflege OW 1986/87, 35; gl.M. Capitaine, 62; Piotet, SPR IV/2, 822);
– der Erbe, dessen **Erbenqualität fraglich** ist, z.B. der provisorische Erbe (Druey, Erbrecht, § 15 N 91) oder der durch letztwillige Verfügung ausgeschlossene gesetzliche Erbe (**a.M.** Piotet, SPR IV/2, 821; zum *virtuellen* Erben vgl. ZR 1996, 103);
– nicht der Erbengläubiger. Zu dessen Rechten vgl. Art. 594 N 2;
– **nicht** der **Vermächtnisnehmer**. Zu dessen Rechten vgl. Art. 594 N 12 ff.

2 Zum Gesuch berechtigt ist nur der **noch wahlberechtigte Erbe**, der die Erbschaft weder *vorbehaltlos* (d.h. ausdrücklich, durch Einmischung oder durch Fristablauf) bzw. unter *öffentlichem Inventar angenommen* noch *ausgeschlagen* hat (gl.M. Capitaine, 60 ff.; Piotet, SPR IV/2, 821; Druey, Erbrecht, § 15 N 83). Das Begehren um Durchführung des *öffentlichen Inventars* ist *keine Verwirkung* des Wahlrechts; dieses besteht nach Art. 587/588 bis *nach Abschluss* des Inventars.

II. Erbschaftsannahme durch einen Miterben

Das Begehren eines Erben ist wirkungslos, wenn ein einziger von verschiedenen gesetzlichen oder eingesetzten Miterben die Annahme erklärt (gl.M. BINET, SemJud 1935, 38; PIOTET, SPR IV/2, 822; HUX, 159; DRUEY, Erbrecht, § 15 N 83). Die Annahme durch einen Miterben, dessen Erbenqualität bestritten ist, hindert die sofortige Anordnung der amtlichen Liquidation; die Behörde hat ihre Entscheidung allenfalls bis zum richterlichen Urteil aufzuschieben (ZR 1955, 81; gl.M. ZK-ESCHER, N 10; CAPITAINE, 68; BINET, SemJud 1935, 39; PIOTET, SPR IV/2, 822; a.M. BK-TUOR/PICENONI, N 1). Dies gilt auch dann, wenn Anhaltspunkte für Erbunwürdigkeit des annehmenden Miterben bestehen (Amtsbericht Rechtspflege OW 1986/87 35, 36). Die Annahme eines Nacherben macht jedoch das Liquidationsbegehren des Vorerben nicht unwirksam, da die beiden nicht Miterben voneinander sind (gl.M. ZK-ESCHER, N 13). Annahme durch einen Miterben schliesst lediglich die Durchführung der amtlichen Liquidation aus, berührt aber das grundsätzliche Wahlrecht der übrigen Erben auf vorbehaltlose Annahme, Annahme unter öffentlichem Inventar oder Ausschlagung nicht, soweit die Fristen noch nicht abgelaufen sind, vgl. Art. 596 N 37.

3

Gemäss dt. und it. Text ist **jede Art von Annahme** gemeint, nämlich die *vorbehaltlose* (d.h. die ausdrückliche bzw. durch Einmischung oder Fristablauf konkludente) sowie die Annahme unter *öffentlichem Inventar*; der nur von vorbehaltloser Annahme sprechende frz. Text ist unpräzis (JdT 1969, 107; gl.M. CAPITAINE, 67; BINET, SemJud 1935, 39; DRUEY, Erbrecht, § 15 N 83). Zur Annahme durch Einmischung vgl. N 5. Die Behörde muss deshalb nach Stellung des Begehrens durch einen Erben die dreimonatige Ausschlagungsfrist nach Art. 567, deren allfällige Nachfrist nach Art. 576 (vgl. dazu ZR 1968, 63) sowie die Deliberationsfrist nach Abschluss des öffentlichen Inventars nach Art. 587 abwarten, die nicht notwendigerweise für alle Erben gleich sind (gl.M. CAPITAINE, 71-74; PIOTET, SPR IV/2, 822). Das Begehren eines Erben um Durchführung des öffentlichen Inventars *hindert* deshalb die Eröffnung der amtlichen Liquidation, weil eine vorbehaltlose Annahme noch immer möglich ist (gl.M. CAPITAINE, 73). Umgekehrt hindert die *Ausschlagung* durch einen Miterben die Durchführung der amtlichen Liquidation nicht, da der Ausschlagende seine Erbenstellung verloren hat (gl.M. PIOTET, SPR IV/2, 822).

4

Umstritten ist die Frage, ob in Analogie zu Art. 196 SchKG das **Liquidationsverfahren eingestellt** werden muss, wenn *nach Beginn* der amtlichen Liquidation eine Erbschaftsannahme erfolgt, z.B. wenn ein bisher unbekannter Erbe auftaucht und annimmt oder wenn ein bekannter Erbe (darunter evtl. der Gesuchsteller selbst) ausdrücklich oder durch Einmischung konkludent annimmt. Art. 593 Abs. 2 scheint eine Annahme die amtliche Liquidation nur dann auszuschliessen, *solange dem Begehren keine Folge gegeben wurde*, d.h., sofern sie vor Liquidationseröffnung erfolgte. Weder der Zweck der amtlichen Liquidation noch die Interessen der am Nachlass Beteiligten rechtfertigen einen nachträglichen Widerruf der laufenden Liquidation. Eine *nach* erfolgter Anordnung der amtlichen Liquidation erfolgte Erbschaftsannahme ist deshalb *wirkungslos* und kann deren Durchführung nicht mehr aufhalten (BGE 54 II 416, 419; gl.M. ZK-ESCHER, N 12; PIOTET, SPR IV/2, 823; offengelassen in BGE 52 II 195; **a.M.** BK-TUOR/PICENONI, N 3; CAPITAINE, 68 ff.; BECK, 191; HUX, 159). Würde die Liquidation trotzdem widerrufen, so würde der Widerruf Wirkungen entfalten *ex nunc*; die bisherigen Handlungen des

5

Art. 593 ZGB

Erbschaftsliquidators blieben gültig, ebenso wie die von gutgläubigen Dritten erworbenen Rechte. Ein Widerruf wäre zudem Grund für Gewährung einer Nachfrist zur Ausschlagung nach Art. 576. Nimmt ein nicht mehr zur Ausschlagung befugter Erbe nach Beginn der amtlichen Liquidation eine *Einmischungshandlung* i.S.v. Art. 571 Abs. 2 vor, so hat dies keinen Einfluss auf die bereits begonnene Liquidation und den Haftungsausschluss für die Erben (BGE 54 II 416, 419; gl.M. PIOTET, SPR IV/2, 823; **a.M.** CAPITAINE, 90-93).

III. Begehren

6   **Form und Inhalt des Begehrens** sind *bundesrechtlich* nicht geregelt. Im Hinblick auf die weitreichenden Wirkungen sind bez. *Form* die Art. 570 und 580 Abs. 2 analog anwendbar; das Begehren kann somit mündlich oder schriftlich gestellt werden und muss unbedingt und vorbehaltlos sein. *Inhaltlich* hat der Gesuchsteller den Tod des Erblassers, die getroffenen Sicherungsmassregeln und damit den Fristenlauf, seine Erbenstellung sowie das Fehlen der Annahme durch einen Miterben darzulegen. Das Gesuch braucht aber *nicht begründet* zu werden oder Angaben über die *Solvenz* des Nachlasses zu enthalten (gl.M. CAPITAINE, 77). Es ist dem Gesuchsteller unbenommen, im Begehren gleichzeitig vorsorglicherweise die Ausschlagung oder die Annahme (vorbehaltlos oder unter öffentlichem Inventar) zu erklären für den Fall, dass dem Begehren um amtliche Liquidation wegen Annahme durch einen Miterben nicht Folge gegeben werden kann (gl.M. PIOTET, SPR IV/2, 820). Wird dem Begehren keine Folge geleistet, kann der Gesuchsteller eine Verlängerung der Ausschlagungsfrist gem. Art. 576 erwirken, da er sonst infolge Fristablauf als Annehmender betrachtet wird (gl.M. ZK-ESCHER, N 9; BK-TUOR/ PICENONI, N 3; PIOTET, SPR IV/2, 821; ZGB-SCHWANDER, Art. 576 N 5).

7   Eine **Frist zur Stellung des Begehrens** ist bundesrechtlich *nicht vorgeschrieben*, wohl aber *umschrieben*: Mit Ablauf der Ausschlagungsfrist erwirbt der Erbe vorbehaltlos und kann von da an die amtliche Liquidation nicht mehr verlangen. Die Ausschlagungsfrist dauert drei Monate und beginnt mit der Kenntnisnahme vom Tod des Erblassers bzw. mit der amtlichen Mitteilung der letztwilligen Verfügung. Sie kann sich allerdings nach Art. 568 und Art. 576 verlängern, so dass sie nicht in jedem Fall für alle Erben gleich ist. Die amtliche Liquidation kann somit verlangen, *wer noch das Wahlrecht zur Ausschlagung oder zur Annahme unter öffentlichem Inventar hat*, Art. 567, 568, 576, 587 (gl.M. ZK-ESCHER, N 5; BK-TUOR/PICENONI, N 6; CAPITAINE, 78; BINET, SemJud 1935, 37; PIOTET, SPR IV/2, 821). Die Behörde kann deshalb die amtliche Liquidation nach Art. 593 erst nach *Ablauf der Fristen* für die Ausschlagung bzw. Annahme unter öffentlichem Inventar anordnen, da erst dann feststeht, ob ein *Miterbe die Annahme erklärt hat*. Verlangt ein Miterbe das öffentliche Inventar, *nachdem* das Begehren um amtliche Liquidation bereits gestellt ist, muss die amtliche Liquidation zurückgestellt werden, bis sich der Gesuchsteller des öffentlichen Inventars nach Art. 587 entschieden hat, vgl. N 4 (**a.M.** ZK-ESCHER, N 13; PIOTET, SPR IV/2, 821).

IV. Ausschluss der Erbenhaftung

8   Der Ausschluss der Erbenhaftung nach Art. 593 Abs. 3 **gilt in jedem Falle der amtlichen Liquidation**, gleichgültig ob sie aufgrund von Art. 578 Abs. 2 oder auf Begehren

eines Erben nach Art. 593 oder eines Erbschaftsgläubigers nach Art. 594 angeordnet wurde (BGE 50 II 450, 453; gl.M. ZK-Escher, N 18; BK-Tuor/Picenoni, N 10). Sie gilt für *alle Erben*, nicht nur für den antragstellenden Erben bei Art. 593 (gl.M. ZK-Escher, N 17; Capitaine, 87) bzw. für den ausschlagenden Erben im Falle von Art. 578 Abs. 2 (**a.M.** BK-Tuor/ Picenoni, N 9). Wurde die amtliche Liquidation *zu Unrecht angeordnet*, gilt der Haftungsausschluss *nicht* und die Erben werden nach Art. 603 mit ihrem persönlichen Vermögen solidarisch haftbar (BGE 54 II 416, 424; gl.M. BK-Tuor/Picenoni, N 9; Capitaine, 70).

Der Haftungsausschluss nach Abs. 3 *bezieht sich auf Erbschafts- und Erbgangsschulden*, vgl. Art. 596 N 32. Er bedeutet, dass der Erbe (im Gegensatz zum Inventarerben) **nur mit den Erbschaftswerten in Anspruch genommen werden kann**, *nicht aber*, dass der Erbe überhaupt nicht für die Erbschafts- und Erbgangsschulden haften würde. Das Wesen der amtlichen Liquidation liegt darin, dass die persönliche Haftung einer *reinen Sachhaftung* Platz macht. Während der Dauer der Liquidation befriedigt der Erbschaftsliquidator die Gläubiger *ausschliesslich aus den Erbschaftsaktiven*, währenddem nach abgeschlossener Liquidation der Erbe für nachträglich geltend gemachte Forderungen *lediglich im Umfang seiner Bereicherung aus dem Liquidationsüberschuss* haftet, vgl. N 10. Eine weitergehende Haftung des Erben ist ausgeschlossen (BGE 54 II 416, 419; gl.M. ZK-Escher, N 16; BK-Tuor/Picenoni, N 7; Capitaine, 118; Binet, SemJud 1935, 36; Piotet, SPR IV/2, 816; Druey, Erbrecht, § 15 N 74); der Erbe haftet auch nicht für einen Wertverlust der Erbschaftsaktiven im Zeitpunkt ihrer Versilberung (gl.M. Capitaine, 118). Aufgrund dieser Sachhaftung kann der Erbe während der Dauer der amtlichen Liquidation für Erbschafts- und Erbgangsschulden *nicht eingeklagt werden*; es fehlt ihm die Passivlegitimation (gl.M. BK-Tuor/Picenoni, N 7; Capitaine, 80). Die amtliche Liquidation bewirkt *keine Hemmung der Verjährung* (OGer AG SJZ 1955, 61; gl.M. ZK-Escher, N 21; BK-Tuor/ Picenoni, N 8).

Verspätet angemeldete Forderungen sind nicht verwirkt, da der Rechnungsruf nach Art. 595 Abs. 2 *keine Präklusivwirkung* hat, vgl. Art. 595 N 19. Machen verspätete Gläubiger ihre Forderungen noch während laufender Liquidation geltend, hat der Erbschaftsliquidator sie – soweit noch möglich – aus den Erbschaftsaktiven zu befriedigen, vgl. Art. 596 N 14. Treten verspätete Gläubiger erst nach Abschluss der amtlichen Liquidation auf, können sie die Forderung gegenüber den Erben geltend machen, die dafür *bis zum Betrag der noch vorhandenen Bereicherung aus dem erhaltenen Aktivüberschuss* haften (gl.M. ZK-Escher, N 21; BK-Tuor/Picenoni, N 8; Capitaine, 80-83; Piotet, SPR IV/2, 830). Im Rahmen dieser Begrenzung auf die Bereicherung ist die Haftung der Erben *solidarisch* mit Regressrecht analog zu Art. 640 (gl.M. BK-Tuor/Picenoni, N 8; Capitaine, 83 f.). Führen verspätet geltend gemachte Forderungen *während der Dauer* der amtlichen Liquidation zur Überschuldung der Erbschaft, so hat der Erbschaftsliquidator das Verfahren nach Art. 597 einzuleiten. Kommen hingegen verspätet auftretende Gläubiger *nach Abschluss* der amtlichen Liquidation zu Verlust, weil die bei den Erben vorhandene Bereicherung zu ihrer Deckung nicht ausreicht, wird der Konkurs nicht mehr ausgesprochen (gl.M. Piotet, SPR IV/2, 830 f.).

Die amtliche Liquidation hat keinen Einfluss auf die **Ausschlagung eines Erben**, gleichgültig ob diese vor oder nach Anordnung der amtlichen Liquidation erfolgt bzw. ob die

Art. 594 ZGB

Liquidation durch einen Erben oder einen Erbschaftsgläubiger beantragt wurde. Ein Ausschlagender verliert seine Erbenstellung *vollständig* und hat im Gegensatz zu Art. 572 Abs. 2 *keinen Anspruch* auf einen allfälligen Aktivüberschuss (gl.M. CAPITAINE, 94 ff.).

Art. 594 ZGB

II. Begehren der Gläubiger des Erblassers
¹ Haben die Gläubiger des Erblassers begründete Besorgnis, dass ihre Forderungen nicht bezahlt werden, und werden sie auf ihr Begehren nicht befriedigt oder sichergestellt, so können sie binnen drei Monaten, vom Tode des Erblassers oder der Eröffnung der Verfügung an gerechnet, die amtliche Liquidation der Erbschaft verlangen.
² Die Vermächtnisnehmer können unter der gleichen Voraussetzung zu ihrer Sicherstellung vorsorgliche Massregeln verlangen.

II. A la requête des créanciers du défunt
¹ Les créanciers du défunt qui ont des raisons sérieuses de craindre qu'ils ne soient pas payés peuvent requérir la liquidation officielle dans les trois mois à partir du décès ou de l'ouverture du testament, si, à leur demande, ils ne sont pas désintéressés ou n'obtiennent pas des sûretés.
² Les légataires sont autorisés, dans les mêmes circonstances, à requérir des mesures conservatoires pour la sauvegarde de leurs droits.

II. A istanza dei creditori del defunto
¹ I creditori del defunto che hanno fondati motivi di temere che i debiti della successione non sieno pagati, possono chiedere la liquidazione d'officio nei tre mesi dal giorno della morte, o dalla pubblicazione del testamento, salvo che sieno soddisfatti od ottengano delle garanzie.
² I legatari possono, nelle medesime circostanze, chiedere dei provvedimenti assicurativi a tutela dei loro diritti.

Literatur

Vgl. die Literaturhinweise zu den Vorbem. zu Art. 593–597 ZGB.

I. Berechtigte Personen

1 Zur **Stellung des Begehrens ist jeder Gläubiger des Erblassers einzeln** berechtigt; ein gemeinsames Vorgehen mehrerer oder aller Gläubiger ist nicht erforderlich (gl.M. CAPITAINE, 109; PIOTET, SPR IV/2, 823; HUX, 160). Berechtigt ist:
  – der **Erbschaftsgläubiger** (= *Gläubiger des Erblassers*), auch wenn er gleichzeitig Erbe oder Vermächtnisnehmer ist (gl.M. PIOTET, SPR IV/2, 823; BECK, 191; HUX, 160);
  – **nicht** der **Erbgangsgläubiger** (Amtsbericht Rechtspflege OW 1986/87, 35 f.; gl.M. ZK-ESCHER, N 5; BK-TUOR/PICENONI, N 7; PIOTET, SPR IV/2, 820; DRUEY, Erbrecht, § 15 N 84). Für eine Schuld, die als sog. Massaschuld vom Erbschaftsliquidator selbst begründet wurde, ist aber auch während amtlicher Liquidation Betreibung und Zwangsvollstreckung möglich, vgl. Art. 596 N 13;
  – **nicht** der **Erbengläubiger**, vgl. N 2;
  – **nicht** der **Vermächtnisnehmer**. Zu dessen Rechten vgl. N 12-14.

2 **Erbengläubiger sind nicht berechtigt**, sondern können nur Rechte nach Art. 578 geltend machen. Wird ihre Anfechtung gutgeheissen, so haben die erfolgreichen Erbengläubiger

nach Art. 578 Abs. 3 eine Vorzugsstellung gegenüber anderen Gläubigern (gl.M. ZK-ESCHER, N 5; BK-TUOR/PICENONI, N 7; CAPITAINE, 98-103; BINET, SemJud 1935, 68; PIOTET, SPR IV/2, 819; HUX, 161 ff.; DRUEY, Erbrecht, § 15 N 85). Die Klage nach Art. 578 und die darauf basierende amtliche Liquidation kann auch nach erfolgter Erbteilung durchgeführt werden mit Pflicht der Erben, ihre bereits erhaltenen Anteile dem Erbschaftsliquidator herauszugeben (BGE 55 II 18, 21).

Berechtigt sind Erbschaftsgläubiger von **obligatorischen Forderungen**, nicht von dinglichen Rechten (gl.M. BK-TUOR/PICENONI, N 6). Art, Rechtsnatur, Höhe oder Fälligkeit der Forderung ist nicht massgebend, sondern lediglich der Bestand. Somit kann auch für noch nicht fällige, ungewiss fällig werdende, verfallene, bedingte, befristete, bürgschafts- oder pfandgesicherte Forderungen sowie für Regress- oder Wechselindossamentsforderungen die amtliche Liquidation verlangt werden (BGE 47 III 10, 12; 55 II 18, 20; gl.M. CAPITAINE, 104; PIOTET, SPR IV/2, 823). Pfand- und bürgschaftsgesicherte Forderungen berechtigen aber nur dann, wenn begründete Besorgnis für ungenügende Sicherheit besteht, vgl. N 5. Irrelevant ist, ob der Gläubiger vor Stellung des Begehrens von einem oder mehreren Erben eine Teilzahlung auf seine Forderung erhalten hat, sofern sie dadurch nicht vollständig untergegangen ist (**a.M.** ZK-ESCHER, N 14; CAPITAINE, 110). 3

Die **Erbschaftsannahme eines Erben ist wirkungslos** gegenüber dem Begehren eines berechtigten Erbschaftsgläubigers (gl.M. ZK-ESCHER, N 4). Sie bleibt zwar zivilrechtlich gültig, vermag aber die amtliche Liquidation auf Begehren eines Gläubigers nicht aufzuhalten (gl.M. CAPITAINE, 64). Der einzelne Erbschaftsgläubiger hat somit eine entscheidend stärkere Stellung als der einzelne Erbe, dessen Begehren durch die Erbschaftsannahme eines Miterben hinfällig wird, vgl. Art. 593 N 3. Ein *berechtigter Gläubiger kann deshalb den Erben sowie allen anderen Gläubigern die amtliche Liquidation aufzwingen*; sein Gesuch wirkt auch dann, wenn vorgängig das Gesuch eines Erben von der Behörde aus irgend einem Grunde abgewiesen worden war. Ist ein Erbe gleichzeitig Gläubiger, stellt er sein Begehren zweckmässigerweise nach Art. 594, da es so nicht durch Annahme eines Miterben unterlaufen werden kann. Wird hingegen die Erbschaft *durch alle Erben ausgeschlagen*, so ist das Gläubigerbegehren nach Art. 594 wirkungslos. Die vollständig ausgeschlagene Erbschaft wird nach Art. 573 direkt durch das Konkursamt als Nachlasskonkurs i.S.v. Art. 193 SchKG liquidiert (**a.M.** CAPITAINE, 109, der Art. 597 anwenden will). 4

II. Begründete Besorgnis

Begründete Besorgnis bedeutet **Glaubhaftmachung der Bedenken**, dass die Forderung nicht bezahlt werde; ein eigentlicher Beweis ist nicht erforderlich. Der Grund für die Besorgnis muss nicht notwendigerweise in der Überschuldung oder offensichtlichen Zahlungsunfähigkeit des Erben liegen; auch ein rechtlicher Grund wie z.B. Schwierigkeit der Vollstreckung wegen Abwesenheit des Erben im Ausland genügt (gl.M. CAPITAINE, 105; BINET, SemJud 1935, 70 f.; PIOTET, SPR IV/2, 824). Bei pfand- oder bürgschaftsgesicherten Forderungen kann Besorgnis nur durch ungenügende Sicherheit, nicht durch ungenügende Erbenqualität begründet sein (gl.M. ZK-ESCHER, N 8; BK-TUOR/PICENONI, 5

Art. 594 ZGB

N 12; CAPITAINE, 106; PIOTET, SPR IV/2, 824). Umstritten ist, ob Besorgnis bez. eines einzigen Erben genügt oder ob sie bez. aller Erben vorliegen müsse. Aufgrund der Solidarhaftung aller Erben gem. Art. 603 sind Probleme bei einem von mehreren Erben *nicht genügend*, solange solidarisch haftende Miterben aus tatsächlichen und rechtlichen Gründen in der Lage sind, die Erbschaftsschulden zu bezahlen (gl.M. PIOTET, SPR IV/2, 824; HUX, 161; a.M. ZK-ESCHER, N 10; BK-TUOR/PICENONI, N 12; CAPITAINE, 106). Im Rahmen ihrer summarischen Kognitionsbefugnis, vgl. Art. 595 N 3, trifft die Behörde unter Würdigung der *Gesamtverhältnisse* einen Entscheid zur Begründetheit der Besorgnis, der indessen keine materielle Rechtskraft hat. Im übrigen ist es jedem solventen Erben unbenommen, durch Zahlung oder Sicherheitsleistung die amtliche Liquidation abzuwenden, vgl. N 7.

6 Der Gläubiger hat ein **Begehren auf Befriedigung oder Sicherstellung seiner Forderung** an *alle ihm bekannten Erben* zu richten, bevor er die amtliche Liquidation verlangen kann. *Inhalt und Frist* des Begehrens sind gesetzlich nicht vorgeschrieben, sondern ergeben sich aus seinem Zweck. Das Begehren muss enthalten:
– eine *klare Aufforderung zur Zahlung bzw. Sicherstellung* der gläubigerischen Forderung. Der Gläubiger hat die Wahl zwischen den beiden Alternativen, nicht aber der Erbe, wenn der Gläubiger Zahlung einer fälligen Forderung verlangt;
– eine den Umständen *angemessene, verkehrsübliche Frist* zur Leistung;
– die Androhung, dass bei unbenutztem Ablauf dieser Zahlungs-/Sicherstellungsfrist die amtliche Liquidation verlangt werde.

In zeitlicher Hinsicht müssen Stellung des Begehrens und Ablauf der Zahlungs-/Sicherstellungsfrist *vor Ablauf der dreimonatigen Frist* auf Begehren der amtlichen Liquidation liegen. Die Zustellung eines reinen Zahlungsbefehls ist ungenügend, weil darin keine Fristansetzung und Androhung enthalten ist. Mit dem Begehren an die Erben kann gleichzeitig *vorsorglicherweise* die amtliche Liquidation verlangt werden unter der aufschiebenden Bedingung, dass die Erben der Aufforderung innert Frist nicht nachkommen (gl.M. CAPITAINE, 106 f.; BINET, SemJud 1935, 71; PIOTET, SPR IV/2, 824).

7 Begründete Besorgnis ist dann gegeben, wenn das **Begehren erfolglos** war, auch wenn für eine fällige Forderung Zahlung verlangt und bloss Sicherheit geleistet wurde. Zahlung oder Sicherheit kann anstelle der Erben auch durch einen Dritten geleistet werden; entscheidend ist lediglich, dass die *Zahlung vollständig bzw. die angebotene Sicherheit ausreichend* ist (gl.M. BK-TUOR/PICENONI, N 18; BINET, SemJud 1935, 71; PIOTET, SPR IV/2, 824). Die Frage der Angemessenheit der vom Gläubiger angesetzten Frist bzw. der geleisteten/angebotenen Zahlung oder Sicherheit wird von der Behörde im Rahmen ihrer Kognitionsbefugnis geprüft, vgl. N 5. Die begründete Besorgnis wird durch Annahme der Erbschaft durch einen, mehrere oder alle Miterben nicht behoben; die amtliche Liquidation nach Art. 594 ist trotzdem möglich im Gegensatz zu Art. 593, vgl. N 4.

III. Begehren

8 Zur **Form und Inhalt des Begehrens** an die Behörde auf amtliche Liquidation wird auf Art. 593 N 6 verwiesen. Das Gläubigerbegehren erfordert aber im Gegensatz zu Art. 593 eine Begründung. Der Gläubiger hat neben den allgemeinen Umständen zusätzlich auch

seine Gläubigereigenschaft darzulegen sowie die begründete Besorgnis nach erfolglos gebliebenem Begehren auf Leistung von Zahlung oder Sicherheit glaubhaft zu machen.

Die **Frist zur Stellung des Begehrens** beträgt *bundesrechtlich* drei Monate vom Tode des Erblassers oder der Eröffnung der letztwilligen Verfügung bzw. des Erbvertrages an gerechnet. Diese Frist ist absolut und kann *nicht erstreckt werden*. Ihr Beginn, der von jenem des Erbenbegehrens abweicht, vgl. Art. 593 N 7, ist für alle Gläubiger gleich, da er sich nach dem Tod des Erblassers bzw. der Eröffnung der Verfügung richtet, nicht nach deren Kenntnisnahme durch den Gläubiger. Diese Frist ist kurz und in der Praxis problematisch, weil das Gläubigerbegehren von der Besorgnis um die Bezahlung der Forderung und damit von der Solvenz der Erben abhängt, deren Identität wegen verspäteter Einlieferung/Eröffnung der Verfügung u.U. erst später als drei Monate nach dem Tod des Erblassers bekannt wird (gl.M. PIOTET, SPR IV/2, 821). Die Behörde hat beim Eingang des Gläubigerbegehrens die amtliche Liquidation *sofort anzuordnen* und im Gegensatz zum Erbenbegehren nicht den Eintritt anderer Voraussetzungen abzuwarten, vgl. Art. 593 N 7. Die Einholung einer Vernehmlassung von Erben oder anderen Gläubigern ist nicht erforderlich (**a.M.** BK-TUOR/PICENONI, N 19).

Die **Gläubigereigenschaft des Gesuchstellers kann bestritten werden** durch jeden Erben, einen anderen Gläubiger oder den Erbschaftsliquidator selbst. Die Bestreitung muss nicht begründet oder bewiesen werden; die Beweislast liegt beim Gläubiger (BJM 1955, 115). Die Behörde trifft aufgrund ihrer Kognitionsbefugnis einen Entscheid ohne materielle Rechtskraft, vgl. Art. 595 N 3. Gläubigereigenschaft, Höhe und Modalitäten der Forderung sind definitiv vom ordentlichen Richter zu entscheiden, der von den Beteiligten auch während laufender Liquidation angerufen werden kann (gl.M. ZK-ESCHER, N 6; BK- TUOR/PICENONI, N 8; CAPITAINE, 104; PIOTET, SPR IV/2, 823).

IV. Ausschluss der Erbenhaftung

Das Gesetz sagt nichts zur Erbenhaftung, aber die Lehre ist einhellig der Meinung, dass der **Ausschluss der Erbenhaftung nach Art. 593 Abs. 3 auch für die amtliche Liquidation auf Gläubigerbegehren nach Art. 594** gilt (gl.M. ZK-ESCHER, N 16; BK-TUOR/ PICENONI, N 27 f.; CAPITAINE, 114; PIOTET, SPR IV/2, 830; BECK, 192). Es wird deshalb vollumfänglich auf Art. 593 N 8-11 verwiesen. Der Ausschluss der Erbenhaftung gilt im Falle von Art. 594 auch dann, wenn ein Erbe die Erbschaft angenommen hat, vgl. N 4.

V. Sicherungsansprüche der Vermächtnisnehmer

Der Vermächtnisnehmer kann **vorsorgliche Massregeln nach Abs. 2** verlangen, nicht aber die amtliche Liquidation als solche, vgl. N 1 (gl.M. ZK-ESCHER, N 18; BK-TUOR/ PICENONI, N 30; CAPITAINE, 121 f.; BINET, SemJud 1935, 72). Zur Stellung des Begehrens ist *jeder Vermächtnisnehmer einzeln* berechtigt; ein gemeinsames Vorgehen mehrerer oder aller ist nicht erforderlich. Sein Begehren auf Erlass vorsorglicher Massregeln ist *selbständig* und insb. *unabhängig davon*, ob aufgrund eines Erben- oder Gläubigerbegehrens die amtliche Liquidation angeordnet bzw. verweigert wurde (gl.M. ZK-ESCHER, N 18). Der Vermächtnisnehmer hat eine *wesentlich schwächere Stellung* als der Erbschaftsgläubiger,

Art. 595 ZGB

profitiert aber durch die Rangfolge der Verwendung des Liquidationsergebnisses (vgl. Art. 596 N 32) von einer amtlichen Liquidation, wenn diese aufgrund eines Erben- oder Gläubigerantrags durchgeführt wurde. Abs. 2 gibt dem Vermächtnisnehmer kein absolutes Recht auf *Erhalt*, sondern lediglich Anspruch auf *Sicherstellung* seines Vermächtnisses. Die Herabsetzungsklage sowie die Kürzung des Vermächtnisses wegen ungenügender Nachlassaktiven bleiben in jedem Falle vorbehalten, vgl. Art. 596 N 17 f.

13 Die **Voraussetzungen für das Begehren des Vermächtnisnehmers** sind analog wie für jenes der Erbschaftsgläubiger; Erbschaftsannahme durch einen Erben ist für die Sicherungsansprüche des Vermächtnisnehmers ebenfalls wirkungslos. Sein Begehren hat aber *keine Universalwirkung*, sondern wirkt nur für den Gesuchsteller persönlich. Art oder Grösse des Vermächtnisses ist nicht massgebend, sondern lediglich der Anspruch darauf. Der Vermächtnisnehmer hat gegenüber der Behörde seine Stellung sowie die begründete Besorgnis über die Gefährdung seines Vermächtnisses *glaubhaft zu machen* und sein Begehren nach Form, Inhalt und Frist wie der Erbengläubiger einzureichen; die Voraussetzungen gemäss N 5 ff. sind für den Vermächtnisnehmer *identisch*. Insbesondere hat auch der Vermächtnisnehmer allen ihm bekannten Erben ein Begehren auf Ausrichtung oder Sicherstellung seines Vermächtnisses zu stellen unter angemessener Fristansetzung, *bevor* er vorsorgliche Massregeln beantragen kann (gl.M. CAPITAINE, 123; PIOTET, SPR IV/2, 839).

14 Die **zulässigen vorsorglichen Massregeln** sind *bundesrechtlich* nicht geregelt. Es handelt sich um rein konservatorische Massnahmen (BGE 104 II 136, 139 = Pra 1978, 521), deren Inhalt sich nach *kantonalem* Recht bestimmt (gl.M. CAPITAINE, 123). Die Behörde kann z.B. anordnen:
– Aufnahme eines **Güterverzeichnisses** bzw. Inventars;
– **Veräusserungsverbot bez. vermachter Gegenstände** an die Erben bzw. den Erbschaftsliquidator;
– amtliche Verwahrung bzw. Anordnung der Grundbuchsperre bez. der vermachten Gegenstände bzw. Liegenschaften (Rep 1982, 100; gl.M. ZK-ESCHER, N 21; BK-TUOR/ PICENONI, N 37; CAPITAINE, 123).
– Verbot an Erbschaftsschuldner zur Zahlung an Erben bzw. Erbschaftsliquidator;
– Begründung eines Pfandrechtes an Erbschaftsgegenständen zugunsten des Vermächtnisnehmers (gl.M. BK-TUOR/PICENONI, N 35; CAPITAINE, 124; kritisch ZK-ESCHER, N 22; **a.M.** PIOTET, SPR IV/2, 840).

Art. 595 ZGB

B. Verfahren

I. Verwaltung

¹ Die amtliche Liquidation wird von der zuständigen Behörde oder in deren Auftrag von einem oder mehreren Erbschaftsverwaltern durchgeführt.
² Sie beginnt mit der Aufnahme eines Inventars, womit ein Rechnungsruf verbunden wird.
³ Der Erbschaftsverwalter steht unter der Aufsicht der Behörde, und die Erben sind befugt, bei dieser gegen die von ihm beabsichtigten oder getroffenen Massregeln Beschwerde zu erheben.

B. Procédure
I. Administration

¹ La liquidation officielle est faite par l'autorité compétente, qui peut aussi charger de ce soin un ou plusieurs administrateurs.

² Elle s'ouvre par un inventaire, avec sommation publique.

³ L'administrateur est placé sous le contrôle de l'autorité et les héritiers peuvent recourir à celle-ci contre les mesures projetées ou prises par lui.

B. Procedura
I. Amministrazione

¹ La liquidazione d'officio è fatta dall'autorità competente o da uno o più amministratori da essa incaricati.

² Essa comincia con la compilazione dell'inventario e la pubblicazione della grida.

³ L'amministratore è soggetto alla vigilanza dell'autorità alla quale gli eredi possono ricorrere contro gli atti che egli compie od intende di compiere.

Inhaltsübersicht

I.	Behörde und Verfahren	1
II.	Ernennbare Personen	8
III.	Beginn und Ende der ordentlichen Liquidation	11
IV.	Vergütung	13
V.	Inventar und Rechnungsruf	15
VI.	Behördenaufsicht	20
VII.	Verantwortlichkeit	38

Literatur

Vgl. die Literaturhinweise zu den Vorbem. zu Art. 593–597 ZGB.

I. Behörde und Verfahren

Die **örtliche Zuständigkeit** der Behörde ist *bundesrechtlich* durch Art. 538 Abs. 1 geregelt mit der Anknüpfung an den *letzten Wohnsitz des Erblassers*.

Behördenorganisation und Verfahren bestimmen sich nach *kantonalem* Recht. Dieses kann für Anordnung und Vollzug der amtlichen Liquidation sowie Aufsicht über den Erbschaftsliquidator verschiedene Behörden vorsehen.

Die amtliche Liquidation bzw. vorsorgliche Massregel nach Art. 594 Abs. 2 wird durchgeführt auf Antrag eines Berechtigten sowie im Fall von Art. 578 Abs. 2 durch Urteil, nicht aber von Amtes wegen, vgl. Vorbem. zu Art. 593-597 N 7. Die Behörde hat bei der Anordnung kein Ermessen, aber eine Pflicht zur Prüfung der gesetzlichen Voraussetzungen und der Glaubhaftmachung des Gesuchsinhaltes, beim Gesuch des Gläubigers oder des Vermächtnisnehmers auch der Begründung (gl.M. CAPITAINE, 127; PIOTET, SPR IV/2, 820).

Die amtliche Liquidation wird in einem **Verfahren der freiwilligen, nicht streitigen Gerichtsbarkeit** angeordnet und durchgeführt; dieses ist bundesrechtlich nicht geregelt und richtet sich nach kant. Recht. Die Behörde hat die Liquidation des Nachlasses sicherzustellen, nicht aber materielles Recht zu entscheiden. Sie hat dabei eine *summari-*

sche Kognitionsbefugnis, aber ihre Entscheidung entfaltet *keine materielle Rechtskraft* für die Rechte der Beteiligten, die Erbteilung oder für andere zivilrechtliche Verhältnisse; über materielle Rechtsfragen entscheidet der Richter (BGE 48 II 308, 311; 54 II 416, 424). Dieser kann die amtliche Liquidation nachträglich aufheben, wenn er feststellt, dass die Voraussetzungen nicht vorlagen.

4   Die **Anordnung der amtlichen Liquidation muss publiziert werden** wegen der weitreichenden Bedeutung, die sie insb. für die Rechte von Gläubigern und Dritten hat (gl.M. ZK-ESCHER, N 6; CAPITAINE, 131; a.M. HUX, 167; PIOTET, SPR IV/2, 827; offengelassen bei BK-TUOR/PICENONI, N 1). Der *Zeitpunkt* der Publikation richtet sich nach den Umständen und wird i.d.R. mit dem Rechnungsruf zusammenfallen, vgl. N 17. Die Publikation ist *Ordnungsvorschrift* und hat keine konstitutive Bedeutung für Anordnung und/oder Rechtswirkungen der amtlichen Liquidation.

5   Die **Rechtsmittel** richten sich vorab nach kant. Recht. Der letztinstanzliche kant. Entscheid gilt jedoch nicht als Endentscheid i.S.v. Art. 48 OG und das Verfahren bez. amtlicher Liquidation auch nicht als Zivilrechtsstreitigkeit i.S.v. Art. 44 und 46 OG. Eine *Berufung* an das BGer ist deshalb nicht möglich, vgl. auch Vorbem. zu Art. 551-559 N 11 (BGE 39 II 432; 104 II 136 = Pra 1978, 521 zu vorsorglichen Massregeln i.S.v. Art. 594 Abs. 2; gl.M. ZK-ESCHER, N 1; BK-TUOR/PICENONI, N 1; CAPITAINE, 128 f.; PIOTET, SPR IV/2, 820). Zulässig ist aber die *Nichtigkeitsbeschwerde* an das Bundesgericht nach Art. 68 OG. Zur Ergreifung eines Rechtsmittels *legitimiert* sind alle Personen, welche durch den Entscheid der Behörde in einem subjektiven Recht verletzt worden sind, z.B. die Erben, Erbschaftsgläubiger, Vermächtnisnehmer oder je nach den Umständen auch Dritte, vgl. Vorbem. zu Art. 551-559 N 11.

6   Die **Kosten** von Anordnung und Vollzug der amtlichen Liquidation stellen eine Erbgangsschuld dar und sind somit vom Nachlass zu tragen, vgl. Vorbem. zu Art. 551-559 N 12. Zu Vergütung und Kosten des Erbschaftsliquidators vgl. N 13.

7   Als **Legitimationsausweis** gegenüber den Erben, Erbschaftsgläubigern, Vermächtnisnehmern sowie Banken, Behörden etc. dient dem Erbschaftsliquidator die behördliche Verfügung über die Anordnung der amtlichen Liquidation, vgl. N 11. Im Hinblick auf die Ernennung des Erbschaftsliquidators durch die Behörde ist ein separates Erbschaftsliquidator-Zeugnis nicht erforderlich.

II. Ernennbare Personen

8   Zur **Person des Erbschaftsliquidators** enthält das Gesetz die klare Bestimmung, dass die amtliche Liquidation durch die Behörde selbst oder durch einen oder mehrere Erbschaftsverwalter (= Erbschaftsliquidator) durchgeführt wird. Die anordnende Behörde kann somit die amtliche Liquidation selbst übernehmen oder einer anderen Behörde, einem Beamten oder einem Dritten übertragen, vgl. Art. 554 N 21 (gl.M. CAPITAINE, 129; BINET, SemJud 1935, 73; HUX, 165). Ernennt die Behörde mehrere Erbschaftsliquidatoren, so handeln diese gemeinsam, soweit die Behörde die Aufgaben nicht spezifisch unter ihnen verteilt (gl.M. PIOTET, SPR IV/2, 825). Die Kantone können im Rahmen ihrer Verfahrenskompetenz interne Vorschriften zur Person und zum Ernennungsverfahren des Erbschaftsliquidators erlassen.

Unter Vorbehalt allfälliger kant. Vorschriften **ernennt die Behörde zum Erbschafts-** 9
liquidator nach freiem Ermessen, wen sie für fähig und integer hält. Es gelten dafür
die gleichen Grundsätze wie beim Erbschaftsverwalter, vgl. Art. 554 N 22. Die
Ernennung des Willensvollstreckers gilt als zulässig, jene eines Erben aber als
umstritten. Beim Erben dürfte häufig eine Interessenkollision die Ernennung ausschliessen, aber ein genereller Ausschluss aller Erben lässt sich nicht begründen (gl.M.
PIOTET, SPR IV/2, 825; HUX, 165; a.M. BK-TUOR/PICENONI, N 3; CAPITAINE, 130;
offengelassen ZK-ESCHER, N 14).

Die Übernahme der amtlichen Liquidation ist keine Bürgerpflicht wie z.B. die Vormund- 10
schaft. Es besteht deshalb **kein bundesrechtlicher Annahmezwang**, sondern der
Ernannte kann das Amt auch ohne Nennung von Gründen ablehnen, vgl. Art. 554 N 23
(gl.M. CAPITAINE, 130; PIOTET, SPR IV/2, 825; HUX, 166).

III. Beginn und Ende der ordentlichen Liquidation

Die amtliche Liquidation **beginnt und endet durch behördliche Verfügung**, im Falle 11
von Art. 578 Abs. 2 durch Urteil, vgl. N 2. Sie entfaltet Rechtswirkungen gegenüber
Erben und Dritten ab Anordnung/Ernennung, nicht erst ab behördlicher Mitteilung bzw.
Publikation (gl.M. BK-TUOR/PICENONI, N 3; PIOTET, SPR IV/2, 827; a.M. ZK-ESCHER,
N 6; CAPITAINE, 129, 131). Die Rechte gutgläubiger Dritter bleiben vorbehalten. Bei vorzeitiger Beendigung der Funktion des ernannten Erbschaftsliquidators endet die amtliche
Liquidation als solche nicht, sondern die Behörde hat einen Nachfolger zu bezeichnen.
Die Gründe für ein vorzeitiges Ende der persönlichen Funktion sind gleich wie beim
Erbschaftsverwalter, vgl. Art. 554 N 30.

Die Behörde hat die amtliche Liquidation **von Amtes wegen zu beenden**, wenn ent- 12
weder die Aufgaben des Erbschaftsliquidators nach Bezahlung aller Schulden, nach
Möglichkeit Ausrichtung der Vermächtnisse und Auszahlung des Aktivüberschusses an
die Erben erfüllt sind oder wenn die Überschuldung des Nachlasses eintritt und das
Verfahren nach Art. 597 eingeleitet werden muss (gl.M. CAPITAINE, 172; HUX, 177).
Nach Abschluss seiner Tätigkeit hat der Erbschaftsliquidator einen *Schlussbericht* zu
verfassen und diesen zusammen mit dem Inventar und seiner Honorarabrechnung der
Behörde zur Prüfung und Genehmigung einzureichen. Die Behörde hat daraufhin die
amtliche Liquidation durch Schlussverfügung zu beenden und den Erbschaftsliquidator
zu entlassen (gl.M. CAPITAINE, 178; PIOTET, SPR IV/2, 829).

IV. Vergütung

In Analogie zur Erbschaftsverwaltung ist die **amtliche Liquidation entgeltlich**, vgl. 13
Art. 554 N 33 (gl.M. ZK-ESCHER, N 20; CAPITAINE, 134; HUX, 178). Der Erbschaftsliquidator hat Anspruch auf Honorar und Spesenersatz (Art. 402 Abs. 1 OR), auch wenn
er Beamter oder Behördenmitglied ist. Der Anspruch ist *bundesrechtlicher* Natur, stellt
eine *Erbgangsschuld* dar (gl.M. CAPITAINE, 134; PIOTET, SPR IV/2, 826; HUX, 192) und
richtet sich bez. Höhe, Fälligkeit und Verjährung nach den gleichen Grundsätzen wie
beim Willensvollstrecker, vgl. Art. 517 N 29-34. Der Erbschaftsliquidator ist zum direk-

Art. 595 ZGB

ten Bezug zu Lasten des Nachlasses berechtigt, da die Erbgangsschulden *vor* Ausrichtung der Vermächtnisse und Aushändigung des Aktivüberschusses an die Erben zu bezahlen sind, vgl. Art. 596 N 32 (gl.M. ZK-ESCHER, N 20; HUX, 178, 191).

14 Im Gegensatz zur Willensvollstreckung sind **Honorar und Spesenersatz im Streitfall durch die Behörde** festzulegen. Obwohl auch die amtliche Liquidation ein rein privatrechtliches Institut ist, betrachtet die überwiegende Lehre bei der amtlichen Liquidation die nach kant. Recht bezeichnete *Behörde* für die Honorarstreitigkeiten zuständig, weil im Gegensatz zum Willensvollstrecker der Erbschaftsliquidator von der Behörde ernannt wird, vgl. auch Art. 554 N 34 (LGVE 1987, 381; gl.M. ZK-ESCHER, N 20; CAPITAINE, 134; BLOCH, SJZ 1961, 246; PIOTET, SPR IV/2, 826; **a.M.** HUX, 178).

V. Inventar und Rechnungsruf

15 **Zweck von Inventar und Rechnungsruf** ist die Feststellung von Aktiven und Passiven und damit der *Solvenz des Nachlasses* zur Klärung der Vorfrage, ob die ordentliche oder konkursamtliche Liquidation durchzuführen ist; Zweck ist nicht die Information der Erben, deren Wahlrecht nach Art. 588 bereits konsumiert ist. Inventar und Rechnungsruf sind nach dem Gesetzestext *zwingend* vorgeschrieben. Ist jedoch *vor* Anordnung der amtlichen Liquidation das öffentliche Inventar i.S.v. Art. 581 ff. durchgeführt worden, ist die Aufnahme eines weiteren Inventars mit Schuldenruf nach Art. 595 Abs. 2 *nicht mehr nötig* (gl.M. CAPITAINE, 149; BINET, SemJud 1935, 74; PIOTET, SPR IV/2, 826; HUX, 167). Umgekehrt kann das Liquidationsinventar auch als Sicherungsinventar i.S.v. Art. 490 Abs. 1 verwendet werden (BGE 60 II 24). Ergibt das abgeschlossene Inventar einen Passivüberschuss und damit eine *Überschuldung des Nachlasses*, so hat der Erbschaftsliquidator unverzüglich die Behörde zu orientieren und die Einleitung des Verfahrens nach Art. 597 zu beantragen, vgl. Art. 597 N 5 (gl.M. CAPITAINE, 148; PIOTET, SPR IV/2, 827).

16 **Verfahren, Form und Inhalt des Inventars** richten sich nach den Regeln des öffentlichen Inventars, Art. 581, 583 (gl.M. CAPITAINE, 146; PIOTET, SPR IV/2, 826; HUX, 167). Das Inventar hat *sämtliche Aktiven und Passiven* des gesamten Nachlasses zu enthalten, einschliesslich aller Erbschafts- und Erbgangsschulden, aber *ohne Vermächtnisse*, da diese rangmässig *hinter* den Schulden stehen, vgl. Art. 596 N 17. Zu den Rechtsfolgen der Nichtaufnahme öffentlich-rechtlicher Forderungen, insb. Steuerforderungen, in das Inventar vgl. BGE 102 Ia 483. Im Hinblick auf den Zweck des Inventars zur Feststellung der Solvenz des Nachlasses sind die Inventargegenstände mit einer *Schätzung* zu versehen, nötigenfalls unter Beizug eines Experten. Dabei sind nicht erbrechtliche Teilungswerte (wie z.B. der Ertragswert bei landwirtschaftlichen Betrieben), sondern aktuelle *Verkehrswerte* (= mutmassliche Verkaufserlöse) per Inventaraufnahme einzusetzen, nötigenfalls mit einem Abzug bei schwieriger Verkäuflichkeit (gl.M. CAPITAINE, 148; BECK, 193). Der *bundesrechtlich* vorgeschriebene Inhalt des Liquidationsinventars geht somit wesentlich weiter als jener des Sicherungsinventars, vgl. Art. 553 N 3 f.

17 **Form und Verfahren des Rechnungsrufes** richtet sich nach Art. 582 sowie nach allfällig anwendbarem kant. Recht. Die angemessene Eingabefrist wird durch den Erbschaftsliquidator bestimmt (gl.M. CAPITAINE, 147; PIOTET, SPR IV/2, 826). Mit dem Rechnungs-

ruf wird zweckmässigerweise die Publikation der amtlichen Liquidation als solcher verbunden, sofern diese nicht aus besonderen Gründen bereits separat erfolgt ist, vgl. N 4.

Die **Auskunftspflicht** der *Erben* gegenüber dem Erbschaftsliquidator für die ihnen bekannten *Schulden des Erblassers* ergibt sich aus Analogie zu Art. 581 Abs. 3, jene *für die Aktiven* aus Analogie zu Art. 607 Abs. 3 und Art. 610 Abs. 2, und besteht im gleichen Ausmass, wie die Erben einander selbst auskunftspflichtig sind, vgl. Art. 553 N 14 (gl.M. OSWALD, 19). Zur Haftung der Erben, die ihnen bekannte Schulden nicht angeben, vgl. RVJ 1976, 345. Die Auskunftspflicht *Dritter* gegenüber dem Erbschaftsliquidator ergibt sich aus Analogie zu Art. 581 Abs. 2 (gl.M. ZK-ESCHER, N 4; CAPITAINE, 148; PIOTET, SPR IV/2, 826) und ist identisch wie beim öffentlichen Inventar (gl.M. OSWALD, 103; KLEINER/LUTZ, Art. 47 N 32; AUBERT/KERNEN/SCHÖNLE, 318). Aktiven und Passiven, die *aus öffentlichen Büchern* oder aus den *Papieren des Erblassers* ersichtlich oder dem Erbschaftsliquidator sonstwie bekannt sind, sind in Analogie zu Art. 583 *von Amtes wegen* in das Inventar aufzunehmen. 18

Das **Inventar hat keine Präklusivwirkung** und weicht somit in einem wesentlichen Punkt vom öffentlichen Inventar nach Art. 590 Abs. 1 ab (gl.M. ZK-ESCHER, N 3; BK-TUOR/ PICENONI, N 9; CAPITAINE, 150; BINET, SemJud 1935, 73; DRUEY, Erbrecht, § 15 N 86). Der verschuldet oder unverschuldet sich verspätet meldende Gläubiger erleidet *keinen Rechtsverlust* und kann seine Forderung innerhalb der Verjährung vor oder nach Abschluss der amtlichen Liquidation grundsätzlich unbeschränkt geltend machen, aber wegen der Haftungsbeschränkung der Erben möglicherweise nur teilweise durchsetzen. Zu den Ansprüchen eines verspäteten Gläubigers *vor* Abschluss der amtlichen Liquidation, vgl. Art. 596 N 14, *nach* Verteilung des Aktivüberschusses vgl. Art. 593 N 9 f. Eine verspätete Anmeldung hat jedoch keine Auswirkungen auf *pfandversicherte Forderungen*; Art. 590 Abs. 3 gilt analog (BGE 47 III 10, 12 f.; gl.M. CAPITAINE, 153 f.). 19

VI. Behördenaufsicht

Für den Erbschaftsliquidator ist die **Behördenaufsicht in Art. 595 Abs. 3 ausdrücklich geregelt**, im Gegensatz zum Willensvollstrecker und zum Erbschaftsverwalter, für welche sie per Analogie gilt. Die Behördenaufsicht ist *zwingendes Recht* und kann durch den Erblasser in der Verfügung von Todes wegen nicht wegbedungen oder eingeschränkt werden. Befugnisse und Sanktionen der Aufsichtsbehörde bestimmen sich nach *Bundesrecht* (BGE 66 II 148, 150; gl.M. DERRER, 47). Neben der Behördenaufsicht nach Art. 595 Abs. 3 kann der Erbschaftsliquidator auch der separaten Aufsicht/Disziplinargewalt seiner Berufsorganisation unterstehen, z.B. der Anwaltskammer (LGVE 1971, 75; 1994 I 37). 20

Zweck der Behördenaufsicht ist, gegenüber den weitreichenden Befugnissen des von den Erben nicht absetzbaren Erbschaftsliquidators eine Kontrollinstanz zu haben, welche *bei Bedarf* die Geschäftstätigkeit des Erbschaftsliquidators überprüfen kann und die erforderlichen Massnahmen trifft (BGE 66 II 148, 150). Die Aufsichtsbehörde ist keine Einrichtung zur dauernden Überwachung der Erbschaftsliquidator-Tätigkeit, wie dies z.B. bei der Vormundschaft zutrifft. Der Erbschaftsliquidator ist in seiner Tätigkeit grundsätzlich frei und unterliegt keiner Pflicht, bestimmte Handlungen vor deren 21

Ausführung der Aufsichtsbehörde zur Genehmigung vorzulegen (gl.M. DERRER, 37; HUX, 175; DRUEY, Erbrecht, § 14 N 48).

22 Die **Kognitionsbefugnis der Aufsichtsbehörde** ist beschränkt und erstreckt sich auf das *formelle Vorgehen* des Erbschaftsliquidators, Kompetenzüberschreitungen, Pflichtverletzungen einschliesslich Mangel an Initiative bzw. Untätigkeit sowie Verletzung der Interessen der am Nachlass Beteiligten. Die Aufsichtsbehörde prüft somit die Einhaltung der dem Erbschaftsliquidator obliegenden *Sorgfaltspflicht*, die unangemessene, unsachliche oder willkürliche Entscheidungen ausschliesst, *nicht aber die Richtigkeit* von Entscheidungen, die der Erbschaftsliquidator im Rahmen seines pflichtgemässen Ermessens getroffen oder unterlassen hat. Die Aufsichtsbehörde hat kassatorische, nicht reformatorische Aufgaben (gl.M. DERRER, 42 ff.; vgl. auch Judikatur/Literatur bei Art. 518 N 98). Die Aufsichtsbehörde hat *keine Kognitionsbefugnis bez. materieller Rechtsfragen*, die in endgültiger und dauernder Weise ein zwischen den Parteien streitiges zivilrechtliches Verhältnis regeln; diese fallen in die Zuständigkeit des ordentlichen Richters (BGE 48 II 308, 311; GVP-ZG 1983/84, 196, 198). Hat die Aufsichtsbehörde vorfrageweise solche Punkte zu prüfen, sind ihre entsprechenden Schlussfolgerungen für den ordentlichen Richter nicht bindend (BGE 48 II 308, 311; 49 II 12, 15; 91 II 52, 56 = Pra 1965, 280; ZR 1976, 264, 265; gl.M. BK-TUOR/PICENONI, N 11; STIERLIN, 73; PIOTET, SPR IV/2, 825; DERRER, 36 ff.). Aus dieser Einschränkung der Kognitionsbefugnis der Aufsichtsbehörde ergibt sich, dass ein Beschwerdeberechtigter u.U. *gleichzeitig Beschwerde und Zivilklage* einleiten muss, z.B. dann, wenn nicht nur die Zulässigkeit eines vom Erbschaftsliquidator beabsichtigten Geschäftes in Frage gestellt wird, sondern auch die Handlungsbefugnis des Erbschaftsliquidators als solche.

23 Die Aufsichtsbehörde handelt i.d.R. **auf Beschwerde eines Betroffenen** hin, kann aber auch *von Amtes wegen* tätig werden. Das bei der Willensvollstreckung teilweise umstrittene Eingreifen der Behörde von Amtes wegen ist bei der amtlichen Liquidation als behördlich durchgeführte Nachlassabwicklung in jedem Fall zulässig (gl.M. ZK-ESCHER, N 17; BK- TUOR/PICENONI, N 11; STIERLIN, 72; PIOTET, SPR IV/2, 825; DERRER, 19). Die Behörde kann vom Erbschaftsliquidator jederzeit Auskünfte verlangen, aber dieser ist ihr gegenüber nicht generell informations- und rechenschaftspflichtig (gl.M. HUX, 189; unklar CAPITAINE, 131). Ein selbständiges Handeln der Aufsichtsbehörde kann nicht nur aufgrund eigener Wahrnehmung erfolgen, sondern auch auf Anzeige Dritter (gl.M. BK-TUOR/ PICENONI, N 12; ZK-ESCHER, N 16; DERRER, 19; **a.M.** BRACHER, 146).

24 Die Erhebung einer Beschwerde gilt i.d.R. nicht als **Einmischung in Nachlassangelegenheiten** i.S.v. Art. 571 Abs. 2. Jeder Erbe, auch der provisorische oder virtuelle, hat ein Interesse und einen Rechtsanspruch darauf, dass der Nachlass ordnungsgemäss und fachkundig liquidiert wird. Die Erhebung einer Beschwerde stellt deshalb keine der in Art. 571 Abs. 2 anvisierten Einmischungshandlungen dar (ZR 1992/93, 234, 236; vgl. auch PIOTET, SPR IV/2, 606; DRUEY, Erbrecht, § 15 N 34). Zur Rechtswirkung einer Einmischungshandlung nach eingeleiteter amtlicher Liquidation vgl. Art. 593 N 5.

25 Zur **Beschwerde aktivlegitimiert** sind nach Art. 595 Abs. 3 vorab *die Erben*. Nach den von der Praxis entwickelten Grundsätzen ist der Kreis jedoch weiter zu ziehen und um-

fasst alle *materiell an der Erbschaft Beteiligten* (BGE 90 II 376, 383). Jeder Berechtigte ist *einzeln* aktivlegitimiert, nämlich:
- der **gesetzliche oder eingesetzte Erbe** (BGE 54 II 197, 200; 66 II 148, 150; 90 II 376, 383; gl.M. STIERLIN, 72; DERRER, 22). Aktivlegitimiert ist auch der provisorische Erbe vor Ablauf der Ausschlagungsfrist (ZR 1992/93, 234, 236), der bestrittene Erbe (DRUEY, Erbrecht, § 15 N 91) sowie der durch Testament ausgeschlossene Pflichtteils- oder andere gesetzliche Erbe (ZR 1986, 25, 26; zum *virtuellen* Erben, vgl. ZR 1996, 103);
- der **Erbschafts- und der Erbgangsgläubiger**, gleichgültig ob die amtliche Liquidation auf Erben- oder Gläubigerbegehren angeordnet wurde (BGE 47 III 10, 13; gl.M. CAPITAINE, 132; BINET, SemJud 1935, 71; PIOTET, SPR IV/2, 825; DERRER, 26 ff.; HUX, 176);
- der **Vermächtnisnehmer**, und zwar uneingeschränkt und nicht nur bez. vorsorglicher Massregeln nach Art. 594 Abs. 2 (gl.M. DERRER, 26).

Passivlegitimiert ist in jedem Falle der Erbschaftsliquidator selbst und nicht die Ernennungsbehörde, da sich die Beschwerde gegen seine Tätigkeit und damit gegen ihn persönlich richtet. Die Passivlegitimation besteht aber nur solange, als der Erbschaftsliquidator im Amt ist; scheidet er aus irgend einem Grunde aus, so kann – im Gegensatz zur Verantwortlichkeitsklage – keine Aufsichtsbeschwerde mehr gegen ihn erhoben oder weitergeführt werden (BGE 98 Ia 129, 134; gl.M. DERRER, 101).

26

Der Erbschaftsliquidator selbst ist zu einer **Anfrage bei der Aufsichtsbehörde** aktivlegitimiert, um Rat oder Weisung einzuholen oder ein von ihm beabsichtigtes Geschäft genehmigen zu lassen (BGE 79 II 113, 117; RVJ 1992, 328, 329; gl.M. ZK-ESCHER, N 16; HUX, 183; DRUEY, Erbrecht, § 14 N 49). Er kann damit Unsicherheiten über sein weiteres Vorgehen beseitigen und allfällige Verantwortlichkeitsansprüche der Berechtigten ausschalten, vgl. N 42 (BGE 101 II 47, 56 = Pra 1975, 501). Die Aufsichtsbehörde kann aber dem Erbschaftsliquidator seine Ermessensentscheide nicht abnehmen und sollte deshalb Weisungen nur in Ausnahmefällen erteilen (ZR 1995, 27, 28; gl.M. BRACHER, 147 f.; DRUEY, Erbrecht, § 14 N 49; BREITSCHMID, AJP 1996, 91). Eine solche Stellungnahme bzw. Genehmigung durch die Behörden hat auf die zivilrechtliche Gültigkeit oder Wirkungen eines vom Erbschaftsliquidator abgeschlossenen Geschäftes keinen direkten Einfluss.

27

Die **Aufsichtsmittel**, die der Behörde zur Verfügung stehen, sind *bundesrechtlich* geregelt und zerfallen in *präventive und disziplinarische* Massregeln (BGE 66 II 148, 150; 90 II 376, 383; gl.M. DERRER, 55). Präventiv- und Disziplinarmassnahmen können *gleichzeitig ausgesprochen werden*, so z.B. eine Weisung zusammen mit der Androhung einer Disziplinarmassnahme im Widerhandlungsfall. Ebenso können mehrere Disziplinarmassnahmen gleichzeitig ausgesprochen werden, z.B. ein Verweis oder eine Busse zusammen mit der Androhung der Absetzung (gl.M. DERRER, 91).

28

Als **präventive Massregeln** gegen die *beabsichtigten Massnahmen* des Erbschaftsliquidators fallen in Betracht:
- unverbindliche Empfehlungen;
- verbindliche Weisungen, etwas zu tun oder zu unterlassen (BVR 1984, 231, 239; ZR 1992/93, 172, 176; gl.M. PIOTET, SPR IV/2, 825). Durch die Weisung kann der Erbschaftsliquidator verpflichtet werden zu einem Tun oder einer Unterlassung

29

gegenüber den Erben, Dritten oder auch der Aufsichtsbehörde selbst; sie kann auch mit einer Fristansetzung verbunden werden;
- andere sachdienliche Massnahmen, wie z.B. eine vorsorgliche Konto- oder Grundbuchsperre (BGE 90 II 376, 383; ZR 1992/93 172, 176; vgl. auch DERRER, 80-86 mit Bsp.);
- Absetzung, vgl. N 31.

Die in Art. 595 Abs. 3 ebenfalls erwähnten *bereits getroffenen* Massnahmen des Erbschaftsliquidators können aber durch die Aufsichtsbehörde i.d.R. nicht aufgehoben oder abgeändert werden. Die Aufsichtsbehörde behandelt keine Fragen materiellen Rechts, vgl. N 22, und kann nicht in bereits zustande gekommene Rechte von gutgläubigen Dritten eingreifen; dies bleibt allenfalls dem Zivilrichter vorbehalten (gl.M. HUX, 139; DRUEY, Erbrecht, § 14 N 50; a.M. BJM 1955, 115, wonach Verfügungen aufgehoben werden können, die gegen den Zweck der Liquidation verstossen oder willkürlich sind).

30 Als **disziplinarische Massregeln** fallen in Betracht:
- **Verweis** (ZR 1992/93, 172, 176; gl.M. PIOTET, SPR IV/1, 155; DERRER, 87);
- **Ermahnung** (ZR 1992/93, 172, 176; gl.M. DERRER, 87 f.);
- **Verwarnung**, d.h. Androhung schwerwiegender Massnahmen im Wiederholungsfall (gl.M. BRACHER, 142);
- **Ordnungsbusse** (gl.M. BRACHER, 142; PIOTET, SPR IV/1, 155; DERRER, 88);
- **Bestrafung nach Art. 292 StGB** wegen Ungehorsams gegen eine amtliche Verfügung;
- **Absetzung**, vgl. N 31.

31 Die **Absetzung des Erbschaftsliquidators** durch die Aufsichtsbehörde ist im Gesetz nicht vorgesehen, wird von Lehre und Praxis aber durchwegs anerkannt. Sie ist – im Gegensatz zur Willensvollstreckung – einfacher begründbar, weil der Erbschaftsliquidator durch eine Behörde eingesetzt wurde und nach Abberufung durch die Aufsichtsbehörde bzw. Entlassung durch die Ernennungsbehörde durch eine andere Person ersetzt werden kann. Zu den *Absetzungsgründen* wird auf die Willensvollstreckung verwiesen und die reichhaltige Judikatur und Literatur dazu, vgl. Art. 518 N 103 ff.

32 Die **örtliche Zuständigkeit der Behörde** ist *bundesrechtlich* durch Art. 538 Abs. 1 geregelt mit der Anknüpfung an den letzten Wohnsitz des Erblassers (gl.M. DERRER, 62 f.). Dies gilt auch dann, wenn die Testamentseröffnung anderswo durchgeführt wurde und/oder der Erbschaftsliquidator seinen Wohn-/Geschäftssitz anderswo hat, vgl. Art. 518 N 106.

Behördenorganisation und Verfahren bestimmen sich nach kantonalem Recht (RVJ 1992, 328; LGVE 1991, 341). Dieses kann die Aufsicht einer Gerichts- oder Verwaltungsbehörde übertragen und die Verfahrensart festlegen (gl.M. DERRER, 9; HUX, 54); es kann für die Aufsicht über den Erbschaftsliquidator auch eine andere Behörde vorsehen als für dessen Ernennung.

33 Beim **Beschwerdeverfahren** handelt es sich um eine *quasiadministrative Untersuchung kraft Aufsichts- und Disziplinarrecht*, nicht um einen Prozess mit urteilsmässiger Feststellung zivilrechtlicher Rechtsverhältnisse. Das Beschwerdeverfahren gehört zum Bereich der freiwilligen Gerichtsbarkeit, unabhängig davon, ob nach kant. Recht eine Gerichts- oder Administrativbehörde zuständig ist (AGVE 1971, 38, 40; gl.M.

BRACHER, 141; DERRER, 51 f.). Das Verfahren wird von der *Offizialmaxime* beherrscht; die Aufsichtsbehörde ist weder an die Parteianträge noch an die Sachdarstellung der Parteien gebunden, sondern hat den Sachverhalt soweit erforderlich *von Amtes wegen* zu ermitteln und aus eigenem Ermessen die nötigen Massnahmen zu treffen (gl.M. BRACHER, 141, 144; DERRER, 66, 80; BREITSCHMID, AJP 1996, 91). Zu den *Verfahrensgrundsätzen*, einschliesslich Form der Beschwerde, Durchsetzung der von der Behörde getroffenen Anordnungen und Massnahmen sowie Verjährung wird verwiesen auf DERRER und die dort erwähnte Speziallitteratur.

Die Beschwerdeerhebung ist nach Bundesrecht an **keine Frist** gebunden (Rep 1985, 176, 179), muss aber *beförderlich* erfolgen, damit sie ihren Zweck erreichen kann. Der Erbschaftsliquidator kann den Beschwerdelegitimierten bei Orientierung über ein von ihm beabsichtigtes Geschäft auch *keine Frist ansetzen* zur Beschwerdeeinreichung (sog. «Beschwerdeprovokation») mit der Androhung, dass bei Einreichung einer Beschwerde das Geschäft als von ihnen genehmigt gelte (gl.M. YUNG, SemJud 1947, 471; **a.M.** BK-TUOR/PICENONI, Art. 518 N 29; ZK-ESCHER, Art. 518 N 25). 34

Die **Erledigung des Beschwerdeverfahrens** erfolgt durch Prozessentscheid oder Sachentscheid (gl.M. DERRER, 78 f.). Durch die *materielle Rechtskraft* des Beschwerdeentscheides ist lediglich die Aufsichtsbehörde gebunden, nicht hingegen der ordentliche Richter, der bei einer Klage (z.B. einer Verantwortlichkeitsklage) möglicherweise den gleichen Sachverhalt zu überprüfen hat. Insbesondere bedeutet die Verhängung einer Disziplinarmassnahme gegenüber dem Erbschaftsliquidator nicht, dass damit eine zivilrechtliche Haftbarkeit implizit anerkannt oder ausgeschlossen, d.h. durch die Disziplinarmassnahme konsumiert sei, vgl. N 38 (gl.M. DERRER, 94 ff.). 35

Die **Rechtsmittel** richten sich vorab nach kant. Recht. Das Beschwerdeverfahren ist kein zivilprozessuales Erkenntnisverfahren zur Regelung von Zivilrechtsstreitigkeiten i.S.v. Art. 44-46 OG (BGE 101 II 366, 369), sondern ein Untersuchungsverfahren kraft Aufsichtsrecht. Unabhängig davon, ob das Aufsichtsverfahren vor einer gerichtlichen oder administrativen Behörde stattfindet, ist deshalb die *Berufung* an das BGer unzulässig (BGE 66 II 148, 150; 84 II 324, 327; gl.M. BRACHER, 141; DERRER, 97 f.). Zur Berufungsmöglichkeit bei Absetzung eines Willensvollstreckers vgl. aber Art. 518 N 108. Gegen den kant. Beschwerdeentscheid ist nach Art. 68 OG die *Nichtigkeitsbeschwerde* an das BGer zulässig. Dabei wird der Begriff Zivilsache viel weiter gefasst als jener der Zivilrechtsstreitigkeit; eine Zivilsache kann auch im Rahmen der freiwilligen Gerichtsbarkeit entschieden werden, unabhängig ob das Verfahren vor einer Gerichts- oder Verwaltungsbehörde stattfindet (BGE 91 II 52 = Pra 1965, 279; gl.M. DERRER, 98 f.; DRUEY, Erbrecht, § 14 N 51). 36

Die **Kosten des Beschwerdeverfahrens** sind von den am Verfahren Beteiligten zu tragen und stellen keine Erbgangsschulden dar. Werden dem Erbschaftsliquidator Kosten und/oder eine Entschädigungsverpflichtung auferlegt, haftet er persönlich dafür und kann diese Kosten nicht dem Nachlass als Spesenersatz in Rechnung stellen (gl.M. DERRER, 91 ff.). 37

VII. Verantwortlichkeit

Den Erbschaftsliquidator trifft für seine Tätigkeit eine **persönliche Verantwortlichkeit** zivilrechtlicher, strafrechtlicher und allenfalls beamtenrechtlicher Natur. 38

Art. 595 ZGB

a) Die **zivilrechtliche Verantwortlichkeit** bedeutet, dass
- der Erbschaftsliquidator für seine gesamte Tätigkeit einer **vertragsähnlichen Verschuldenshaftung** nach Bundeszivilrecht unterliegt, deren Ausgestaltung sich in Analogie nach Art. 398 ff. OR richtet (BGE 101 II 47, 53 = Pra 1975, 501; gl.M. ZK-ESCHER, N 21; BK-TUOR/PICENONI, N 12; STIERLIN, 76 f.; BRACHER, 153; DERRER, 105 f.; HUX, 184; **a.M.** CAPITAINE, 139, der die ausservertragliche Haftung nach Art. 41 OR in den Vordergrund zu stellen scheint, unklar PIOTET, SPR IV/2, 826, welcher dem Erbschaftsliquidator eine gesetzliche Verwaltungs- und Liquidationspflicht zuerkennt und «die allgemeinen Regeln» zur Anwendung bringen will);
- die Vorschriften von Art. 426 ZGB bzw. Art. 5 SchKG über die **Haftung des Vormundes bzw. des Konkursamtes keine analoge Anwendung** finden (BGE 47 II 38, 42; gl.M. ZK-ESCHER, N 21; CAPITAINE, 136);
- die Haftung i.d.R. den **Erbschaftsliquidator persönlich** und nicht den Staat trifft. Eine Ausnahme kann dort gegeben sein, wo die amtliche Liquidation durch die Behörde selbst oder einen Beamten durchgeführt wird und für diese Tätigkeit nach *kantonalem* Recht der Staat haftet. Auch in diesen Fällen ist aber *von Bundesrechts wegen* eine kant. Staatshaftung nicht vorgeschrieben;
- eine **subsidiäre Haftung des Staates** in Frage kommen kann für fehlerhafte oder ungenügende Tätigkeit der Ernennungs- oder Aufsichtsbehörde, z.B. für Verletzung der cura in eligendo et instruendo (BGE 47 II 38, 47; gl.M. CAPITAINE, 138; PIOTET, SPR IV/2, 826; DERRER, 106; HUX, 186);
- der Erbschaftsliquidator **nach Art. 41 ff. OR haftbar** sein kann gegenüber nicht am Nachlass Beteiligter;
- **mehrere Erbschaftsliquidatoren solidarisch haften**, soweit ihre Aufgaben von der Behörde nicht ausdrücklich aufgeteilt worden sind, vgl. N 8 (gl.M. CAPITAINE, 139; HUX, 193);
- für die Beurteilung der Haftungsansprüche der **ordentliche Richter** zuständig ist (Rep 1982, 368, 370);
- die Haftung des Erbschaftsliquidators **unabhängig ist von der administrativen/disziplinarischen** Verantwortlichkeit gegenüber der Aufsichtsbehörde; eine Disziplinarmassnahme konsumiert die zivilrechtliche Haftung nicht, vgl. N 35. Die Berechtigten können deshalb kumulativ beide Rechtsbehelfe geltend machen (gl.M. BRACHER, 156; DERRER, 107).

39 b) Die fehlerhafte Tätigkeit des Erbschaftsliquidators erfüllt allenfalls den Tatbestand der **ungetreuen Geschäftsbesorgung** nach Art. 158 StGB, der **Veruntreuung** nach Art. 138 StGB oder weitere Straftatbestände.

40 c) Ist der Erbschaftsliquidator Beamter oder Behördemitglied, zieht sein fehlerhaftes Verhalten allenfalls **Disziplinarmassnahmen** nach öffentlichem Recht nach sich.

41 Das **Ausmass der zivilrechtlichen Haftung** richtet sich nach den Anforderungen, die an den Erbschaftsliquidator und an die Ausübung seiner Tätigkeit gerichtet werden müssen. Das erforderliche Mass der Sorgfalt richtet sich somit nach den konkreten Umständen und nach der Praxis zu Art. 398 OR bzw. zum Arbeitsverhältnis, auf welches der Auftrag

verweist. Für die Haftung des Erbschaftsliquidators aus dem Beizug von Hilfspersonen und Dritten gelten analog die Grundsätze von Art. 398 Abs. 3 und 399 OR. Im übrigen ist im Hinblick auf Art. 99 Abs. 2 OR zu beachten, dass die amtliche Liquidation entgeltlich ist, vgl. N 13 (gl.M. BRACHER, 155 f.; DERRER, 39; HUX, 184-187). Der *Erblasser* kann testamentarisch weder die Haftung des Erbschaftsliquidators ausschliessen noch das Mass seiner Sorgfalt einschränken (gl.M. BRACHER, 155; HUX, 82). Die Haftung des Erbschaftsliquidators ist jedoch wegen fehlendem Verschulden ausgeschlossen, wenn die *Erben oder die Aufsichtsbehörde* einer von ihm beabsichtigten Handlung zugestimmt haben, vgl. N 27 (gl.M. BRACHER, 145).

Zu den **anspruchsberechtigten Personen** aus der vertragsähnlichen Verschuldenshaftung gehören: 42
– die **Erben**;
– die **Vermächtnisnehmer** (gl.M. STIERLIN, 79);
– die **Erbschafts- und Erbgangsgläubiger** (gl.M. CAPITAINE, 137; STIERLIN, 79; HUX, 185).

Bei den Erben steht der Haftungsanspruch vor Verteilung des Liquidationsergebnisses der Erbengemeinschaft gesamthaft zu (BGE 51 II 195, 199), bei den übrigen Berechtigten jedem einzeln.

Gerichtsstand für Verantwortlichkeitsansprüche ist der Wohn-, Geschäfts- bzw. 43
Behördensitz des Erbschaftsliquidators (gl.M. BRACHER, 154), nicht der letzte Wohnsitz des Erblassers. Da sich die Haftung des Erbschaftsliquidators nach Art. 398 ff. OR richtet, vgl. N 38, gilt für die Verantwortlichkeitsansprüche i.d.R. die **zehnjährige Verjährungsfrist** von Art. 127 OR.

Art. 596 ZGB

II. Ordentliche Liquidation
¹ Zum Zwecke der Liquidation sind die laufenden Geschäfte des Erblassers zu beendigen, seine Verpflichtungen zu erfüllen, seine Forderungen einzuziehen, die Vermächtnisse nach Möglichkeit auszurichten, die Rechte und Pflichten des Erblassers, soweit nötig, gerichtlich festzustellen und sein Vermögen zu versilbern.
² Die Veräusserung von Grundstücken des Erblassers erfolgt durch öffentliche Versteigerung und darf nur mit Zustimmung aller Erben aus freier Hand stattfinden.
³ Die Erben können verlangen, dass ihnen die Sachen und Gelder der Erbschaft, die für die Liquidation entbehrlich sind, schon während derselben ganz oder teilweise ausgeliefert werden.

II. Mode ordinaire de liquidation
¹ La liquidation comprend le règlement des affaires courantes du défunt, l'exécution de ses obligations, le recouvrement des créances, l'acquittement des legs dans la mesure de l'actif et, en tant que besoin, la reconnaissance judiciaire de ses droits et de ses engagements, ainsi que la réalisation des biens.
² La vente des immeubles du défunt se fait aux enchères publiques, à moins que tous les héritiers ne soient d'accord qu'elle ait lieu de gré à gré.
³ Les héritiers peuvent demander que tout ou partie des objets ou du numéraire qui ne sont pas nécessaires pour liquider la succession leur soient délivrés déjà pendant la liquidation.

Art. 596 ZGB

II. Liquidazione ordinaria
¹ L'amministrazione dell'eredità liquida gli affari in corso del defunto, ne adempie le obbligazioni, ne incassa i crediti, ne soddisfa in quanto sia possibile i legali, ne fa riconoscere giudizialmente se occorre i diritti e le obbligazioni, e ne realizza i beni in quanto sia necessario.
² L'alienazione di beni stabili della successione deve farsi ai pubblici incanti, e non può farsi a trattative private senza il consenso di tutti gli eredi.
³ Gli eredi possono domandare che già durante la liquidazione sieno loro consegnati, del tutto o in parte, le cose o il danaro non indispensabili alla medesima.

Inhaltsübersicht

I.	Rechte und Pflichten des Erbschaftsliquidators	1
II.	Prozessuale Stellung des Erbschaftsliquidators	23
III.	Veräusserung von Grundstücken	30
IV.	Vorzeitige Auslieferung von Sachen und Geldern	31
V.	Verwendung des Aktivüberschusses	33
VI.	Rechte der Erben	34

Literatur

Vgl. die Literaturhinweise zu den Vorbem. zu Art. 593–597 ZGB.

I. Rechte und Pflichten des Erbschaftsliquidators

1   Der Erbschaftsliquidator hat eine **erbrechtliche Aufgabe**, die sich auf den *Nachlass, nicht auf das eheliche Gesamtvermögen* erstreckt. Der Erbschaftsliquidator kann die der Erbteilung vorangehende güterrechtliche Auseinandersetzung nicht aus eigenem Recht selbständig vorbereiten und durchführen. Da aber zur Aufgabe des Erbschaftsliquidators u.a. die Feststellung des Nachlassvermögens gehört, vgl. N 6, und der güterrechtliche Anspruch des überlebenden Gatten einen Anspruch gegen die vom Erblasser hinterlassene Errungenschaft bzw. gegen das Gesamtgut darstellt, muss der Erbschaftsliquidator notwendigerweise bei der *güterrechtlichen Auseinandersetzung* mitwirken und die Ansprüche des überlebenden Ehegatten auch erfüllen, vgl. Art. 518 N 5 (gl.M. BK-HAUSHEER/REUSSER/GEISER, Art. 215 N 21).

2   **Umfang und Ausmass von Rechten und Pflichten** des Erbschaftsliquidators sind im Gesetz geregelt, wenn auch teilweise unpräzis. Der in Art. 596 (und analog in Art. 585/586 OR) definierte Auftrag ist für Behörde und Erbschaftsliquidator *zwingend*. Im Gegensatz zum Erbschaftsverwalter kann die Behörde die Ausübung spezifischer Funktionen nicht von ihrer jeweiligen Zustimmung abhängig machen oder dem Erbschaftsverwalter nur Teilaufgaben übertragen, vgl. Art. 554 N 36, aber sie kann die Aufgaben *aufteilen* auf mehrere Erbschaftsliquidatoren, vgl. Art. 595 N 8. Im Hinblick auf ihren Zweck erstreckt sich die amtliche Liquidation auf den gesamten Nachlass, einschliesslich auf den *im Ausland liegenden* (ZR 1979, 6; PKG 1991, 182, 185) und nicht nur auf den mutmasslichen Anteil des die Liquidation begehrenden Erben oder Gläubigers (gl.M. ZK-ESCHER, Vorbem. zu Art. 593-597 N 1; BK-TUOR/PICENONI, Vorbem. zu Art. 593-597 N 17; ZGB-SCHWANDER, Art. 578 N 10). Die amtliche

Liquidation hat *Universalwirkung* für den ganzen Nachlass und wirkt zugunsten und zu Lasten aller am Nachlass Beteiligten (gl.M. CAPITAINE, 87).

Die Rechte des Erbschaftsliquidators sind **gegenüber den Erben exklusiv**. Soweit und solange der Erbschaftsliquidator Besitz-, Verwaltungs- und Verfügungsrechte hat, sind diese den Erben vollständig entzogen (gl.M. CAPITAINE, 84; PIOTET, SPR IV/2, 816; HUX, 158). Die Erben dürfen nicht in Rechte und Tätigkeit des Erbschaftsliquidators eingreifen und haben sich verbotener Eigenmacht zu enthalten (ZR 1985, 313, 316). Den Erben steht die Verwaltungs- und Verfügungsbefugnis nur insoweit zu, als der Erbschaftsliquidator auf seine Rechte verzichtet hat, vgl. N 29 f. Nehmen Erben Verfügungs- oder Verpflichtungshandlungen zu Lasten des Nachlasses vor in jenem Bereich, der in die Kompetenz des Erbschaftsliquidators fällt, sind die Erbenhandlungen in Analogie zu Art. 204 SchKG *gegenüber den Erbschaftsgläubigern unwirksam*, unter Vorbehalt der Rechte gutgläubiger Dritter (gl.M. BK-TUOR/PICENONI, Art. 595 N 3; ZK-ESCHER, N 8, Art. 595 N 6; CAPITAINE, 88 f., 93; HUX, 167). Zur Frage, wann und inwieweit eine unzulässige Erbenhandlung eine Einmischung i.S.v. Art. 571 Abs. 2 darstellt, vgl. Art. 593 N 5. 3

Der Erbschaftsliquidator hat eine rein *privatrechtliche Aufgabe eigenständiger Art*, vgl. Vorbem. zu Art. 593-597 N 11, welche Ähnlichkeiten hat mit der Liquidation einer Kollektivgesellschaft und auch Merkmale eines Mandatsverhältnisses aufweist. So finden deshalb auf die amtliche Liquidation **subsidiär die Bestimmungen über die Liquidation einer Kollektivgesellschaft** nach Art. 582 ff. OR (gl.M. ZK-ESCHER, Art. 595 N 2; BK-TUOR/ PICENONI, N 1; BINET, SemJud 1935, 74; CAPITAINE, 141; HUX, 180) sowie **subsidiär das Recht des einfachen Auftrages** nach Art. 394-406 OR Anwendung (BGE 54 II 416, 419; gl.M. ZK-ESCHER, Art. 595 N 21; BK-TUOR/ PICENONI, Art. 595 N 12; CAPITAINE, 133; HUX, 179; DRUEY, Erbrecht, § 14 N 41). 4

Im Hinblick auf den Zweck der amtlichen Liquidation hat der Erbschaftsliquidator nur einen **begrenzten Liquidationsauftrag** bez. des Nachlasses. Er hat nicht schlechthin das gesamte Vermögen zu liquidieren, sondern nur soviel, dass die Erbschaftsschulden bezahlt und die Vermächtnisse ausgerichtet werden können; den Rest hat er den Erben *in natura* auszuhändigen (gl.M. BK-TUOR/PICENONI, N 1). Der Erbschaftsliquidator hat *nicht die Aufgabe*, den Nachlass in einen teilungsfähigen Zustand zu bringen oder die Erbteilung vorzunehmen; die Teilung des erhaltenen Aktivüberschusses ist Sache der Erben (BGE 52 II 195, 199; gl.M. BK-TUOR/PICENONI, N 8; STIERLIN, 17, 98; HUX, 174). Bei seiner Tätigkeit ist der Erbschaftsliquidator *nicht an den Willen der Erben* gebunden, wohl aber an die *Bestimmungen einer Verfügung von Todes wegen*, soweit diese die Liquidation beeinflussen können (gl.M. BINET, SemJud 1935, 75). Im Rahmen seiner Kompetenzen handelt er aus *eigenem Recht frei und selbständig* (BGE 54 II 197, 200), tritt *im eigenen Namen* auf (gl.M. DRUEY, Erbrecht, § 14 N 37) und bedarf *nicht der Zustimmung einzelner Erben oder der Behörde*. Er kann alle Rechtshandlungen vornehmen, die zur Erfüllung seiner Aufgabe erforderlich sind; die Beschränkungen von Art. 421/422 bzw. Art. 396 Abs. 3 OR gelten für ihn nicht. 5

Der Erbschaftsliquidator hat *von Bundesrechts wegen* **allgemeine Pflichten**, z.B.: 6
– Pflicht zur **persönlichen Erfüllung** der Aufgabe, Art. 398 Abs. 3 OR. Der Erbschaftsliquidator kann bei Bedarf Dritte oder auch Erben als Hilfspersonen (z.B. Sekretärin, Buchhalter etc.) oder Fachleute (z.B. Anwalt, Ingenieur, Vermögensverwalter etc.) bei-

ziehen oder sich vertreten lassen, soweit dies notwendig oder zulässig ist. Er kann aber seine Aufgabe als solche nicht vollständig einem Dritten übertragen, vgl. Art. 518 N 15 (gl.M. Hux, 186 f.);
- Pflicht, **sofort nach Ernennung mit der Arbeit zu beginnen** (BGE 74 I 423, 425) und die Liquidation *beförderlich* durchzuführen (BGE 47 III 10, 12). Eine Frist für Durchführung bzw. Abschluss der amtlichen Liquidation besteht hingegen nicht (gl.M. ZK- Escher, Art. 595 N 2);
- Pflicht zur **getreuen und sorgfältigen Erfüllung** der Aufgabe, Art. 398 Abs. 2 OR, insb. zur Anwendung der besonderen Berufspflichten und Sachkenntnisse seiner übrigen Tätigkeit (ZR 1971, 221; 1992/93, 172, 175);
- Pflicht zur **Inventaraufnahme**, vgl. Art. 595 N 15 ff., und zur Feststellung des Nettonachlasses. Dazu gehört die Ausscheidung von Vermögenswerten im Eigentum Dritter sowie die Durchführung der güterrechtlichen Auseinandersetzung, vgl. N 1;
- Pflicht, **Schenkungen und Erbvorbezüge zu Lebzeiten des Erblassers** abzuklären, da er diese möglicherweise zurückfordern muss, vgl. N 15;
- Pflicht, die für die Durchführung der Aufgabe **nötige Infrastruktur** zu schaffen (Sekretariat, Aktenablage etc.) sowie bei Bedarf die erforderlichen Fachleute beizuziehen. Die Anlage einer eigentlichen Buchhaltung über den Nachlass ist analog zur Willensvollstreckung nur in besonderen Fällen nötig (ZR 1992/93, 234 E. 5c);
- Pflicht, alle erforderlichen **Sofortmassnahmen oder sichernden Massnahmen** zu ergreifen, z.B. nach Art. 598 Abs. 2 (SemJud 1981, 59, 62);
- Pflicht zur **Berücksichtigung der Interessen aller am Nachlass Beteiligten** und bei Detailentscheidungen im besonderen der Bedürfnisse der Erben, denen die für die Liquidation nicht benötigten Sachen und Gelder sowie der Aktivüberschuss möglichst *in natura* auszuhändigen sind. Der Erbschaftsliquidator *kann* zu diesem Zweck Erben- und/oder Gläubigerversammlungen durchführen oder sonstwie Meinungsäusserungen einholen, *ist dazu aber nicht verpflichtet* (gl.M. Capitaine, 156). Die Protokollführung durch den Erbschaftsliquidator analog zum Konkursverwalter ist im Hinblick auf seine Verantwortlichkeit zweckmässig, aber ebenfalls nicht zwingend (BK-Tuor/Picenoni, N 1a; Capitaine, 156);
- Pflicht zur **Gleichbehandlung aller Beteiligten** und zur Einhaltung der Neutralität bei Interessengegensätzen (BGE 85 II 597, 602);
- Pflicht zur **Auskunftserteilung an Erben**, zur Information der Erben sowie zur Gewährung von Akteneinsicht an die Erben analog zum Willensvollstrecker, vgl. Art. 518 N 17 (gl.M. ZK-Escher, Art. 595 N 17; Capitaine, 85; Hux, 188);
- **keine Pflicht**, unbekannte Erben zu ermitteln und/oder das Verschollenheitsverfahren einzuleiten. Dies sind Aufgaben der Behörde, die allerdings den Erbschaftsliquidator mit einem Spezialauftrag dafür beiziehen kann, vgl. Art. 557 N 7.

7   Zu den **Auskunftsansprüchen** des Erbschaftsliquidators wird auf die Inventaraufnahme verwiesen, Art. 595 N 18.

8   Für seine Aufgabe benötigt der Erbschaftsliquidator **Besitz an den Erbschaftssachen** und hat *Anspruch auf Besitznahme*, den er nötigenfalls auf dem *Klagewege erzwingen* kann (gl.M. Capitaine, 84 f.; Hux, 168). Seine Rechte, auch bez. Grundstücken und

Grundbuch, sind analog zu denen des Willensvollstreckers, vgl. Art. 518 N 22-26 (gl.M. PIOTET, SPR IV/2, 829). Im Hinblick auf die Vermögenstrennung, vgl. Vorbem. zu Art. 593-597 N 9, lässt der Erbschaftsliquidator die Grundstücke üblicherweise nicht grundbuchlich auf die Erben als Gesamteigentümer übertragen, kann aber keine Verfügungsbeschränkung i.S.v. Art. 960 erwirken (**a.M.** CAPITAINE, 112). Dem Erblasser gehörende, zu seinen Lebzeiten von ihm zu Pfand gegebene, gepfändete oder verarrestierte Gegenstände bilden Teil der Liquidationsmasse und müssen dem Erbschaftsliquidator als unselbständigem Besitzer ebenfalls zur Verfügung gestellt werden, unter Vorbehalt sämtlicher Rechte der Dritten (gl.M. CAPITAINE, 146). Zur Erbschaftsklage vgl. N 27.

Die **Verwaltungstätigkeit des Erbschaftsliquidators** ist *praktisch identisch* mit jener des Willensvollstreckers; es wird vollumfänglich verwiesen auf Art. 518 N 27-33. Verwaltungshandlungen sind aber nicht die Hauptaufgabe des Erbschaftsliquidators, da das Schwergewicht seiner Tätigkeit auf Liquidationshandlungen ausgerichtet ist. 9

Der Erbschaftsliquidator kann **neue Verpflichtungsgeschäfte** eingehen, soweit diese im Rahmen seiner Aufgabe liegen und zur Abwicklung des Nachlasses erforderlich sind, vgl. dazu Art. 585 Abs. 2 OR (gl.M. CAPITAINE, 157; PIOTET, SPR IV/2, 827; HUX, 168). So kann er z.B. zur Geldbeschaffung eine Bankschuld begründen bzw. erhöhen, um ein zum Nachlass gehörendes Geschäft vorübergehend weiterzuführen oder um ein Erbschaftsaktivum nicht verkaufen zu müssen, sondern es den Erben *in natura* übergeben zu können. Die im Rahmen der ordnungsgemässen Liquidation eingegangenen Verbindlichkeiten sind *Erbschaftsschulden*, für welche nicht der Erbschaftsliquidator persönlich, sondern der Nachlass und damit die Erben haften, vgl. Art. 518 N 35. 10

Mit **Beendigung der laufenden Geschäfte des Erblassers** ist ganz generell die *Abwicklung geschäftlicher Angelegenheiten* des Erblassers gemeint und nicht nur die Beendigung eines eigentlichen Geschäftsbetriebs (Einzelfirma, Personengesellschaft oder juristische Person). Je nach den Umständen kann die Weiterführung eines Geschäftsbetriebes zweckmässig oder gar geboten sein, z.B. im Hinblick auf die spätere Übergabe an die Erben. Geht es um die Liquidation einer Einzelfirma oder Personengesellschaft, hat der Erbschaftsliquidator die Erben dabei zu vertreten, Art. 584 OR, und die erforderlichen Eintragungen im Handelsregister zu erwirken, z.B. nach Art. 938 OR (**a.M.** CAPITAINE, 159, wonach bei der Einzelfirma die Erben selbst zur Löschung verpflichtet sind). 11

Unter **Erfüllung von Verpflichtungen** fallen neben den Schulden auch alle übrigen Verpflichtungen des Erblassers, z.B. solche auf Realerfüllung von Verträgen. Der Erbschaftsliquidator hat *alle* angemeldeten und ihm sonstwie bekannten Erbschafts- und Erbgangsschulden zu bezahlen, wenn und soweit diese feststehen, unbestritten und fällig sind, wegen der fehlenden Präklusivwirkung des Inventars aber *nicht nur die darin enthaltenen* Verpflichtungen, vgl. Art. 595 N 19. Zu den Verpflichtungen gehören auch offene Steuerschulden des Erblassers, Erbschaftssteuern aber nur in Ausnahmefällen, vgl. Art. 518 N 33. Die Erfüllung erfolgt i.d.R. durch Zahlung, in Absprache mit dem Schuldner allenfalls auch durch Abtretung eines Erbschaftsaktivums. Pfandversicherte Forderungen werden vorrangig aus dem Pfanderlös befriedigt. Für nicht fällige oder bedingte Schulden sind Rückstellungen zu bilden (gl.M. PIOTET, SPR IV/2, 828; HUX, 169) und die davon verbliebenen Beträge bei Abschluss der amtlichen Liquidation 12

151

Art. 596 ZGB

öffentlich zu hinterlegen, vgl. N 32. Werden Schulden durch Erben oder den Erbschaftsliquidator bestritten, so kann dieser dem betreffenden Gläubiger Frist zur Klageeinleitung ansetzen mit der Androhung, dass sonst die Schuld nicht bezahlt, sondern der Gegenwert hinterlegt werde (gl.M. BK-TUOR/PICENONI, N 5). Der Erbschaftsliquidator kann nach seinem Ermessen auf fällige Schulden *anteilmässige Abschlagszahlungen* vornehmen, muss aber alle Gläubiger bez. Höhe und Zeitpunkt der Rückzahlung gleichmässig behandeln und sollte zur Vermeidung seiner persönlichen Verantwortlichkeit Abschlags- und Schlusszahlungen nur dann vornehmen, wenn die Gesamthöhe aller Passiven verlässlich bekannt und durch die vorhandenen Aktiven vollständig gedeckt ist (gl.M. HUX, 170). Stellt der Erbschaftsliquidator die Überschuldung des Nachlasses fest, hat er seine Tätigkeit einzustellen und das Verfahren nach Art. 597 einzuleiten.

13 Der Zweck der amtlichen Liquidation als Generalliquidation des Nachlasses **schliesst i.d.R. Spezialexekutionen aus**, Art. 49 SchKG (BGE 72 III 33). Ab Anordnung der amtlichen Liquidation können laufende Betreibungen gegen den Erblasser bzw. den Nachlass nicht fortgesetzt und neue Betreibungen nicht eingeleitet werden für Erbschafts- und Erbgangsschulden, die *vor* Konkurseröffnung entstanden sind, Art. 206 Abs. 1 SchKG (BGE 72 III 33; 79 III 164, 168; gl.M. ZK-ESCHER, N 4; CAPITAINE, 143 ff.; BINET, SemJud 1935, 71; PIOTET, SPR IV/2, 817; HUX, 173). Das Betreibungsamt hat von Amtes wegen zu überprüfen, ob sich die betriebene Erbschaft in amtlicher Liquidation befindet; ist dies der Fall, hat es das Begehren zurückzuweisen (BGE 99 III 51 = Pra 1974, 505). Nach dem revidierten Text von Art. 206 Abs. 1 SchKG sind aber ausdrücklich zulässig Betreibungen auf Verwertung von Pfändern, die von Dritten bestellt worden sind; dies war von der Praxis schon bisher anerkannt worden (vgl. BGE 62 III 42 = Pra 1936, 234; BGE 64 III 13; ZK-ESCHER, N 4; PIOTET, SPR IV/2, 828). Hingegen können nach Art. 206 Abs. 2 SchKG Betreibungen für Forderungen, die *nach der Konkurseröffnung* entstanden sind, während des Konkursverfahrens bzw. der amtlichen Liquidation durch Pfändung oder Pfandverwertung fortgesetzt werden. Dies betrifft z.B. die Betreibung für Schulden, die der Erbschaftsliquidator zu Lasten des Nachlasses selbst begründet hat, was nach bisheriger Praxis ebenfalls als zulässig betrachtet worden war (vgl. BGE 56 III 127; ZK-ESCHER, N 5; PIOTET, SPR IV/2, 828; HUX, 173) sowie die Betreibung für Erbgangsschulden, welche nach bisheriger Praxis umstritten war (dafür BGE 47 III 10, 12; CAPITAINE, 144; dagegen PIOTET, SPR IV/2, 820, 828).

14 Die nach Abschluss des Rechnungsrufes, aber vor Beendigung der amtlichen Liquidation **verspätet angemeldeten Forderungen** stehen den *rechtzeitig angemeldeten Forderungen* grundsätzlich gleich. Sind noch genügend Aktiven vorhanden (allenfalls nach Vornahme von Abschlagszahlungen an die rechtzeitig angemeldeten Gläubiger), so werden sie ebenfalls voll befriedigt. Reichen jedoch die (noch) vorhandenen Aktiven nicht zur Deckung aller rechtzeitig und verspätet angemeldeten Forderungen aus, so führt dies zu einer Überschuldung des Nachlasses und das Verfahren nach Art. 597 ist einzuleiten. Eine Analogie zu Art. 251 SchKG ist abzulehnen, wonach der verspätete Gläubiger bei vorgenommenen Abschlagszahlungen an die rechtzeitigen Gläubiger nur einen entsprechend prozentualen Anteil seiner Forderung an den noch vorhandenen Aktiven geltend machen kann und sich für die Restforderung nach Abschluss der amtlichen Liquidation

an die Erben halten muss (gl.M. BK-Tuor/Picenoni, Art. 595 N 9; a.M. ZK-Escher, Art. 595 N 11; Capitaine, 151 f.). Wird die verspätete Forderung erst *nach Aushändigung des Aktivsaldos* an die Erben bzw. nach formellem Abschluss der amtlichen Liquidation geltend gemacht, muss sich der Gläubiger direkt an die Erben halten, die nur im Rahmen der Bereicherung haften, vgl. Art. 593 N 9 (gl.M. ZK-Escher, Art. 595 N 9; BK-Tuor/Picenoni, Art. 595 N 9; Capitaine, 150).

Der Erbschaftsliquidator hat sämtliche **Forderungen einzuziehen,** welche dem Erblasser gegen Dritte und Erben zustanden. Gemeint sind nicht nur Geldforderungen aller Art, sondern auch andere Ansprüche vermögensrechtlicher Natur, z.B. Durchsetzung von Eigentumsansprüchen. Sämtliche Schuldner, einschliesslich Erben, können mit befreiender Wirkung nur an den Erbschaftsliquidator leisten. Bei bestrittenen Forderungen oder Ansprüchen kann der Erbschaftsliquidator wie bei der Besitznahme, vgl. N 8, gerichtlich oder aussergerichtlich vorgehen, Vergleiche abschliessen, Zahlungsbedingungen und -fristen einräumen etc. (gl.M. Capitaine, 163 f.; Piotet, SPR IV/2, 828; Hux, 169). Bei *nicht fälligen Forderungen oder Ansprüchen* ist nötigenfalls mit dem Abschluss der amtlichen Liquidation solange zuzuwarten, bis die Fälligkeit eingetreten und die Schulden bzw. Ansprüche erfüllt sind; in den anderen Fällen sind sie durch Schuldanerkennungen etc. zu dokumentieren, damit sie allenfalls versilbert oder bei Abschluss der Liquidation rechtsgenügend auf die Erben übertragen werden können. Forderungen und Ansprüche gegen Erben, einschliesslich zu Lebzeiten des Erblassers erhaltene *Erbvorbezüge und Schenkungen*, sind nur soweit rückzufordern, wie zur Zahlung aller Schulden und Ausrichtung der Vermächtnisse nötig ist; im übrigen haben die Erben derartige Ansprüche untereinander selbst zu verfolgen (BGE 67 III 177, 186). 15

Die **Verjährung von Schulden und Forderungen** des Nachlasses wird durch die amtliche Liquidation nicht berührt und steht während dem Liquidationsverfahren nicht still (gl.M. BK-Tuor/Picenoni, N 5; Piotet, SPR IV/2, 829). Da während der amtlichen Liquidation eine Betreibung des Nachlasses ausgeschlossen ist, vgl. N 13, kann die Verjährung einer Nachlassschuld nicht durch Betreibung, sondern nur durch Klage unterbrochen werden (OGer AG SJZ 1955, 61). 16

Die **Ausrichtung der Vermächtnisse** hat nach Möglichkeit zu erfolgen. Damit stehen die Vermächtnisse in der Rangfolge klar hinter den Erbschafts- und Erbgangsschulden, sind im Inventar nicht als Verbindlichkeiten des Nachlasses aufzuführen, vgl. Art. 595 N 16, und dürfen erst ausgerichtet werden, wenn sämtliche Erbschafts- und Erbgangsschulden vollständig bezahlt bzw. sichergestellt sind. Reicht nach Bezahlung bzw. Sicherstellung aller Schulden der Aktivüberschuss nicht zur vollständigen Ausrichtung aller Legate, sind diese pro rata zu kürzen (gl.M. Capitaine, 171; Beck, 192). Für die Beurteilung Solvenz/Insolvenz des Nachlasses fallen die Vermächtnisse nicht in Betracht. Der Vermächtnisnehmer hat deshalb während der amtlichen Liquidation kein Recht, die Ausrichtung des Vermächtnisses klageweise durchzusetzen (gl.M. ZK-Escher, N 11; BK-Tuor/Picenoni, N 6; Capitaine, 169 ff.; Binet, SemJud 1935, 76; Stierlin, 98; Piotet, SPR IV/2, 828; Hux, 170). 17

Der Erbschaftsliquidator hat bez. **Vermächtnisse die allfällige Verletzung von Pflichtteilsrechten** der Erben *nicht zu überprüfen,* sondern diese nach dem Wortlaut des 18

Testamentes auszurichten. Die Geltendmachung der Pflichtteilsrechte ist Sache der Erben; diese können auch während der amtlichen Liquidation Ungültigkeits- oder Herabsetzungsklagen durchführen (BGE 50 II 450, 453; BJM 1967, 276; gl.M. ZK-ESCHER, N 11; BINET, SemJud 1935, 76; HUX, 170; **a.M.** BK-TUOR/PICENONI, N 6; STIERLIN, 98). Wird die Herabsetzung eines Vermächtnisses gerichtlich geltend gemacht, muss der Erbschaftsliquidator vor dessen Ausrichtung das Urteil abwarten (gl.M. PIOTET, SPR IV/2, 828).

19 Die **Pflicht zur gerichtlichen Feststellung von Rechten und Pflichten** umfasst nicht schlechthin alle Rechtsbeziehungen des Erblassers. Sie erstreckt sich nur auf die Rechte, welche den *Bestand des Nachlasses* betreffen, nicht aber auf die *Rechte am Nachlass* von Erben und Vermächtnisnehmern. Die Rechte bez. Bestand des Nachlasses sind *wenn nötig gerichtlich* feststellen zu lassen durch Fortführung *laufender* Prozesse, Untersuchungen und Verfahren aller Art bzw. Einleitung *neuer* Prozesse oder Verfahren. Der Erbschaftsliquidator ist berechtigt, Schiedsverträge abzuschliessen und laufende Prozesse oder Verfahren durch Vergleich, Rückzug oder anderweitig zu beenden, vgl. auch Art. 585 Abs. 2 OR (gl.M. BK-TUOR/PICENONI, N 7; CAPITAINE, 169). Zur prozessualen Stellung des Erbschaftsliquidators, vgl. N 23-29.

20 **Versilberung des Vermögens** bedeutet Umwandlung von Nachlassaktiven, einschliesslich Liegenschaften, in liquide Zahlungsmittel, z.B. durch Verkauf einer Sache oder Kündigung einer Forderung. Unter Vorbehalt der Vorschriften für Grundstücke, vgl. N 30, ist der Erbschaftsliquidator bezüglich der *Art der Versilberung* grundsätzlich frei, braucht keine Zustimmung der Erben und kann die Gegenstände öffentlich oder unter den Erben versteigern oder aus freier Hand verkaufen. Bei der Preisfestsetzung ist er nicht an den Schätzwert des Aktivums gem. Inventar gebunden (gl.M. CAPITAINE, 166), hat aber bei tiefem Preis die Möglichkeit der Nachlassüberschuldung zu beachten.

21 Der Erbschaftsliquidator hat zwar eine **exklusive Verfügungskompetenz** über die Erbschaftssachen, muss aber den Nachlass *nicht vollständig versilbern*, sondern *lediglich soweit nötig*, d.h. in dem Ausmass, wie zur vollständigen Bezahlung der Schulden und Ausrichtung der Vermächtnisse erforderlich ist. Die Einschränkung «soweit nötig» scheint sich im dt. und frz. Gesetzestext lediglich auf die gerichtliche Feststellung von Rechten und Pflichten zu beziehen, im it. Text aber klar auf die Versilberung des Vermögens, vgl. auch Art. 585 Abs. 1 OR. Dies entspricht dem Zweck der amtlichen Liquidation, welche die Schuldenbereinigung und wenn möglich die Ausrichtung der Vermächtnisse durchzuführen, nicht aber die Erbteilung vorzubereiten hat und deshalb den allfälligen Aktivüberschuss den Erben grundsätzlich *in natura* überlassen muss. Der Erbschaftsliquidator ist deshalb in seiner *Verfügungsbefugnis eingeschränkt* und hat bez. Umfang der Verwertung und Auswahl der zu verwertenden Gegenstände auf die Interessen und Wünsche der Erben Rücksicht zu nehmen, vgl. N 6 (gl.M. ZK-ESCHER, N 15; BK-TUOR/PICENONI, N 8; CAPITAINE, 164 f.; STIERLIN, 98; PIOTET, SPR IV/2, 829).

22 Bez. der Auswirkungen von Verpflichtungs- und Verfügungshandlungen gegenüber Erben oder Dritten ist zwischen den **internen und externen Befugnissen** des Erbschaftsliquidators zu unterscheiden. Die *internen* Befugnisse sind vom Zweck der amtlichen Liquidation her *teilweise beschränkt*, vgl. N 5, 21. Bei schuldhafter Überschreitung der internen Befugnisse wird der Erbschaftsliquidator schadenersatzpflichtig,

vgl. Art. 595 N 38. Die *externen* Befugnisse sind jedoch grundsätzlich *unbeschränkt*. Die Rechtsgeschäfte des Erbschaftsliquidators mit gutgläubigen Dritten sind für und gegen die Erben gültig, auch wenn er den Rahmen seiner Kompetenzen überschritten hat. Dritte, mit denen der Erbschaftsliquidator ein Rechtsgeschäft abschliesst, haben weder die Pflicht noch die Möglichkeit zur Überprüfung, ob dieser innerhalb seiner Kompetenzen handelt. Der gutgläubige Dritte ist somit im Rechtserwerb geschützt, sofern er die Kompetenzüberschreitung des Erbschaftsliquidators nicht gekannt hat oder hätte erkennen müssen, vgl. Art. 518 N 49.

II. Prozessuale Stellung des Erbschaftsliquidators

Die **Aktiv- und Passivlegitimation des Erbschaftsliquidators** zur Prozessführung für den Nachlass ergibt sich aus der gesetzlichen Verpflichtung, Rechte und Pflichten des Erblassers gerichtlich feststellen zu lassen. Der Erbschaftsliquidator tritt wie der Willensvollstrecker und der Erbschaftsverwalter selbständig und im eigenen Namen auf, handelt aber für Rechnung der Erbschaft und hat dabei seine Funktion anzugeben. Er führt den Prozess selbständig und benötigt dazu keine Zustimmung der Erben und/oder der Behörde, vgl. Art. 518 N 70 und Art. 554 N 52 (BGE 54 II 197, 200; 79 II 113, 116; 94 II 141, 142; SOG 1988, 4, 9; PKG 1994, 12, 15; JdT 1995 III 116, 119; gl.M. ZK-ESCHER, N 2; CAPITAINE, 143; HUX, 173). Innerhalb seiner Kompetenzen ist der Erbschaftsliquidator zur Erteilung von Prozessvollmachten an Dritte berechtigt (BGE 54 II 197, 200). 23

Der Erbschaftsliquidator hat die **ausschliessliche Prozessführungsbefugnis** im Rahmen seiner Besitz-, Verwaltungs- und Verfügungsrechte. Soweit seine Prozessführungsbefugnis reicht, ist jene der Erben ausgeschlossen (BGE 52 II 195; gl.M. HUX, 173). Fehlt dem Erbschaftsliquidator die Verwaltungs- und Verfügungsbefugnis für einzelne Bereiche oder Gegenstände, so fehlt auch die Prozesslegitimation. 24

Der Erbschaftsliquidator ist zu allen **nichterbrechtlichen Klagen** aktiv- und passivlegitimiert betr. die zum Nachlass gehörenden Rechte. Gemeint sind damit Feststellungs- und Leistungsklagen in Aktiv- und Passivprozessen bez. Feststellung, Sicherung oder Erhaltung des Nachlassbestandes, vom Erbschaftsliquidator zu Lasten des Nachlasses eingegangene Verpflichtungen oder Umwandlung von Nachlassaktiven in flüssige Mittel. Im Gegensatz zum Erbschaftsverwalter, vgl. Art. 554 N 54, ist auch die Passivlegitimation des Erbschaftsliquidators exklusiv, da während der amtlichen Liquidation der Erbschaftsgläubiger nicht das Recht hat, sofort und direkt auf den Erben und dessen Privatvermögen zu greifen, vgl. Art. 593 N 9 f. 25

Der Erbschaftsliquidator ist für **Zwangsvollstreckungsmassnahmen, insb. Betreibungen** für und gegen den Nachlass ausschliesslich aktiv- und passivlegitimiert. So ist er allein zur Einleitung und Durchführung von Betreibungen gegen Schuldner des Nachlasses befugt, vgl. Art. 554 N 55 (gl.M. PIOTET, SPR IV/2, 828; HUX, 173). Da während der amtlichen Liquidation Betreibungen gegen den Nachlass unzulässig sind, vgl. N 13, entfällt diesbez. eine materielle Passivlegitimation des Erbschaftsliquidators; sie besteht aber in formeller Hinsicht, z.B. zur Bestreitung der Betreibungsfähigkeit des Nachlasses oder zur Einlegung eines Rechtsmittels. 26

155

Art. 596 ZGB

27 Aufgrund seiner Aufgabe ist der Erbschaftsliquidator **nicht zur Führung erbrechtlicher Prozesse** aktiv- oder passivlegitimiert, insb. nicht zur Ungültigkeits-, Herabsetzungs- und Teilungsklage (gl.M. PIOTET, SPR IV/2, 828; HUX, 172), da diese nicht den Bestand des Nachlasses, sondern die Berechtigung am Nachlass betreffen. Ist die Berechtigung eines Erben oder Vermächtnisnehmers unklar oder bestritten, so ist der Erbschaftsliquidator *nicht berechtigt*, ihm eine Frist zur gerichtlichen Geltendmachung seines Anspruchs anzusetzen (**a.M.** PIOTET, SPR IV/2, 828), sondern hat nötigenfalls das entsprechende Betreffnis gerichtlich zu hinterlegen. Sind erbrechtliche Klagen eingeleitet, hat der Erbschaftsliquidator die Ausrichtung der Vermächtnisse bzw. Auszahlung des Aktivüberschusses an die Erben bis zur rechtskräftigen Erledigung der Klagen zu sistieren. Zur Durchsetzung des Besitzanspruches auf die Erbschaftssachen, N 8 sowie zur Einziehung von Forderungen, vgl. N 15, ist der Erbschaftsliquidator aber zur *Erbschaftsklage* aktivlegitimiert, vgl. Art. 518 N 83 (gl.M. PIOTET, SPR IV/2, 828; **a.M.** HUX, 47 f.).

28 Die **formellen Rechtswirkungen des Urteils bzw. der Zwangsvollstreckungsmassnahmen** gehen zugunsten und zu Lasten des Nachlasses und nicht des Erbschaftsliquidators, da er die Verfahren für fremde Rechnung geführt hat. Der Erbschaftsliquidator haftet deshalb nicht persönlich, sondern nur mit dem durch ihn verwalteten Nachlassvermögen, vgl. Art. 518 N 78.

29 Zu **Umfang der Prozessführungsbefugnis, Gerichtsstand, Prozesskosten, übrige prozessuale Rechte und Streit um persönliche Rechte** gelten die Ausführungen zum Willensvollstrecker analog, vgl. Art. 518 N 71-74, 87.

III. Veräusserung von Grundstücken

30 Die **Veräusserung von Grundstücken gehört zur Versilberung von Vermögen** und bedarf deshalb als solche keiner Zustimmung durch die Erben oder die Behörde. Wie die Versilberung anderer Vermögenswerte darf sie nur zur Mittelbeschaffung für die Schuldentilgung oder Ausrichtung von Vermächtnissen vorgenommen werden, vgl. N 5. Bei der *Veräusserungsart* ist die öffentliche Versteigerung frei zulässig, wobei der Erbschaftsliquidator nicht an die Formen der zwangsrechtlichen Versteigerung gem. SchKG gebunden ist; eine *freiwillige öffentliche Versteigerung* nach kant. Recht ist genügend (gl.M. ZK-ESCHER, N 16; BK-TUOR/PICENONI, N 10). Jede andere Veräusserungsart erfordert die Zustimmung sämtlicher Erben, so z.B. der Freihandverkauf, die private Versteigerung (evtl. nur unter den Erben) oder die Übertragung der Liegenschaft an einen Erben oder Gläubiger auf Anrechnung an dessen Erbteil bzw. Forderung. Wird ein Grundstück anders als durch öffentliche Versteigerung veräussert, hat der Grundbuchführer kein Recht zur Prüfung, ob die Erben in die andere Veräusserungsart eingewilligt haben (gl.M. PIOTET, SPR IV/2, 829). Der Erbschaftsliquidator ist *nicht gebunden* an den Wunsch bzw. die Zustimmung aller Erben, die Veräusserung anders als durch öffentliche Versteigerung vorzunehmen. Er kann diese nach seinem Ermessen trotzdem anordnen, wenn es nach den Umständen geboten erscheint, z.B. im Hinblick auf die Gläubigerinteressen (gl. M. CAPITAINE, 165; BINET, SemJud 1935, 75; PIOTET, SPR IV/2, 829; HUX, 172).

IV. Vorzeitige Auslieferung von Sachen und Geldern

Nach Art. 596 Abs. 3 haben die Erben *bereits während des Liquidationsverfahrens* einen Rechtsanspruch auf Auslieferung von **Sachen und Geldern, soweit diese für die Liquidation entbehrlich** sind. Der Erbschaftsliquidator hat die Auslieferung nicht von Amtes wegen vorzunehmen, sondern nur auf ausdrückliches *Begehren aller Erben gemeinsam* (gl.M. BK-Tuor/Picenoni, N 5). Die Auslieferung hat an die **Erbengemeinschaft** zu erfolgen bzw. an den **Willensvollstrecker**, vgl. N 33 (gl.M. Hux, 166). 31

Für die Liquidation entbehrlich sind vorab Gegenstände und Barmittel, die für die Zahlung der Schulden und Ausrichtung der Vermächtnisse **mit Sicherheit nicht benötigt werden oder keinen kommerziellen Wert haben**, z.B. Familienschriften. Da aber das vorangegangene Inventar wegen fehlender Präklusivwirkung nicht verlässlich ist, vgl. Art. 595 N 19, besteht bis zum Abschluss der Liquidation die Gefahr des Auftauchens verspäteter Gläubiger. Der Erbschaftsliquidator muss sich deshalb wie bei Abschlagszahlungen an die Gläubiger auch bei der vorzeitigen Auslieferung von Sachen oder Geldern an die Erben grosse Zurückhaltung auferlegen und zur Vermeidung seiner Verantwortlichkeit evtl. das Einverständnis der Gläubiger und/oder der Behörde einholen. Die vorzeitige Auslieferung von Sachen oder Geldern hat immer provisorischen Charakter und kann vom Erbschaftsliquidator bis zum Abschluss der amtlichen Liquidation durch Rückforderung gegenüber den Erben rückgängig gemacht werden (gl.M. ZK-Escher, N 17; Binet, SemJud 1935, 77; Piotet, SPR IV/2, 818). 32

V. Verwendung des Aktivüberschusses

Der Erbschaftsliquidator hat nach Bezahlung der unbestrittenen, unbedingten und fälligen Erbschafts- und Erbgangsschulden sowie der Liquidationskosten den **verbleibenden Aktivsaldo in folgender Rangfolge** zu verwenden: 33
– **1. Priorität**: Rückbehaltung oder öffentliche Hinterlegung von genügend Mitteln zur Deckung der noch nicht fälligen, bestrittenen oder bedingten Erbschafts- und Erbgangsschulden sowie noch offener Liquidationskosten (gl.M. ZK-Escher, N 17; BK-Tuor/ Picenoni, N 16; Capitaine, 172). Eine Rückbehaltung bzw. Hinterlegung ist nicht erforderlich, wenn einer oder alle Erben genügende Sicherheiten für die offenen Schulden erbringen;
– **2. Priorität**: Vollständige bzw. bei ungenügendem Aktivsaldo teilweise Ausrichtung der Vermächtnisse auf pro rata Basis (gl.M. Capitaine, 173);
– **3. Priorität**: Auslieferung des verbleibenden Überschusses ungeteilt und möglichst in natura an die *Erbengemeinschaft*, d.h. die Gesamtheit der im Auslieferungszeitpunkt berechtigten Erben (BGE 67 III 177, 187). Ist ein Willensvollstrecker eingesetzt, ist der Aktivüberschuss diesem auszuliefern. Der Erbschaftsliquidator hat *keine Teilungshandlungen* vorzunehmen; die Erbteilung ist Sache der Erben bzw. des Willensvollstreckers (BGE 52 II 194, 199; gl.M. ZK-Escher, N 17 f.; BK-Tuor/Picenoni, N 14; Capitaine, 172 f.; Piotet, SPR IV/2, 818).

VI. Rechte der Erben

34 Durch die amtliche Liquidation wird **den Erben ihre Rechtsstellung nicht entzogen**, aber für die Dauer des Verfahrens in vielen Punkten *eingeschränkt*. Mit Beendigung der amtlichen Liquidation lebt die Rechtsstellung der Erben wieder vollumfänglich auf, die bez. des Aktivüberschusses eine Erbengemeinschaft mit allen Rechten und Pflichten bilden (BGE 50 II 450, 453; 52 II 195, 199; gl.M. BK-TUOR/PICENONI, N 17; CAPITAINE, 80; PIOTET, SPR IV/2, 829; DRUEY, Erbrecht, § 15 N 77). Als *Korrelat* zum ausschliesslichen Verwaltungs- und Verfügungsrecht des Erbschaftsliquidators haben die Erben *gewisse Mitsprache- und Kontrollrechte*, N 35 f., das *Beschwerderecht* an die Aufsichtsbehörde, Art. 595 N 25 sowie *Schadenersatzansprüche* bei fehlerhaftem Verhalten des Erbschaftsliquidators, vgl. Art. 595 N 42.

35 **Jeder einzelne Erbe hat Mitsprache- und Kontrollrechte**. Diese gelten auch für den provisorischen Erben vor Ablauf der Ausschlagungsfrist und den bestrittenen Erben (DRUEY, Erbrecht, § 15 N 91) sowie für den durch Testament ausgeschlossenen Pflichtteils- oder sonstigen gesetzlichen Erben (zum *virtuellen* Erben vgl. ZR 1996, 103), z.B.:
- Recht auf **Einhaltung der allgemeinen Pflichten** des Erbschaftsliquidators, vgl. N 6;
- Recht auf **Gleichbehandlung und Äusserung von Wünschen**, soweit von der Sache her nötig/möglich, vgl. N 6;
- Recht auf **Auskunft**, Information, Akteneinsicht und periodische Berichterstattung, vgl. N 6.

36 Der **Erbengemeinschaft stehen folgende gesetzliche Rechte** zu:
- Recht auf **Mitsprache bei Liegenschaftenverkäufen** anders als durch öffentliche Versteigerung, vgl. N 30;
- Recht auf **Erhalt von entbehrlichen Sachen und Geldern** während der Dauer des Liquidationsverfahrens, vgl. N 31 f.;
- Recht auf **Erhalt des allfälligen Nettoüberschusses**, vgl. N 33.

37 Die **erbrechtlichen Grundsatzentscheidungen der Erben** werden durch die amtliche Liquidation nicht eingeschränkt, insb.:
- Recht auf **Annahme oder Ausschlagung** der Erbschaft (ZR 1984, 46, 48). *Nach* Begehren der amtlichen Liquidation kann sich der Erbe aber nicht mehr auf die vermutete Ausschlagung nach Art. 566 Abs. 2 berufen (gl.M. ZK-ESCHER, Vorbem. zu Art. 593-597 N 3);
- Recht zur Erhebung der **Ungültigkeits- und Herabsetzungsklage**, wegen des ausschliesslichen Besitzanspruchs des Erbschaftsliquidators *aber nicht* der Erbschaftsklage, vgl. N 8/27 (BGE 50 II 450, 453; BJM 1967, 276);
- Recht auf **Erbteilung** nach den gesetzlichen bzw. testamentarischen Vorschriften einschliesslich Ausgleichung (gl.M. BK-TUOR/PICENONI, N 18; PIOTET, SPR IV/2, 818);
- Recht zur **freien Verfügung über den Erbanteil**, Art. 635. Diese erfordert keine Zustimmung des Erbschaftsliquidators, vgl. Art. 518 N 90.

Art. 597 ZGB

III. Konkursamtliche Liquidation
Ist die Erbschaft überschuldet, so erfolgt die Liquidation durch das Konkursamt nach den Vorschriften des Konkursrechtes.

III. Liquidation selon les règles de la faillite
La liquidation des successions insolvables se fait par l'office selon les règles de la faillite.

III. Liquidazione in via di fallimento
La liquidazione delle eredità oberate è fatta dall'ufficio dei fallimenti a norma della legislazione sul fallimento.

Literatur

Vgl. die Literaturhinweise zu den Vorbem. zu Art. 593–597 ZGB.

I. Allgemeines

Die **Änderung des SchKG** per 1.1.1997 betrifft z.T. auch das Verfahren der amtlichen Liquidation. Der neue Gesetzestext ist nachfolgend berücksichtigt, aber die Literatur und Judikatur bezieht sich noch auf den alten Gesetzestext und ist deshalb mit Vorsicht heranzuziehen. 1

Das Gesetz kennt **zwei Fälle der konkursamtlichen Liquidation eines Nachlasses**, nämlich die Ausschlagung des Nachlasses durch alle gesetzlichen Erben nach Art. 573 ZGB/Art. 193 Abs. 1 Ziff. 1 SchKG sowie die überschuldete Erbschaft bei amtlicher Liquidation, Art. 597 ZGB/Art. 193 Abs. 1 Ziff. 2 SchKG. Sie finden keine Anwendung, wenn über den Erblasser bereits zu Lebzeiten der Konkurs eröffnet worden ist; das damals eröffnete Konkursverfahren wird nach dem Tod des Erblassers ordnungsgemäss weitergeführt. Die konkursamtliche Liquidation nach Art. 597 *setzt nicht voraus*, dass der Erblasser im Handelsregister eingetragen war und der Konkursbetreibung unterlag, Art. 194 Abs. 2 SchKG. Die konkursamtliche Liquidation ist *ausgeschlossen* während der Deliberationsfrist zur Ausschlagung, Art. 567/568 sowie bei vorbehaltloser oder unter öffentlichem Inventar erfolgter Annahme durch einen Erben (gl.M. BK-TUOR/PICENONI, N 1; CAPITAINE, 181).

II. Überschuldung

Die konkursamtliche Liquidation ist bei **Überschuldung der Erbschaft** anzuordnen. Diese kann sich bereits bei Inventaraufnahme zu Beginn der amtlichen Liquidation herausstellen oder aber erst später, z.B. bei verspäteter Anmeldung von Forderungen oder beim Wertverfall bzw. bei Unverkäuflichkeit von Aktiven. Im Hinblick auf die Überschuldung muss sich das Verfahren ausschliesslich an den *Interessen der Gläubiger orientieren*; die Interessen der Erben am Erhalt eines Aktivüberschusses – wenn möglich in natura – treten in den Hintergrund (BGE 47 III 10, 14; gl.M. ZK-ESCHER, N 2; BK-TUOR/PICENONI, N 1). 2

Zweifel an der Solvenz des Nachlasses genügen nicht für die Anordnung der konkursamtlichen Liquidation, sondern es ist Überschuldung erforderlich. Es besteht diesbez. 3

Unklarheit zwischen den drei Gesetzestexten, indem der frz. Text von «*successions insolvables*» spricht, währenddem der dt. und it. Text die Überschuldung nennen. Im Gegensatz zu Art. 190 Abs. 1 Ziff. 2 SchKG, wonach die Konkurseröffnung bei *Zahlungseinstellung* des Schuldners (= Insolvenz) verlangt werden kann, ist bei Art. 597 die *eigentliche Überschuldung* gemeint, vgl. Art. 193 Abs. 1 Ziff. 2 SchKG (gl.M. ZK-ESCHER, N 4; CAPITAINE, 187).

4 Überschuldung bedeutet, dass die **vorhandenen Aktiven zum Verkehrswert nicht genügen, um die bekannten und ausgewiesenen Erbschafts- und Erbgangsschulden zu decken,** einschliesslich nicht fällige und bedingte Schulden, sowie die Kosten der amtlichen Liquidation, jedoch *ohne Vermächtnisse und Auflagen*, vgl. Art. 595 N 16 (gl.M. ZK- ESCHER, N 5; BK-TUOR/PICENONI, N 2; CAPITAINE, 188). Sind einzelne *Schulden bestritten*, so hat der Erbschaftsliquidator bzw. auf seine Anfrage hin allenfalls die Behörde unter Würdigung aller Umstände einen *Ermessensentscheid* zu treffen, ob die fragliche Schuld vorläufig mitgerechnet oder eine gerichtliche Entscheidung abgewartet werden soll (**a.M.** BK-TUOR/PICENONI, N 2, wonach im Zweifel immer gerichtliche Abklärung vorgenommen werden soll). Erklärt ein Schuldner im Inventarverfahren einen bedingten Forderungsverzicht in dem Ausmasse, als dies zur Verhütung einer Überschuldung nötig ist, wird der subordinierte Teil der Forderung *nicht mitgerechnet*, auch wenn er grundsätzlich ausgewiesen ist (ZBJV 1952, 268). Das Konkursgericht ist nicht an die Auffassung des Erbschaftsliquidators bzw. der Erben über Begründetheit bzw. Unbegründetheit einer Schuld gebunden; deren Aufnahme in das Inventar sowie Berücksichtigung bei der Überschuldungsberechnung hat immer *provisorischen Charakter*.

III. Anordnung der Liquidation

5 Bei Feststellung der Überschuldung muss die **konkursamtliche Liquidation sofort und zwingend** angeordnet werden. Der Erbschaftsliquidator hat sich nicht nur bei Inventaraufnahme ein Bild über die Situation zu machen, sondern die Entwicklung der Verhältnisse *laufend zu überprüfen* und bei Feststellung der Überschuldung zur Vermeidung seiner persönlichen Verantwortlichkeit das ordentliche Verfahren nach Art. 596 sofort einzustellen und in das konkursamtliche nach Art. 597 überzuführen. Er hat den Eintritt der Überschuldung unverzüglich der Behörde anzuzeigen und ihr *Antrag auf Einleitung der konkursamtlichen Liquidation* zu stellen (gl.M. CAPITAINE, 195; PIOTET, SPR IV/2, 818).

6 Die **Behörde benachrichtigt den Konkursrichter**, wenn sich die Erbschaft als überschuldet erweist, Art. 193 Abs. 1 SchKG. Sie kann, muss aber nicht, eine *Versammlung von Erben und/oder Gläubigern* durchführen, bevor sie ihren Entscheid zur Benachrichtigung des Richters trifft. Dies ist u.U. zweckmässig, um die Erben über die Gesamtlage zu orientieren und abzuklären, ob ein Erbe noch vorbehaltlos annehmen oder ein Gläubiger seine Forderung reduzieren will (ZBJV 1952, 268; gl.M. ZK-ESCHER, N 13; CAPITAINE, 193).

Auch ein **Gläubiger oder ein Erbe** kann nach dem neuen Art. 193 Abs. 3 SchKG direkt die konkursamtliche Liquidation verlangen, wie dies bisher die Praxis schon zugelassen hatte (vgl. BGE 47 III 10, 13; CAPITAINE, 194; BINET, SemJud 1935, 71; PIOTET, SPR

Art. 597 ZGB

IV/2, 819). Der Antragsteller hat für die Kosten einen Vorschuss zu leisten, Art. 169 Abs. 2/Art. 194 Abs. 1 SchKG.

Die konkursamtliche Liquidation wird **durch den Konkursrichter angeordnet**, Art. 193 Abs. 2 SchKG. Zuständig ist der Konkursrichter am letzten Wohnsitz des Erblassers, Art. 538 Abs. 1 (gl.M. ZK-ESCHER, N 9; CAPITAINE, 193; PIOTET, SPR IV/2, 819). 7

Eine **Konkurseröffnung nach Abschluss der ordentlichen Liquidation** i.S.v. Art. 596 ist *nicht möglich*. Stellt sich erst nach Abschluss der ordentlichen Liquidation aufgrund nachträglicher Forderungen heraus, dass der Nachlass eigentlich überschuldet gewesen wäre, so kann die bereits abgeschlossene Liquidation nicht wiederaufgerollt und nachträglich in die konkursamtliche Liquidation überführt werden, *sondern die nachträglich auftauchenden Gläubiger haben sich direkt an die Erben zu halten*, vgl. Art. 593 N 10 (gl.M. PIOTET, SPR IV/2, 831). 8

IV. Liquidationsverfahren

Die **Erbschaftskonkursmasse umfasst sämtliche zur Erbschaft gehörenden Aktiven**, die persönlichen und dinglichen Rechte des Erblassers, soweit sie nicht als höchstpersönliche mit seinem Tode untergegangen sind, die Anfechtungsansprüche aus Art. 285 ff. SchKG sowie die Haftungsansprüche aus Vorempfängen nach Art. 579. Diese Haftung aus Art. 579 gilt nicht nur, wenn die Erbschaft zufolge Ausschlagung durch alle Erben nach Art. 573 konkursamtlich liquidiert wird (BGE 116 II 253), sondern auch bei Liquidation des überschuldeten Nachlasses nach Art. 597 (BGE 67 III 177, 184; gl.M. ZK-ESCHER, N 10; BK-TUOR/PICENONI, N 7a). Vorempfänge von Erben und somit Ansprüche aus Ausgleichung bzw. Herabsetzung gehören nicht zur Erbschaftskonkursmasse, sondern sind durch die berechtigten Erben selbst zu verfolgen (BGE 67 III 177, 186). Durch das Verfahren nach Art. 597 werden jene Rechte nicht beeinträchtigt, die für Dritte als Begünstigte aus einer vom Erblasser als Versicherungsnehmer abgeschlossenen Versicherung hervorgehen (BGE 112 II 157 = Pra 1987, 523). 9

Das **konkursamtliche Liquidationsverfahren** richtet sich nach Art. 194 SchKG sowie ganz allg. nach den *Vorschriften des Konkursrechtes*, Art. 597. Der Hinweis im früheren Text von Art. 193 SchKG auf den *7. Titel des SchKG* ist im neuen Text nicht mehr erhalten, da sich die Verweisung auf die Vorschriften des Konkursrechtes bereits aus dem Text von Art. 597 ergibt. Damit finden vorab Art. 197-220 SchKG (Allg. Konkursrecht) und Art. 221-269 SchKG (Konkursverfahren) Anwendung, woraus insb. folgende Bestimmungen von Bedeutung sind: 10

– Art. 204 SchKG, **Dispositionsunfähigkeit der Erben**: Verfügungshandlungen der Erben über Nachlassgegenstände nach Konkurseröffnung sind nichtig (BGE 55 III 167, 169; CAPITAINE, 197). Die Gläubiger haben sich vorgängig erhaltene Abschlagszahlungen anrechnen zu lassen bzw. diese ganz oder teilweise an die Konkursmasse zurückzuerstatten (gl.M. CAPITAINE, 197);
– Art. 206 SchKG, **Ausschluss von Spezialexekutionen**, vgl. Art. 596 N 13;
– Art. 221 SchKG, **Inventaraufnahme**: Sie ist *zwingend*, wobei sich das Konkursamt weitgehend auf das Inventar nach Art. 595 abstützen kann;
– Art. 231 SchKG: Es kann das **summarische Konkursverfahren** durchgeführt werden;

161

Art. 597 ZGB

- Art. 232 SchKG, **Schuldenruf**: Diese Bestimmung findet auch bei konkursamtlicher Liquidation nach Art. 597 Anwendung (gl.M. ZK-ESCHER, N 10; BK-TUOR/PICENONI, N 7; CAPITAINE, 196; PIOTET, SPR IV/2, 830). Da nach Art. 595 Abs. 2 bereits ein Schuldenruf ergangen ist, beträgt die neue Eingabefrist lediglich 10 Tage. Anmelden können sich auch Gläubiger, welche die Anmeldung bisher versäumt hatten;
- Art. 237 SchKG: Es kann eine **a.o. Konkursverwaltung** und/oder ein **Gläubigerausschuss** eingesetzt werden (gl.M. ZK-ESCHER, N 10; CAPITAINE, 196);
- Art. 240 SchKG, **Vertretungsrecht des Konkursamtes**: Dies gilt auch für einen allfälligen Nachkonkurs gem. Art. 269 SchKG, gleichgültig ob Gläubigerbeschlüsse zu Kollokationsprozessen etc. stattgefunden haben (BGE 67 III 177, 181);
- Art. 244-251 SchKG: Es wird ein **Kollokationsverfahren** durchgeführt. Zu den Parteirechten der Erben im Kollokationsverfahren vgl. SemJud 1976, 333, 336;
- Art. 256-259 SchKG, **Verwertungsmodus** der Aktiven;
- Art. 262 SchKG, **Kosten des Verfahrens**: Sämtliche Kosten aus Eröffnung und Durchführung des Konkursverfahrens gehen zu Lasten der Masse. Ist diese ungenügend, können die verbleibenden Konkurskosten nicht den Erben belastet werden (Rep 1989, 546);
- Art. 265-265b SchKG, **Verlustschein** für den ungedeckt bleibenden Betrag. Der Verlustschein bewirkt die *Unverzinslichkeit* der Forderung, Art. 149 Abs. 4 SchKG sowie die *Verjährung*, Art. 149a SchKG, und dient zur *Legitimation* bei einer nachträglichen Verwertung nach Art. 269 SchKG. Er berechtigt aber *nicht zur Einleitung einer neuen Betreibung* gegen die Erben persönlich i.S.v. Art. 265 Abs. 2 SchKG, denn die Haftung der Erben bei der amtlichen Liquidation wird durch Art. 593 Abs. 3 auf die Erbschaftswerte beschränkt, vgl. Art. 593 N 9, und ist somit im Falle von Art. 597 *ausgeschlossen*. Ebensowenig berechtigt der Verlustschein zur Anfechtungsklage, welche nach dem neuen Text von Art. 285 Abs. 2 Ziff. 1 SchKG dem Inhaber eines *Pfändungs*verlustscheines vorbehalten ist (vgl. zur früheren Praxis ZK-ESCHER, N 10; BK-TUOR/PICENONI, N 1);
- Art. 267 SchKG, **nicht eingegebene Forderungen**, die erst nach Abschluss des Verfahrens auftauchen bzw. geltend gemacht werden, vgl. N 13;
- Art. 332 SchKG, Möglichkeit eines **Nachlassvertrages**. Die neue Bestimmung von Art. 193 Abs. 2 SchKG, wonach das Gericht die *konkursamtliche Liquidation* anordnet, dürfte die Möglichkeit eines Nachlassvertrages nicht ausschliessen (vgl. zur früheren Praxis ZK-ESCHER, N 10; BK-TUOR/PICENONI, N 6a).

11 Die Erben haben im ordentlichen Liquidationsverfahren eine **Pflicht, die ihnen bekannten Erbschaftsschulden** anzugeben, vgl. Art. 595 N 18. Verletzen sie diese Pflicht, so haften sie nach Art. 41 OR dem Gläubiger, der seine Forderung im Konkursverfahren schuldlos nicht angemeldet hat (RVJ 1976, 345).

12 Die Frage, ob die konkursamtliche Liquidation bei **nachträglicher Erbschaftsannahme durch einen Erben** in Analogie zu Art. 196 SchKG einzustellen sei, ist trotz des geänderten Textes dieser Gesetzesbestimmung nicht geregelt. Da bei den konkursamtlichen Liquidationen nach Art. 573 Abs. 2 und Art. 597 kein Unterschied in der Interessenlage der Beteiligten zu erkennen ist, muss Art. 196 SchKG auch für die konkursamtliche

Liquidation nach Art. 597 analog gelten, sofern die amtliche Liquidation auf Begehren eines Erben (und nicht eines Gläubigers) angeordnet worden war, vgl. Art. 594 N 4 (gl.M. ZK-ESCHER, N 11 f.; PIOTET, SPR IV/2, 819).

Ergibt sich **nach Beendigung des Verfahrens ein Aktivüberschuss**, so fällt dieser in analoger Anwendung von Art. 573 Abs. 2 an die Erben (BGE 67 III 177, 187; BK-TUOR/ PICENONI, N 8; CAPITAINE, 182). Soweit jedoch der Überschuss aus Anfechtung von Zuwendungen des Erblassers nach Art. 285 ff. SchKG oder Art. 579 ZGB herrührt, ist dieser dem Empfänger der Zuwendung zurückzuerstatten (BGE 67 III 177, 186). Für nachträglich aufgetauchte und geltend gemachte Forderungen haften die Erben bis zum Betrag der noch vorhandenen Bereicherung aus dem erhaltenen Aktivüberschuss, vgl. Art. 593 N 10, und unter den zusätzlichen Beschränkungen gem. Art. 267 SchKG analog gegenüber einem Verlustscheingläubiger.

13

Martin Karrer promovierte 1964 an der Universität Zürich (Dr. iur.) und ist seit 1966 als Anwalt tätig, seit 1972 als Partner von Bär & Karrer in Zürich.

Bär & Karrer ist eine Schweizer Rechtsanwaltskanzlei mit Büros in Zürich, Lugano und Zug. Bär & Karrer bearbeitet ein breites Feld aktueller Rechts- und Sachgebiete für nationale und internationale Gesellschaften, Institutionen und Privatpersonen in der Schweiz wie im Ausland. Hauptsächliche Arbeitsbereiche sind das Vertragsrecht, Gesellschaftsrecht, Banken und Kapitalmarktrecht, Wettbewerbsrecht und Immaterialgüterrecht, Informatik- und Kommunikationsrecht, Arbeitsrecht, Steuerrecht, eheliches Güterrecht, Erbrecht, Sachenrecht sowie das Recht der Europäischen Union. In all diesen Bereichen führt Bär & Karrer Prozesse vor schweizerischen Gerichten sowie vor nationalen und internationalen Schiedsgerichten.

Büros von Bär & Karrer

Seefeldstrasse 19
CH–8024 Zurich
Telefon   (01) 261 51 50
Fax   (01) 251 30 25
E-Mail   mailbox@bklaw.ch

Baarerstrasse 8
CH–6301 Zug
Telefon   (041) 711 46 10
Fax   (041) 710 56 04

Riva Albertoli 1
(Palazzo Gargantini)
CH–6901 Lugano
Telefon   (091) 913 44 10
Fax   (091) 913 44 19